LA GUERRE DES FEUX

Jean-Pierre SQUILLARI

LA GUERRE DES FEUX

les Portes du Soleil
éditeur

Conception graphique : Julien Chaudeaux

ISBN : 978-2-36124-019-4

À ceux que j'aime

Préface

Ils sont rares les soldats du feu, civils ou militaires, qui ont le courage et prennent le temps, encore en activité, de rassembler les souvenirs de leur vie opérationnelle, pour en porter témoignage. Le lieutenant-colonel Squillari a eu cette volonté. Nous devons lui en être reconnaissants.

Ayant eu le privilège exceptionnel d'avoir connu une vie active de soldat pendant plusieurs dizaines d'années suivies d'une période non moins active de sapeur-pompier de plusieurs années, je pense être bien placé pour apprécier la similitude entre ces deux parcours professionnels. Tous deux trouvent leur raison d'être dans la mission de protection de la population contre les dangers qui la menacent. Les exigences de cette mission s'imposent au soldat et au pompier, quelles qu'en soient les contraintes face aux difficultés et aux dangers susceptibles de mettre en jeu leur propre existence. Ces métiers ne peuvent s'exercer pleinement sans une vocation initiale dépassant les besoins de la vie matérielle et un engagement de tous les instants. Ceux qui abordent ces professions par ambition carriériste se sont trompés de voie. Ils n'y seront jamais à leur place.

Cette première réflexion me permet d'apprécier d'autant plus l'initiative de Jean-Pierre Squillari, que je considère comme un véritable frère d'arme et un fidèle compagnon de route.

Il nous livre, à travers un témoignage passionnant, non dénué de talent littéraire, sa vision d'homme de terrain, engagé dans une voie difficile et dangereuse, qui ne souffre pas le renoncement ou le retour en arrière. Ceux qui ont partagé, ou partagent encore cet engagement, se reconnaîtront dans les situations et les sentiments qu'il évoque. Ceux qui ne connaissent pas ce genre de vie apprendront à en apprécier les joies et les servitudes.

Ma seconde réflexion, confortée par le récit de Jean-Pierre, porte sur le rôle de l'homme, qui est en permanence au centre même de la problématique. Quels que soient les situations, les techniques, les moyens disponibles, l'homme reste, en dernier ressort, avec sa force mais aussi ses faiblesses, l'acteur principal et parfois unique, de la pièce qui se joue face au feu. Dans toutes les circonstances, les rapports humains constituent le facteur principal permanent de la dramatique, dans un mélange où tous les acteurs se croisent, s'interpellent, où la vie privée se confond souvent avec la vie professionnelle et où les séquences dramatiques constituent le fondement de la solidarité et de l'amitié.

Le soldat et le pompier partagent la même vision du danger face à un ennemi en mouvement, au comportement aléatoire et souvent déroutant. Le feu de forêt obéit certes à des facteurs aggravants qui sont connus et qui peuvent permettre une anticipation appropriée, mais tout reste possible au sein même de l'action, face aux développements aberrants des flammes et aux retournements de situation, qui suscitent le doute, la peur, l'angoisse du sauveteur, surtout quand il a la charge des hommes qui lui ont été confiés. C'est cette incertitude qui, par ses contraintes difficiles à maîtriser, fonde essentiellement la beauté de l'engagement opérationnel du pompier.

Ma troisième réflexion porte sur la formation. Face aux aléas du combat contre le feu, la formation reste la réponse majeure, incontournable. Il y a des dizaines d'années, chacun, dans les corps constitués essentiellement de volontaires, essayait d'apporter des solutions issues de l'expérience. La montée en puissance de moyens de plus en plus nombreux et sophistiqués, et l'existence d'une couverture aérienne plus importante exigent des sapeurs-pompiers, et en particulier des cadres, un savoir-faire approprié dans l'emploi de ces outils. Ces nouvelles données doivent s'appuyer sur des fondements stratégiques qui ne doivent pas échapper aux cadres en charge du combat.

Leur formation ne peut se satisfaire de connaissances théoriques qui s'effacent au contact de la fumée, des flammes et du stress. Elle doit reposer sur des mises en situation réalistes, confortées par l'utilisation de la simulation et du retour d'expérience. Cet aspect, auquel Jean-Pierre Squillari a fortement contribué à l'École de Valabre, doit essentiellement viser à permettre aux cadres, quel qu'en soit le niveau, de s'adapter à la complexité et à la variété des situations de combat.

Ma dernière réflexion porte sur le chef dont, pour moi, Jean-Pierre Squillari reste un exemple, qui transparaît à chaque ligne de son récit. Dans les situations de crise, le chef est soumis, comme les autres, à la pression des événements, au poids des responsabilités, aux exigences des victimes, de la hiérarchie, au regard des médias, à l'obligation de résultats. Il est difficile de s'extraire des effets de cette pression auxquels les responsables sont souvent peu préparés. Les certitudes qui reposent sur l'existence d'une chaîne de commandement académique s'effritent, l'édifice vacille, ses réponses ne sont plus appropriées. Bien souvent, dans cette confusion générale, des hommes au caractère trempé se révèlent, se redressent, en mesure de relayer le commandement, voire de s'y substituer.

Ce genre de situation est fréquent en période de guerre, au combat. Cela se retrouve aussi chez les sapeurs-pompiers, en raison de la similitude de la problématique.

Ces hommes hors du commun se trouvent à tous les échelons de la chaîne hiérarchique, quel que soit leur grade, s'ils en ont un. Ils appartiennent à la race des tauliers, comme on dit. Ils tiennent la boutique lorsque les choses se délitent. Chefs hors normes, ils recherchent et revendiquent les responsabilités, et les assument quelles qu'en soient les conséquences. Toujours au milieu de leurs hommes, dont ils partagent les servitudes et les dangers, ils donnent l'âme au combat, suscitent la confiance et l'engagement.

Ce sont les tauliers qui impulsent le mouvement et font changer les choses face à la routine et à l'académisme de la hiérarchie. Ce sont eux qui font gagner les batailles. Il en existe encore. J'atteste que Jean-Pierre Squillari fait partie de la confrérie. Son récit nous en apporte la preuve.

Colonel (H) Antoine BATTESTI

Ancien militaire :
Régiment de tirailleurs algériens
Bataillon de chasseurs alpins
Officier de SAS (affaires algériennes)
Chef de corps de l'UIISC 7 de Brignoles

Ancien sapeur-pompier :
Directeur des Services d'incendie
et de secours de la Haute-Corse.

Avant-propos

Lorsque j'ai signé mon premier engagement de sapeur-pompier volontaire, le 1er mars 1968, je ne pensais pas accomplir une carrière aussi longue et intense. La professionnalisation du métier, dans le département des Bouches-du-Rhône, n'en était qu'à ses balbutiements. Seuls quelques sapeurs-pompiers professionnels montaient des gardes dans les centres de secours. Les sapeurs-pompiers volontaires, et quelques employés municipaux détachés chez les pompiers, assuraient la sécurité de leur ville et de ses environs, sur un secteur d'intervention attribué.

En ce qui concerne le matériel, les véhicules, les méthodes d'action, et même les hommes de cette époque, il y a un monde par rapport à aujourd'hui. Les missions aussi ont évolué, parce que le sapeur-pompier à dû s'adapter à l'évolution des mœurs de la vie moderne et des enjeux du monde économique. À chaque fois que la société engendre un nouveau problème, il a dû trouver une réponse — que ce soit les stockages de matériaux dangereux (liquides inflammables), des feux de voiture dans les banlieues, des maisons de plus en plus isolées en forêt… Et d'autres évolutions auxquelles il faut sans cesse s'adapter. Notre profession est en perpétuelle évolution. Gare à celui qui n'arrive pas à suivre le train des réformes.

Mon père, adjudant-chef au centre de secours d'Aubagne, m'avait encouragé à venir le rejoindre, comme il l'avait fait avec mon frère deux ans plus tôt. Cet attachement nous est venu, comme beaucoup de fils de sapeurs-pompiers, en écoutant les récits du père.

En sillonnant à longueur d'années les collines qui entourent la ville d'Aubagne, je me suis passionné pour mon coin de Provence. Marcel Pagnol, mon illustre concitoyen, a su pérenniser cette atmosphère particulière. Dans ses récits, il ne manque que l'odeur de la garrigue et le bruit caractéristique des cigales, criquets ou sauterelles pour s'imaginer dans le vallon de Passe-Temps ou le pas des Quatre Fers. Comme la plupart des Aubagnais, il fait référence, pour sa ville de naissance, au Garlaban. Je ne peux m'empêcher de citer cette phrase du début de *La Gloire de mon père*: « Je suis né dans la ville d'Aubagne, sous le Garlaban couronné de chèvres, au temps des derniers chevriers. » Ce massif pourrait être le fil conducteur de ma carrière de sapeur-pompier, tant j'y suis intervenu, y compris, parfois, malgré des ordres contraires. Le destin nous fait quelques fois des pieds de nez, car l'une des dernières interventions que j'aie effectuée se situait dans les collines de Jean Giono, l'autre grand conteur de notre Provence. Ce jour-là, bien qu'il y eût une centaine de kilomètres à parcourir, je m'y suis rendu pour combattre le feu, alors que je n'étais pas dans mon secteur d'intervention.

Avec le temps, les moindres recoins n'ont plus eu de secret pour moi : les sentiers qui ne mènent nulle part, les vallons infranchissables, recouverts d'une végétation inextricable, les barres aux dénivelés imposants ne me dérangeaient nullement dans mes promenades. Il y avait toujours une solution pour contourner la difficulté et continuer sa progression. À l'âge où l'on se pose mille questions, je refusais de croire qu'un seul incendie pût en une journée détruire ce que l'on avait adoré toute sa vie. Je ne pouvais admettre qu'un geste malheureux ou criminel pût anéantir des milliers d'hectares avec leur faune et leur flore. Ce trésor que bon nombre de personnes ignorent, j'ai voulu le protéger à ma façon. J'ai surtout voulu ne pas rester inactif devant le danger que représente le feu.

Petit à petit, je me suis pris au jeu, et j'ai dépassé le cadre de mes collines. L'ensemble des connaissances que j'ai accumulées a été un précieux atout dans la lutte contre les feux de forêts. Au contact d'officiers d'une grande valeur tactique et à travers leur expérience, j'ai appris quelquefois en une heure ce qu'il faut plusieurs mois pour apprendre dans les écoles ou dans les livres. J'ai compris que dans la lutte contre les feux de forêts, il faut rester humble. Il n'y a pas de super-héros, pas de maître en la matière : la lutte contre un feu de forêt est une discipline inexacte, parce que soumise à plusieurs aléas. La vérité du jour n'est peut-être pas celle du lendemain. Les feux de forêt sont le type d'intervention où notre profession connaît malheureusement le plus d'accidents mortels, en France comme à l'étranger.

Lorsque j'enseigne les tactiques de lutte aux jeunes officiers, ou à des camarades venus de départements qui ne bordent pas les rives de la Méditerranée, je compare le feu de forêt à une bataille militaire. Nous ne sommes pas, comme c'est souvent le cas avec les feux en ville, dans une situation bien établie, avec un feu fixe ; nous sommes dans une bataille de mouvement. L'ennemi avance ou recule en fonction de plusieurs paramètres : le vent, la végétation et le relief. Cette théorie, qui est déjà difficile à maîtriser a priori, est quelquefois remise en question sur le terrain. Un simple talweg, une barre rocheuse, un taux d'hygrométrie différent peut ralentir, accélérer ou dévier le déplacement du front de feu, — sa vitesse et sa direction. Une accumulation des gaz de combustion peut embraser instantanément un vallon entier, alors que le feu n'était pas particulièrement virulent jusqu'alors. Ces divers paramètres doivent être pris en compte, ne serait-ce que pour la sécurité des intervenants — qui doit être une priorité. Les anciens me répétaient souvent : « Un feu de forêt, on sait où il démarre, et on essaie de deviner où il va s'arrêter. »

Il me manquait cependant des bases techniques solides de manière à maîtriser notre outil. Contrairement à ce que pense la population méridionale, il n'y a pas que le feu de forêt dans notre profession. Je n'avais pas encore 19 ans lorsque je me suis engagé pour trois ans à la Brigade des sapeurs-pompiers de Paris. J'y ai découvert un monde nouveau. Bien que nous ayons la même appellation, je me suis rendu compte très vite que nous ne faisions pas le même métier. Le matériel, la formation, la discipline et les interventions n'étaient pas du tout ce que je connaissais. J'ai mesuré le retard que nous avions pris, faute de soutiens de la part de nos supérieurs. Si nous maîtrisions à peu près notre spécialité — les feux de forêt — grâce à la ténacité des hommes, il n'en était pas de même sur les autres types de feu. Là, la volonté et le courage ne suffisaient pas. Lors de mon séjour à la Brigade, j'ai pris part à des interventions hors normes, tel que le feu du Publicis[1], le feu de la cartoucherie Gévelot[2], l'accident ferroviaire de Verzy[3], la chute d'un avion brésilien[4], la chute du Tupolev au salon du Bourget[5], et bien d'autres encore. Ces expériences m'ont été utiles pour la suite de ma carrière. Dommage qu'à Paris il manque le soleil, les collines et les parfums de la garrigue !

Lorsque, après avoir quitté la Brigade, j'ai de nouveau incorporé le centre de secours d'Aubagne, je me suis efforcé d'appliquer ce que les anciens m'avaient appris, et ce que je m'étais forgé en moi-même grâce à mes expériences de terrain.

Cependant, au fil des années, je m'aperçois, à travers l'évolution des mœurs, que la faute n'est plus pardonnable. Pire : il faut trouver une raison à la défaillance ; désormais, des responsables doivent être désignés. Des hordes d'avocats demandent explications, dédommagements et punition. Les actions sont décortiquées, des experts sont diligentés, des commissions d'enquêtes sont créées. Certains, qui n'ont vu de feu de forêt que depuis leurs bureaux, questionnent et interrogent. Il *faut* trouver des coupables.

---

1. Il s'agit de l'incendie du drugstore Publicis des Champs-Élysées, le 22 septembre 1972.
2. L'incendie de la cartoucherie Gévelot, à Issy-les-Moulineaux, le 11 juillet 1973, a fait quarante et un blessés parmi les pompiers.
3. L'effondrement du tunnel de Verzy, le 16 juin 1972, a fait cent huit morts et cent onze blessés.
4. Le 11 juillet 1973, un Boeing 707 de la compagnie Varig en approche de l'aéroport d'Orly fut contraint à un atterrissage forcé dans la plaine de Saulx-les-Chartreux, après qu'un incendie se fût déclaré en cabine. Il y eut cent vingt-quatre morts, tous asphyxiés, et onze survivants qui avaient trouvé refuge dans le poste de pilotage.
5. Un Tupolev s'est écrasé au salon du Bourget, le 3 juin 1973.

Nous aussi, avons fait notre révolution culturelle. Les hommes ont changé. Il n'y a plus guère de forestiers, de bûcherons, d'agriculteurs ; ils sont remplacés par de jeunes citadins, des étudiants ou d'autres jeunes actifs qui n'ont aucune connaissance des feux de forêt. Un travail énorme de formation doit être effectué pour amener le nouveau venu à un niveau technique correct. Lorsque l'amalgame est réalisé entre la théorie et la pratique que l'on a acquise au fil du temps, le jeune sapeur a déjà quatre ou cinq ans d'ancienneté.

À cause de l'épée de Damoclès au-dessus des responsables, certains n'osent plus, sur le terrain, entreprendre les actions, risquées mais nécessaires, que réclament certaines situations. Ils préfèrent assurer une tactique facile, qui n'entraînera aucun problème judiciaire ultérieur, mais qui permet au feu de s'étendre. Ainsi, aujourd'hui, je sais que je ne peux plus appréhender les missions de la même façon. Je dois tempérer mon ardeur, ou alors me garantir que les hommes avec qui je travaille sont de solides gaillards — mais alors, gare à l'imprévu !

En quarante ans de carrière, j'ai vécu des moments poignants, des aventures humaines inoubliables. Je suis passé maintes et maintes fois du désespoir à l'espérance. Je n'ai jamais cru à la fatalité. La lutte est le moyen le plus sûr pour s'en sortir. L'espoir doit demeurer tant qu'il y a de l'eau dans les citernes. Dans ce métier, l'esprit d'équipe est la meilleure arme pour se sortir du guêpier. Avec les hommes que vous avez sous vos ordres, la confiance doit s'établir très vite. Vous les menez au combat, et les décisions que vous prenez peuvent entraîner des situations dangereuses à l'extrême.

Vous serez jugé sur votre comportement, et votre réputation sera rapidement faite — et généralement à juste raison. Avec certains d'entre eux, je serais allé au bout du monde. À la fin de la mission, les visages de vos coéquipiers vous en disent plus que n'importe quel compte-rendu. Quelle sensation que d'avoir accompli le boulot correctement ! Quelle magnifique récompense vous recevez en regardant les yeux de vos hommes qui brillent de mille feux, en pleine nuit, perdus au milieu d'une forêt où l'on s'est battu des heures durant ! Quel soldat du feu n'a pas ressenti des bouffées d'émotion, lorsqu'un sinistré, qui croyait avoir tout perdu, revient chez lui et découvre que sa demeure est toujours intacte ou que son enfant a été récupéré sain et sauf ? Ces moments-là sont inégalables. Ce sont des souvenirs qui ne s'effaceront jamais ; nous les gardons à l'intérieur et n'en parlons qu'entre nous, de peur qu'ils ne s'échappent et que le scénario change.

Nous carburons à ce type d'événements. Malheureusement, cela ne se passe pas toujours de cette façon. Les drames font également partie de notre quotidien. À nous de faire la part des choses. Certains ne peuvent se résoudre à être témoin de la douleur des sinistrés ; d'autres ne supportent pas qu'un compagnon de combat ne se relève pas ; d'autres encore refusent de retourner au feu après avoir frôlé le pire… Ils abandonnent en cours de route. J'ai perdu des compagnons et des amis, mais j'ai réussi à passer outre mon désespoir et mon chagrin. L'action a été plus forte, comme pour beaucoup de mes camarades de lutte.

Le jour où je me rendrai compte que le fait de me lever pour aller au travail me pèse, le jour où je serai angoissé par la peur de faire le feu de trop, je raccrocherai immédiatement.

Car je ferais courir beaucoup trop de risques à mes hommes. Mais avant d'en arriver à ce point de rupture, mon devoir est de consigner par écrit les interventions qui ont marqué ma carrière. Je regrette que mes anciens n'aient pas eu le temps, le courage ou l'idée d'en faire de même. Certains récits auraient pu m'être utiles s'ils avaient été couchés sur le papier. Il reste la mémoire et les souvenirs, qui disparaîtront à mesure que les anciens se retireront.

I

L'*Alsace*

Nous avons décidé de baptiser ma fille aînée un dimanche de juin 1974. Pour un jeune couple, cet événement est l'occasion d'inviter à sa table les parents et les amis proches. Depuis plus d'une semaine, les préparatifs de la fête occupent les soirées : nous avons à cœur, mon épouse et moi-même, de faire les choses comme il faut.

Les mois d'été, pour les sapeurs-pompiers du sud de la France, ne sont pas vraiment le meilleur moment pour organiser des fêtes… Mais comme me le dit souvent mon épouse, ce n'est pas en hiver qu'on peut profiter de la terrasse ! Les jours sont beaucoup plus longs et les soirées sont vraiment agréables. Pour l'occasion, j'ai obtenu des congés afin de me consacrer pleinement à la préparation de l'événement. De plus, l'avant-veille, pour ne pas être surpris, je me suis renseigné sur la météo. On nous annonce des journées chaudes, sans vent : un week-end de début d'été, comme nous les aimons. La météo est clémente, le risque d'incendie est faible : la fête pourra avoir lieu en toute tranquillité. Du moins, c'est ce que j'espérais.

La veille de la cérémonie, nous avons passé la journée à courir après la dernière chose qui manque, l'ultime détail à ne pas oublier. Enfin la maison est prête, et tous les ingrédients du repas sont au réfrigérateur. Pourtant, malgré la fatigue, nous avons des difficultés à nous mettre au lit. Nous sommes nerveux : demain, une rude journée nous attend. Après avoir terminé l'inventaire de ce qui reste à faire, le sommeil nous gagne petit à petit. La nuit s'annonce réparatrice.

Vers 2 heures du matin, quelqu'un frappe à la porte d'entrée. Je me lève d'un bond pour aller ouvrir, avant que mon visiteur ne réveille la petite. Marcou, un jeune sapeur de la caserne, se trouve sur le perron. La caserne l'a envoyé pour m'informer qu'un feu important vient de démarrer, sur la commune de La Ciotat. (Il y a trente ans, le téléphone n'avait pas encore été installé dans tous les foyers : il fallait se déplacer.) Bien que je sois en congé, le lieutenant Tarasco demande que je me rende le plus rapidement possible au centre de secours. En ce moment, nous sommes peu nombreux au centre. Comme nous le disons souvent, la caserne est une deuxième famille. Chacun est donc au courant du moindre événement privé, — comme le baptême de ma fille. Pour l'occasion, le lieutenant est même invité à venir boire l'apéritif : il sait donc que ma journée est réservée.

Je m'habille sur le champ (mes vêtements ne sont jamais très loin de la porte d'entrée) et j'explique rapidement à mon épouse que je pars en mission. Sitôt dehors, une impression étrange me saisit : il manque quelque chose au déroulement du scénario. Si l'on vient me chercher en pleine nuit, alors que je suis en congé, et que demain je baptise ma fille, c'est qu'il y a vraiment une bonne raison. Pourtant, quelque chose ne colle pas. Tout en faisant route vers le centre de secours, j'essaie de comprendre ce qui m'a choqué en sortant de la maison. Je trouve vite l'erreur : il n'y a pas de vent ! Et sans vent, pas de feu important. Alors pourquoi… ? Que se passe-t-il ?

Arrivé à la caserne, je m'étonne un peu d'y trouver un véhicule pour les feux urbains[1], prêt à partir. Le lieutenant Tarasco m'attend dans le hall ; il me décrit rapidement la situation. Le peu d'informations qu'il a glanées ne sont pas réjouissantes : d'après les messages radio que nous recevons au compte-goutte, un pétrolier brûle dans le chantier naval de La Ciotat.

Nous sommes perplexes : ce n'est pas une intervention habituelle. La Ciotat possède l'un des plus grands chantiers navals de France ; il peut accueillir les plus gros bateaux, que ce soit en construction ou en réparation. Nous ignorons de quel type de pétrolier il s'agit, et l'objet de sa présence. Ce détail a une grande importance, car dans un navire en cale sèche, il reste toujours quelques milliers de litres de pétrole au fond des soutes ; de plus, les réservoirs contiennent du fuel lourd. Le danger d'explosion est donc réel.

Petit à petit, les hommes qui doivent armer le véhicule se présentent. Je suis étonné de ne voir que des jeunes avec une expérience assez limitée de ce type de feu. À part le

1. Chez les pompiers, il y a des véhicules conçus pour les feux en ville et des véhicules pour les interventions en milieu rural ; comme nous le verrons par la suite, ils n'ont évidemment pas les mêmes caractéristiques.

conducteur qui est un vieux de la vieille, les autres sont plus jeunes que moi ou à peine plus âgés. J'apprends que je serai chef de détachement. Mon passage à la Brigade des sapeurs-pompiers de Paris m'a permis de me former aux interventions en milieu urbain. Par contre, l'extinction des feux de bateau est une spécialité que seuls maîtrisent les sapeurs-pompiers disposant d'un complexe maritime. Les marins-pompiers de Marseille sont des orfèvres en la matière. Il y a quelques temps de cela, nous avions organisé un exercice dans l'un des bassins du port de Marseille, sur le *Dragon* — un bateau dédié aux entraînements des marins-pompiers. On déclenche un incendie au fond de la cale et sur la passerelle. Après que le feu se soit développé, le jeu consiste à descendre au fond du navire avec une lance (et des appareils respiratoires), éteindre l'incendie, et remonter les coursives pour aller éteindre le feu sur la passerelle en s'aplatissant dans les trous d'hommes. Cet exercice m'a permis de me rendre compte — à une échelle bien inférieure à ce qui nous attend — des difficultés de ce genre de situation : cheminements aléatoires, progression dans des coursives étroites, au milieu des tôles brûlantes… Tout cela n'est pas fait pour me rassurer avant le départ dans l'inconnu.

Une fois l'équipe réunie, nous armons le fourgon pompe-tonne (FPT) et prenons la route de La Ciotat. Je suis assis devant, à la droite du conducteur. Je me retourne pour observer mon équipe : les visages sont fermés, le regard fixe. On n'entend pas un bruit, si ce n'est celui du moteur. J'essaie d'imaginer ce qui nous attend ; je pense que les hommes sont autant que moi dans l'expectative, si ce n'est plus. Je languis d'arriver au lieu-dit Le Pas d'Oullier. Ce col en ligne de crête sépare le bassin versant de l'Huveaune du bassin versant de La Ciotat et Cassis. De là, la vue est magnifique : on aperçoit d'un côté le petit port niché dans les falaises de Cassis, et sur sa gauche, les installations portuaires et les plages de La Ciotat. Pour les touristes, un observatoire a été aménagé, mais nous n'avons pas le cœur à nous attarder sur la beauté du paysage — en particulier les calanques de Cassis et le cap Canaille qui culmine à plus de 350 mètres en à-pic au-dessus de la mer.

Un dernier virage sur la droite. Nous distinguons les lumières de Cassis puis sur la gauche, une immense lumière transperce le ciel étoilé de La Ciotat. Nous sommes à 7 ou 8 kilomètres des chantiers navals, mais la lueur est impressionnante. Bien que l'image fût fugitive (car la route s'enfonce immédiatement entre les falaises), nous avons aperçu, l'espace de quelques secondes, l'illumination d'un quartier entier de la ville. Cette lueur inhabituelle, à proximité du vieux port, nous confirme ce que nous redoutions. Il s'agit bien d'un feu de pétrolier. Dans le véhicule, les langues commencent à se délier : chacun sait à présent qu'il s'agit là d'une intervention qui sort de l'ordinaire. Nous languissons et redoutons à la fois d'arriver sur les lieux. Notre petite équipe va avoir le privilège de vivre une aventure exaltante : une intervention qui se produit rarement dans une vie professionnelle. J'ai conscience également que nous partons dans l'inconnu : nous ne sommes pas formés à ce type d'incendie. Pour autant, nous avons au fond de nous l'envie de prouver à nos supérieurs qu'ils ont eu raison de nous faire confiance. Je sais aussi que, pour l'état-major, le fait de nous confier cette mission était la seule solution possible dans l'immédiat.

Les quelques kilomètres qui nous séparent de La Ciotat passent très vite. Nous pénétrons en ville. Tout est calme : personne ne se doute qu'un drame se joue à quelques hectomètres de là. J'imagine que demain, au petit jour, sur le vieux port, à l'heure où les pêcheurs ciotadens débarquent leur marchandise, les commentaires iront bon train. Au fur et à mesure que nous approchons du sinistre, la pression monte dans la cabine. L'équipe est soudée ; j'espère qu'elle le restera jusqu'au bout. Nous pénétrons par le portail de l'entrée principale. Le planton nous indique la direction à prendre. Aux abords du navire, nous distinguons des tuyaux qui serpentent le long des docks. À l'angle d'un hangar, nous débouchons sur le quai où se trouve le pétrolier *Alsace*.

Ce bateau pèse 240 000 tonnes et mesure 340 mètres de long pour 54 mètres de large. Ses moteurs ont une puissance de 36 000 chevaux. Lancé le 23 février 1974, il est actuellement en finition pour être livré dans le courant de l'année à son armateur, la Compagnie des transports maritimes. C'est l'un des plus gros navires jamais construits aux chantiers de La Ciotat. Il occupe la totalité du bassin. Notre fourgon semble minuscule lorsque nous longeons sa coque. Je ne m'imaginais pas qu'un pétrolier pût être si long et si haut ! À titre de comparaison, il pourrait contenir plus de trois terrains de football sur sa longueur.

Tout au bout, à l'arrière du navire, nous apercevons la lueur des flammes. Le feu fait rage dans un bâtiment haut comme un immeuble d'une dizaine d'étages, qui dépasse le pont supérieur d'une trentaine de mètres. Il s'agit du « château ». Les flammes le recouvrent entièrement et sortent par la passerelle à son extrémité supérieure. Le spectacle est édifiant. Le château ressemble, sur sa façade, à un gigantesque arbre de Noël, et sur sa partie supérieure, à un volcan. Les hublots renvoient la lumière des flammes : elles semblent danser et festoyer, comme pour se moquer de ceux qui oseraient s'attaquer à elles, et les défier de venir interrompre leur sarabande. Des langues de feu s'échappent de la passerelle : elles montent droit dans le ciel et retombent en vomissant leur venin sur la superstructure, comme la lave qui se répand sur les contreforts d'un volcan.

Sur le quai, j'avise un groupe d'hommes en pleine discussion : le point de rassemblement. Nous stoppons le fourgon à côté d'eux. Il y a là des officiers et des responsables de la sécurité des chantiers. Ils se concertent autour du plan du navire. Je me dirige vers eux. Apparemment, ils ne savent pas où donner de la tête. Le sinistre dépasse tout ce qu'ils pouvaient imaginer. À entendre les conversations, je comprends qu'il n'y a pas vraiment de tactique de lutte. J'annonce mon arrivée, en vain : ils ne font pas attention à moi. Au bout de quelques minutes, je décide d'aller en reconnaissance sur le bateau, avec Marcou. Nous montons par l'échelle de coupée ; l'ascension semble interminable. Nous voici sur le pont. Il y règne un calme relatif. Il y a déjà des sapeurs sur place. Ils sont occupés à arroser les hublots — dont les vitres ont explosé — afin de refroidir la structure. C'est peu efficace, mais au moins, devant la carence du commandement et dans l'incertitude où ils sont, ils ont tenté quelque chose.

Nous nous dirigeons vers le château. Nous pataugeons dans 30 centimètres d'eau tiède. L'incendie se trouve juste au-dessus de nous. J'entends le crépitement des flammes, et surtout, le bruit assourdissant des tôles qui se déforment sous l'effet de la chaleur. Il y a deux escaliers, l'un à bâbord et l'autre à tribord, avec une coursive pour les relier entre eux. Nous ne pouvons accéder qu'à la première volée : la chaleur nous empêche de progresser plus haut. Les marins-pompiers commencent à établir des tuyaux en direction des escaliers bâbord. Au bout d'une demi-heure, j'en sais un peu plus ; je décide de redescendre au véhicule, afin de nous préparer à combattre l'incendie. J'ai aussi pu me rendre compte que le jet des lances à travers les hublots n'était utile que pour rafraîchir les hommes…

Victor a déjà mis en place la colonne d'aspiration[2], directement dans la mer. Les tuyaux de refoulement[3] sont établis le long de l'échelle de coupée. Nous établissons une lance de 40/14 sur une division alimentée, ce qui nous permettrait d'établir une deuxième lance si nécessaire. (Avec ce type de lance, la quantité d'eau déversée peut atteindre 15 mètres cubes par heure.) J'apprends que le lieutenant Tarasco est sur place, avec un détachement. Je prends contact et lui explique ma reconnaissance dans le bas du château. Nous convenons que la seule possibilité est de lutter de l'intérieur.

Nous montons notre plan de bataille. Je prends une équipe pour attaquer le feu par les escaliers tribord. Le lieutenant restera en base arrière, prêt à parer à toute éventualité, et surtout à faire acheminer au point d'attaque nos besoins éventuels. Julien, qui fait également partie des renforts, servira de relais.

2. C'est ce qui sert à alimenter les pompiers en eau.

3. Le tuyau de refoulement sert à envoyer de l'eau (par opposition au tuyau d'aspiration).

De petits tuyaux (diamètre 40 millimètres) sont établis à partir de la division placée sur le pont. Nous empruntons le même passage que les marins-pompiers, puis nous prenons à gauche dans la coursive pour atteindre les escaliers tribord. C'est là, au pied des marches, que l'aventure commence.

Nous sommes en 1974 : les équipements et les mesures de sécurité n'étaient pas au niveau d'aujourd'hui. Nous n'avions pas d'appareils respiratoires isolants, pas de lampes, pas de surpantalon (qui protège de la chaleur)… Nos vestes n'étaient pas aussi efficaces que celles d'aujourd'hui : elles protégeaient bien moins de la chaleur et du froid. De manière générale, aucune norme ne régissait alors ce type d'équipement. Le casque en acier n'avait pas encore été remplacé par le casque de type Gallet — et dans ce genre d'opération, cela prend une certaine importance. Nous avions nos bottes, une combinaison en coton, une veste en cuir et un casque. Pas de cagoule, ni de cravate de feu.

Nous baignons dans plus de 30 centimètres d'eau tiède. Les escaliers comportent, pour chaque niveau, deux volées avec un palier intermédiaire. Nous ignorons combien d'étages compte le château. Dès que nous nous engageons, un déluge déferle dans l'escalier. Les dizaines de mètres cubes d'eau que les lances projettent à travers les hublots nous arrivent dessus, et s'évacuent jusque dans la coursive. Néanmoins, la première volée d'escalier est rapidement franchie. Sur le premier palier, la chaleur est étouffante. Accroupis les uns derrière les autres, nous distinguons maintenant la configuration des lieux. L'escalier dessert différentes salles, à droite et à gauche, dans lesquelles le feu se propage. La chaleur accumulée dans les parois en tôle se répand dans la cage d'escalier. Elle est restituée sous forme de vapeur dès que le jet de la lance frappe les parois. Notre timide progression est masquée par une fumée opaque, à tel point que l'un de mes équipiers suffoque : il manque d'oxygène et a du mal à respirer. C'est un jeune : sapeur-pompier volontaire, il n'imaginait pas se trouver embarqué dans une telle aventure. Je lui conseille de baisser la tête au ras du sol, car l'air y est un peu plus frais.

Nous avons vite compris quelle tactique adopter pour être efficaces : refroidir les tôles brûlantes, pour atteindre les portes palières et enfin combattre le feu dans les différentes pièces. Aucun foyer résiduel ne doit subsister derrière nous, sans quoi nous serions pris entre deux feux. C'est un travail extrêmement pénible. La cage d'escalier est étroite : il ne faut surtout pas toucher les parois brûlantes. L'eau qui ricoche sur les tôles nous retombe dessus comme une pluie bouillante. Nos casques, mal adaptés, ne nous protègent pas la nuque : l'eau nous brûle la peau du cou et une partie du dos. La chaleur intense, les jets de vapeur et la promiscuité se combinent pour accroître nos difficultés et gêner notre avancée. Je décide donc de faire établir une deuxième petite lance, qui sera utilisée pour nous rafraîchir. Le porte-lance — l'homme qui la sert — nous arrosera sur le haut du casque, afin de diluer l'eau brûlante qui nous pleut dessus et qui nous empêche de progresser correctement. Ce procédé aura également l'avantage de rafraîchir l'air que nous respirons, en délayant les fumées toxiques qui nous environnent.

Les locaux enflammés se composent de cuisines, de réfectoires, de cabines, de salles de bain — et autres lieux de vie de l'équipage. Les bureaux remplis de papiers ont un énorme potentiel calorifique. Il y a pire : les stocks d'huile de cuisine, de bouteilles de gaz et d'autres liquides inflammables, qui nous mènent la vie dure. Nous faisons face, unis les uns aux autres. Chaque marche de gravie est une petite victoire ; chaque fois qu'on atteint un nouveau palier, c'est presque un triomphe, — mais le chemin est encore loin avant de gagner la bataille qui s'est engagée. Dans un premier temps, notre but est de limiter la propagation du feu. Dans un deuxième temps, nous devrons diminuer l'intensité du sinistre pour l'amener petit à petit à se réduire à son strict minimum, afin de l'achever en éteignant le dernier foyer. Nous sommes loin du compte. Nous avons du mal à nous mouvoir dans le labyrinthe que constitue ce château ; chaque pièce atteinte nous prend une énergie considérable. Parfois, le tuyau se coince. Notre position est inconfortable, en équilibre constant entre les parois qu'il ne faut pas toucher et la lance que l'on maintient malgré la pression. Nos bottes sont brûlantes : les semelles laissent passer la chaleur transmise par les escaliers métalliques. Malgré ces difficultés, nous progressons mètre après mètre. Le temps passe très vite, les heures s'enchaînent… Il y a maintenant plus de cinq heures que nous sommes dans la fournaise. La lutte est à son paroxysme.

De temps en temps, nous redescendons du château, prendre un bol d'air frais sur le pont. Le soleil est radieux : c'est une belle matinée de juillet. Je regarde ma montre : il est 10 heures. Une pensée me traverse l'esprit : c'est l'heure du baptême de ma fille ! Pris par la mission, cette cérémonie — que je considérais pourtant ô combien importante — m'est sortie de l'esprit. J'imagine mon épouse, avec ma fille et les invités, qui n'attendent plus que le père… Tant pis : la cérémonie se fera sans moi. Je ne peux pas m'attarder sur cet événement. Je suis dans l'action et il faut la mener à bon terme.

Lorsque je rentre dans la coursive et que je rejoins le point d'attaque, une pluie d'eau tiède, mélangée à des hydrocarbures et à toutes sortes de déchets, me ruisselle dessus. Mon dos fait office de gouttière ; de toute façon, je suis entièrement trempé depuis un long moment. Au fond du passage, l'eau atteint un tel niveau qu'elle m'entre dans les bottes. Je monte les étages un à un, en constatant les dégâts — énormes. Dans chaque pièce, il ne reste guère que les tôles nues sur les parois ; le mobilier a disparu, et l'odeur de brûlé est omniprésente. Le feu intéresse maintenant le haut du château. Les hommes ont atteint la passerelle : là, nous faisons jonction avec l'équipe des marins-pompiers. La passerelle domine entièrement le bateau. C'est ici que se trouve le poste de pilotage. Les dégâts sont énormes ici aussi, et même davantage que dans les étages inférieurs. Un matériel sophistiqué (des instruments de navigation) a été complètement détruit, ainsi que le mobilier. À partir de maintenant, l'incendie est en nette régression. Il reste encore des foyers à éteindre, mais le plus dur est fait. La chaleur et la fumée sont beaucoup moins intenses. Après une heure de lutte, nous pouvons considérer que le feu est maîtrisé, et qu'il est en bonne voie d'extinction.

Après avoir quitté ce maudit escalier, nous nous retrouvons enfin, avec nos amis marins, dans des locaux aérés. C'est avec une immense satisfaction que nous constatons, mes hommes et moi, que nous avons fait jeu égal avec les spécialistes des feux de bateau. Sans entraînement ni équipement spécifique, nous sommes parvenus en haut du château, en luttant pied à pied. Pour le coup, le terme de « château » est bien choisi, eu égard à la lutte que nous avons menée pour nous emparer de cette petite citadelle ! Avec d'un côté, des assaillants à la technique confirmée — les marins-pompiers — et de l'autre, des hommes d'une volonté à toute épreuve — les membres de ma petite équipe.

Alors que nous sommes réunis au sommet du pétrolier, un grutier nous prend en charge dans une nacelle et nous ramène sur le pont. Il est plus de midi : il temps de se restaurer et de se rafraîchir. Nous voilà maintenant regroupés autour d'un petit-déjeuner. La suite de l'intervention sera plus tranquille : reconnaissances et noyage[4] se poursuivront jusque dans l'après-midi. Enfin, la relève arrive.

Mon équipe se retrouve dans la camionnette qui nous ramène au centre de secours. Je regarde mes coéquipiers : nous avons emmagasiné, en une nuit, une expérience qui nous aidera plus tard dans bien des situations. Elles semblent bien loin, les hésitations du début, et les interrogations que chacun se posait !

Depuis, je suis retourné deux fois aux chantiers navals de La Ciotat. Deux interventions qui, contrairement à celle-ci, ont été tragiques. La première fois, nous sommes intervenus sur un bateau porte-conteneurs. Le feu s'était propagé dans les matériaux d'isolation, entre les parois des cales, et une fumée excessivement toxique se dégageait du navire. Ce jour-là, le sergent Deruy n'est jamais remonté de la reconnaissance qu'il effectuait dans le bateau en feu. Sapeur-pompier au centre de secours de La Ciotat, je l'avais encadré

4. Le noyage consiste à arroser les derniers foyers de l'incendie afin qu'aucun départ de feu ne puisse plus se produire.

lors de son stage de sous-officier. À cette occasion, il avait démontré de belles qualités professionnelles, et notamment une technique opérationnelle remarquable. Il n'a pu assouvir sa passion jusqu'au bout. La pieuvre l'a maintenu dans ses tentacules, l'empêchant de nous rejoindre à l'air libre sur le pont du navire.

Quelques années plus tard, un feu s'était déclaré dans les soutes d'un pétrolier en réparation. Le *Britania* était un navire moins imposant que l'*Alsace*, mais il présentait d'autres difficultés d'intervention. Du pétrole brut se trouvait encore dans ses soutes — ce qu'on appelle les résidus ; le pont en était également souillé, ce qui gênait notre travail. Mais surtout, deux ouvriers étaient coincés à l'intérieur du bâtiment ; ils se trouvaient sans doute au fond des cuves.

Lorsque nous avons ouvert le trou d'hommes qui permet d'accéder aux soutes, une immense chaleur en a jailli. Aucune reconnaissance n'était possible par ici, malgré l'urgence de la situation. Deux hommes attendaient qu'on leur portât secours — si toutefois ils étaient encore en vie. Après bien des palabres, les responsables du chantier décidèrent de faire une trouée dans la coque. Par cette nouvelle issue, des reconnaissances mieux sécurisées purent être entreprises, au moyen d'appareils respiratoires isolants à circuit fermé ; ils ont une plus grande autonomie (environ trois heures) que les appareils à circuit ouvert. Inconvénient : il faut respirer son propre air recyclé, avec un mince apport d'oxygène frais ; la chaleur de l'air inspiré peut être gênante.

Au bout de plusieurs heures d'effort, les corps des deux malheureux furent découverts, gisant au fond d'une soute.

Ils n'avaient pas pu remonter à temps. Acculés par la fournaise et la fumée, ils avaient atteint le fond du bateau, au fur et à mesure que la chaleur et les gaz toxiques les rattrapaient. Pris au piège, ils n'avaient pas survécu à ces conditions extrêmes.

Dans les deux cas — le sergent Deruy et les deux ouvriers —, les victimes ont laissé la vie sur leur lieu de travail. Malgré les mesures de sécurité qui, depuis, ont été améliorées, ce type de tragédie se produit encore. Et il est toujours aussi difficile d'admettre que, dans ces cas-là, le soir, l'épouse, la mère ou les enfants ne verront pas leur époux, leur fils ou leur père rentrer à la maison.

La camionnette s'arrête au poste de garde. Je suis dans mes pensées : j'essaye de faire mon autocritique à chaud, lorsqu'une discussion s'élève entre le gardien et l'un de mes hommes. J'apprends que nous devons descendre du véhicule : un sapeur-pompier de La Ciotat montera à bord pour le fouiller, à la recherche de matériel provenant des chantiers. Nous sommes d'abord surpris, puis franchement outrés. Certes, nous n'avons pas à demander de remerciements ou de reconnaissance particulière pour avoir fait notre boulot, mais de là à nous soupçonner d'avoir dérobé du matériel, il y a quand même de la distance ! Le sapeur de La Ciotat monte à bord, cherche et ne trouve rien.

J'ai revu cet homme, quelques années plus tard, lorsque j'ai eu l'honneur de prendre le commandement du centre de secours de La Ciotat. Entre-temps, il était devenu adjudant-chef. Je lui ai rappelé l'incendie de l'*Alsace* et la fouille impromptue et inopportune qu'il nous avait imposée. Il m'a répondu d'un ton gêné qu'il avait reçu des ordres auxquels il n'avait pu se soustraire, ce que je compris très naturellement.

Une fois rentré au centre, je ne m'attarde pas. Il est 16 heures : je file chez moi. Les voitures des invités sont encore garées devant la maison. Lorsque j'entre dans le hall, je n'ose m'approcher des convives. Je suis noir de fumée, et mes cheveux forment à eux seuls un casque. Je me précipite dans la salle de bain. Le décrassage durera le temps qu'il faudra mais je me présenterai de façon acceptable ! Cela ne fera certes pas pardonner mon absence, mais au moins je n'aggraverai pas mon cas.

Une fois habillé, je peux enfin prendre ma fille dans les bras, et me joindre à la fête. Ce sera finalement une journée inoubliable !

Quelques mois plus tard, nous devions apprendre que les responsables de la sécurité du chantier avaient imaginé de remorquer le pétrolier en pleine mer, de peur que les réservoirs de fuel lourd explosassent en pleine ville. Nous l'ignorions : notre seul souci était de maîtriser puis d'éteindre le feu du château. Nous ne nous doutions pas que, pendant tout ce temps, le danger se trouvait sous nos pieds.

II
Feu d'hiver

Dans nos contrées, en Provence, le feu de forêt est ancré dans l'esprit des gens. Il habite notre mémoire collective. En été, la moindre odeur de brûlé, la moindre fumée qui s'élève dans le ciel entraîne une réaction immédiate. Les populations ont trop souffert de ce fléau : chez elle, ce réflexe est ancestral. Dans chaque famille d'agriculteurs, de forestiers ou de bousquetiers, les anciens racontaient aux enfants les histoires de feux qu'ils avaient vécues.

Ainsi, beaucoup de néophytes croient que dans le Midi, les sapeurs-pompiers sont sollicités uniquement l'été, pour les feux de forêt. Lors de la traditionnelle tournée des calendriers, en fin d'année, si la télévision n'a pas retransmis d'images de feux de forêts, de nombreuses personnes nous disent : « Vous n'avez pas eu de boulot, cette année ! » Ces gens-là ignorent que les feux de forêt ne représentent que 8 à 10 % de nos interventions. S'imaginent-ils aussi que nos camarades d'autres régions, où les feux de forêt n'existent pas, passent leurs journées à jouer aux cartes en attendant d'hypothétiques appels ?

À cette erreur s'en ajoute une autre : les feux de forêt n'existent qu'en été. Hélas, les forêts brûlent aussi en hiver. Et pour nous, ce ne sont pas des conditions moins pénibles, au contraire.

Ce vendredi 14 décembre 1973, j'étais de garde à la caserne. Cela faisait tout juste un mois que j'avais quitté la Brigade des sapeurs-pompiers de Paris pour m'enrôler chez les sapeurs-pompiers d'Aubagne. Notre service de travail était alors le 36/36 : trente-six heures de travail pour trente-six heures de repos ; début du cycle le matin à 7 h 30, et fin du cycle, le lendemain à 19 h 30. Pour un jeune marié et jeune père de famille — ma fille avait tout juste 1 mois — ce n'était pas ce que l'on peut appeler un service idéal… Mais lorsqu'on choisit ce métier, il faut s'attendre à voir sa vie familiale perturbée. Dans ma vie professionnelle, je n'ai jamais vraiment connu de train-train quotidien, ni d'ailleurs de week-ends prévus à l'avance ou de longues vacances d'été. Depuis, heureusement, la situation a évolué : les trente-cinq heures sont passées par là. Les jeunes sapeurs ont vu leur temps de travail diminuer, et peuvent se consacrer à leurs proches d'une façon plus régulière.

Ce début de garde se passe tranquillement. Seul ennui : il fait froid, très froid en cette fin d'année. Le mistral souffle depuis plusieurs jours, ce qui assèche l'atmosphère et la couche superficielle de la végétation. Cela provoque surtout un effet de froid plus important de 5 à 6 degrés au-dessous de la température ambiante.

Nous sommes quatre : deux à passer la nuit dans le dortoir et deux de garde, logés dans des appartements de fonction. Yves, l'équipier avec lequel je partage mes journées et mes nuits, est plus qu'une relation de travail : c'est un ami, un confident. Pensez donc : je passe plus de temps avec lui qu'avec ma propre famille. Lorsqu'à la nuit tombée, la caserne se vide petit à petit de ses occupants, nous restons tous les deux dans ces vastes locaux. Chacun, alors, sort son repas, confectionné par l'épouse, la mère, ou simplement le charcutier du coin de la rue, pour ceux qui ne peuvent bénéficier de la logistique familiale. Autour du repas, les discussions portent sur tout et rien. La différence d'âge, et quelquefois de génération, est pour moi extrêmement enrichissante. Certains de mes camarades de garde avaient fait la guerre d'Algérie, d'autres avaient pris part à la Résistance ou à divers combats de la Deuxième Guerre mondiale. J'apprends beaucoup sur les choses de la vie, un peu comme lors des veillées d'antan où les histoires et les apartés remplaçaient les livres et la télévision. Les conversations vont bon train jusqu'à ce qu'il soit l'heure raisonnable d'aller se coucher. Nous ne levons pas le camp avant 23 heures, afin que les heures d'affluence soient passées, qu'il y ait moins de monde sur la route et qu'un accident soit moins probable[1]. En cas d'intervention, le temps perdu à se réveiller et à s'habiller peut coûter très cher ; une seule minute de gagnée peut permettre d'éviter bien des drames, voire de sauver des vies.

Comme chaque soir, après avoir vérifié les différents organes de sécurité, et après une bonne douche, nous regagnons le dortoir, où le poêle à mazout ronronne depuis le début de la soirée. Le dortoir est excentré par rapport à la caserne : nous devons traverser deux cours extérieures pour

1. Il y a des « pics » d'intervention chez les pompiers, qui sont à peu près 19 heures-21 heures (et 7 heures-9 heures).

le rejoindre. Le froid nous saisit dès que nous mettons le nez dehors ; nous ne traînons pas en chemin. Sitôt la porte ouverte, la chaleur du poêle nous réconforte. Nous nous glissons au lit en espérant que la nuit sera calme. Espoir déçu.

Vers 4 heures, le téléphone sonne. C'est le lieutenant Tarasco : l'état-major demande des véhicules en renfort dans le Var. Un feu de forêt a démarré aux alentours de minuit, sur la commune de Bagnols-en-Forêt. Avec Yves, nous sautons dans nos bottes et nous dirigeons au standard pour battre le rappel. Il nous faut armer deux camions et une jeep radio. Nous sommes samedi : un bon nombre de sapeurs-pompiers volontaires sont en week-end, la main-d'œuvre ne manquera donc pas.

Les volontaires arrivent au centre les uns après les autres. Certains sortent à peine de leur sommeil ; d'autres, les plus matinaux, étaient déjà au bistro du coin en train de siroter un café. Les moteurs des camions tournent depuis un bon quart d'heure. Nous nous équipons de vêtements chauds : la température est inférieure à zéro et le vent nous cingle le visage. Nous étudions la carte routière : nous allons à une centaine de kilomètres de notre cantonnement. Après avoir bu une boisson chaude, nous démarrons le convoi au petit jour. Malgré mon jeune âge, le lieutenant Tarasco me confie le commandement du détachement, à bord de la jeep radio. Deux autres véhicules, un Renault de 600 litres et un Citroën P45 de 3 000 litres, sont également du voyage. Comme dans chaque intervention de ce type, nous connaissons l'heure de départ mais nous ignorons, non seulement l'heure, mais le jour de notre retour.

Mon conducteur, le caporal-chef Edmond Rei, est un homme de terrain. Il a une capacité de résistance hors norme. Il travaille dans une grande entreprise de la vallée de l'Huveaune, entre Aubagne et Marseille. Il a, comme moi, suivi les traces de son père, qui était aussi sapeur-pompier. Nous nous connaissons depuis toujours. De façon générale, les sapeurs-pompiers sont comme une deuxième famille. Le fait de vivre ensemble des situations difficiles crée des liens très forts et soude les hommes. Et dans la mesure où nous avons des moments difficiles à passer ensemble, la cohésion est primordiale. Je privilégie le travail de groupe au travail en solo. Bien que je sois plus jeune qu'eux, les hommes que je commande me font confiance. L'avis des anciens est des plus précieux. L'expérience qu'ils ont acquise est un trésor inestimable pour qui sait l'utiliser. Il n'y a pas de Superman dans notre métier, et surtout pas dans les feux de forêt — spécialité ô combien aléatoire, soumise aux caprices de plusieurs paramètres que l'on ne maîtrise pas toujours. Pour couronner le tout, en 1973, les communications radio n'en étaient qu'à leurs balbutiements ; quant aux communications téléphoniques, elles étaient inexistantes. Nous étions donc livrés à nous-mêmes.

Notre jeep avait la particularité — peu agréable — de n'être étanche à rien. Les odeurs d'essence et les gaz d'échappement envahissaient la cabine. Heureusement, pour la même raison, l'air venu de l'extérieur diluait ces émanations toxiques, ce qui nous évitait d'avoir la migraine. Inconvénient : nous étions frigorifiés. Le froid nous paralysait les jambes et nous ankylosait le corps entier — malgré le bricolage que nous avions tenté, avec deux pauvres pièces de toile qui obturaient l'ouverture des portes. Les deux engins qui nous suivaient étaient logés à la même enseigne. De toute façon, puisque les feux de forêt se produisaient uniquement l'été, ces petits problèmes d'intendance n'existaient pas !

Nous bavardions sur la durée de notre trajet, lorsque soudain, à l'entrée du village de Saint-Zacharie, dans un virage, un camion à l'arrêt nous barre la route tandis qu'un autre camion arrive en face. Edmond, surpris, freine de toutes ses forces. La jeep se met en travers : je vois arriver la semi-remorque qui venait en sens inverse droit sur nous. Edmond redresse et s'arrête à quelques centimètres du camion arrêté. Derrière, on entend les pneus crisser avec un bruit effroyable. Je crains le pire ; je rentre le cou dans les épaules, je m'agrippe et me cale comme je le peux… mais rien ne se passe. Nous descendons du véhicule. C'est incroyable : la jeep est à quelques centimètres du camion, le Renault à quelques centimètres de la jeep, le P45 à quelques centimètres du Renault… À quelques centimètres près, la mission se terminait à Saint-Zacharie !

La frayeur passée, nous redémarrons le convoi. L'ambiance est étrange, différente de celle que nous connaissons habituellement. J'ai du mal à m'imaginer que nous allons sur un feu de forêt. Pourtant, le Var nous a appelés en renforts : ça veut dire que non seulement il y a un feu, mais qu'en plus il a pris des proportions considérables. Mais nous sommes dépaysés par le contexte. C'est l'hiver, il fait un froid glacial, nous sommes engoncés par plusieurs couches de vêtements… Il y a surtout le silence. Nous sommes saisis par le froid, et personne ne parle, comme pour économiser son énergie avant le combat.

Les feux de forêt sont aussi meurtriers l'hiver que l'été. Trois ans auparavant, le 2 octobre 1970 (j'étais alors radio du capitaine Gaïa), nous avions connu des conditions similaires. Il s'agissait d'un feu au mont Faron, la célèbre montagne qui domine Toulon. En ce début d'automne, le mistral soufflait en rafales avec des pointes à plus de 100 km/h. Nous étions venus en renfort depuis Aubagne en milieu d'après-midi. De nombreux incendies avaient éclaté dans le Var en ce début d'octobre, tous aussi violents les uns que les autres. Nous avions appris, avant de partir pour le mont Faron, que deux sapeurs-pompiers toulonnais y avaient trouvé la mort dans des circonstances effroyables. L'ambiance était franchement morose. Au total, sur cette période, il y avait eu treize morts dans le Var. Parmi eux, le sous-lieutenant Vion, qui avait été gravement brûlé sur un feu de forêt à La Garde-Freinet ; sauvé des flammes par un chef d'agrès[2] et son équipier, il était décédé quelques jours plus tard. C'est aussi à ce moment-là — le 3 octobre exactement — que l'épouse et les quatre enfants de l'écrivain Martin Gray avaient trouvé la mort, avec d'autres malheureux touristes, dans le massif du Tanneron. Au PC (poste de commandement) de feu, nos camarades étaient atterrés. Le responsable des opérations nous avait informés que des malfrats, en mettant le feu à une voiture pour s'en débarrasser, avaient embrasé la forêt entière. Le vent soufflait très fort sur la route en lacet qui montait au sommet — où se trouvait, pour ne rien arranger, un zoo. Les flammes gravissaient le versant sud, en franchissant la route à chaque virage. Nous nagions dans un épais mélange de feu, de poussière et de fumée. La visibilité était nulle, mais il nous fallait atteindre le plus vite possible le

2. Le chef d'agrès est le responsable des activités du personnel qui arme son véhicule.

sommet afin de protéger les animaux. Une première attaque eut lieu à mi-parcours. L'un des porte-lances se blessa en tombant dans un trou d'obus, vestige de la dernière guerre. L'absence de visibilité rendait le danger permanent. Les bourrasques de vent réactivaient les foyers, soulevaient les cendres chaudes et nous projetaient escarbilles et poussière dans les yeux. Un deuxième homme se blessa et rejoignit son camarade d'infortune à l'hôpital Sainte-Anne de Toulon. La lutte dura une partie de la nuit. Au petit jour, les premiers rayons de soleil n'arrivèrent pas à nous réchauffer. Nous attendîmes avec impatience la relève, qui se pointa peu avant midi. Nos sapeurs blessés restèrent une journée en observation avant de rentrer à Aubagne, après avoir eu plus de peur que de mal. Cette intervention est restée comme l'un de mes plus mauvais souvenirs. Le fait d'avoir eu deux camarades blessés, l'ambiance pesante de cette intervention — où nous apprîmes que la mort avait encore frappé à d'autres endroits — et le froid permanent avaient engendré une pénible sensation de malaise.

Nous venons de quitter Saint-Zacharie. Le jour commence à se lever. Le soleil est face à nous ; non seulement il ne nous apporte pas la chaleur espérée mais il gêne les conducteurs. Après deux bonnes heures de route, nous attendons que la radio nous donne les premiers messages. À mesure que nous approchons du point de rendez-vous, l'effervescence monte en puissance.

Nous traversons maintenant les zones touchées par le feu. Des centaines et des centaines d'hectares ont été ravagés. Les chênes lièges, dont l'écorce a été enlevée du tronc, sont entièrement calcinés. Nous retrouvons les paysages lunaires que nous avons l'habitude de voir en été, lorsque le feu ne laisse, après son passage, que cendres et désolation.

Au poste de commandement, je prends contact avec le responsable des secours. Il nous donne mission au milieu du massif forestier. Là, nous allons travailler de concert avec des engins du Bataillon des marins-pompiers de Marseille, avec pour objectif de réduire l'avancée du feu.

Nous empruntons des chemins de terre pour arriver à destination. Nous sommes dans un endroit dégagé ; il y a là une fort belle maison en construction, abandonnée des ouvriers et des propriétaires. Devant l'entrée s'ouvre une immense piscine, dans laquelle nous pourrons puiser l'eau dont nous aurons besoin. À notre grande surprise, la surface de la piscine est entièrement gelée, sur plusieurs centimètres d'épaisseur. Nous brisons la glace de manière à pouvoir glisser les tuyaux semi-rigides dans le bassin. Cette opération effectuée, nous pouvons commencer à traiter le feu. Une rapide reconnaissance fait apparaître quelques endroits judicieux pour porter des attaques.

En hiver, la propagation d'un feu est totalement différente. Bien qu'il n'ait pas plu depuis plusieurs semaines, que le vent souffle à plus de 70 km/h et que la végétation soit bien sèche, le feu avance beaucoup moins vite qu'en été. La raison essentielle est la faible température. De plus, ici, des centaines de mètres de lisière ont été traitées toute la journée, ce qui limite l'avancée des flammes. Les hommes ont beau prendre mille précautions pour ne pas se mouiller, c'est peine perdue : le vent renvoie les jets d'eau sur le visage et sur les vêtements. Nous sommes rapidement trempés, et les fuites d'eau intempestives achèvent de nous glacer les os.

Il est un peu plus de 17 heures : le soir commence à tomber. Nous devons replier le matériel. Cela aussi nous semble surprenant, pour un feu de forêt. En plein été, à cette heure-ci, nous en aurions encore pour quatre heures de lutte. Le secteur est sécurisé, mais nous devrons maintenir notre surveillance toute la nuit. Le soir tombe ; nous nous réfugions dans la maison en chantier. Elle est balayée par les courants d'air, à cause des grandes baies ouvertes et des portes manquantes. Cependant, en faisant le tour du propriétaire, j'aperçois une cheminée toute neuve. Nous décidons de passer la nuit dans cet abri de fortune mais néanmoins de luxe — une fois finie, cette maison aura certainement fière allure. D'ailleurs, au sud de notre position, on aperçoit le golfe de Saint-Tropez, ce qui donne encore un peu plus de cachet à ce coin de la forêt des Maures. Tandis que les ouvertures sont sommairement fermées avec des panneaux, des hommes amènent du bois pour faire un bon feu de cheminée. Un tour de garde se met en place. Il est 20 heures : dehors, la température est descendue au-dessous de zéro. Nous sommes une trentaine, rassemblés autour du feu, la face chaude et le dos glacé.

Il est temps de casser la croûte. On amène les rations : du pâté, des sardines à l'huile et une boîte de cassoulet — que nous devrons manger froids. Je dîne rapidement, puis j'effectue mon tour de garde avec l'un des gars du P45. Nous nous dirigeons vers la piscine. Là, nous constatons que nos tuyaux ont été pris par le gel. Quant à ceux qui sont restés au sol et dont l'eau ne s'est pas écoulée, ils sont entièrement gelés. Autrement dit, notre établissement est inutilisable. Alors, avec d'infinies précautions, nous dégageons nos tuyaux des blocs de glace, puis nous redescendons au véhicule afin de remplacer les tuyaux gelés. Bien que le froid nous engourdisse les mains, nous menons à bien cette opération en évitant de déranger les camarades qui se réchauffent au coin du feu. Mon tour de garde s'achève. Je rentre dans la pièce, éclairée seulement par le feu de cheminée. Avec Yves, nous récupérons des boîtes de conserve pour recueillir de l'eau chaude dans la tonne des camions. Nous n'avons pas confiance dans la pureté de l'eau de notre citerne ; nous décidons de prendre celle des marins-pompiers, croyant que l'eau militaire sera sans doute de meilleure qualité. Grâce au système de refroidissement de la pompe, nous récupérons de l'eau chaude ; nous la transvasons dans les boîtes de sardines et nous y jetons du café soluble. Le premier qui goûte le café le trouve un peu huilé, mais le dernier profite de ce que le récipient a été rincé par l'eau chaude de ses prédécesseurs.

La nuit se passe tant bien que mal. J'effectue une ronde vers 3 heures. Les muscles sont endoloris, les vêtements sont toujours humides et il fait encore plus froid. La végétation gelée crisse sous mes pas. Il n'y a plus de boue : la terre est durcie par le froid (la température est nettement inférieure à zéro degré). Le sol est couvert d'une fine et blanche pellicule de gel. Au petit matin, alors que les premiers rayons traversent le feuillage des arbres, des fils de la vierge, sous l'effet du brouillard, barrent le sentier qui mène au camion des marins-pompiers. Le silence est parfait. La nature, comme nous, semble avoir du mal à se réveiller.

Dans la journée, le feu sera complètement éteint dans tous les secteurs. Pour un feu d'hiver, la surface brûlée est considérable : 3 200 hectares de futaie mélangée sont réduits en cendres. La surveillance sera maintenue pendant une journée encore. Le responsable des opérations vient à notre rencontre. Il nous apprend que ce feu est d'origine électrique : deux câbles de moyenne tension se sont entrechoqués. Il nous apprend également que la relève est en route ; elle sera là vers midi. À 18 heures, nous rentrons à la maison. Demain à 7 h 30, nous reprenons la garde.

III
L'année 1979

Tous les anciens vous le diront : l'année 1979 fut à l'origine d'un véritable bouleversement dans l'approche opérationnelle et administrative des feux de forêts dans les Bouches-du-Rhône. La forte augmentation du nombre d'incendies et des surfaces brûlées a eu pour conséquence une mise à plat de notre stratégie de lutte. Pour la première fois en effet, en 1979, les feux de forêt ont fait l'ouverture des journaux télévisés. La France entière a vu les énormes incendies qui se multipliaient dans le Midi. Avec curiosité d'abord, avec anxiété ensuite, nos concitoyens ont vu les forêts dévastées, les campings évacués ou ravagés, les touristes paniqués, les sapeurs-pompiers aux abois et les autorités désemparées. Chacun put constater l'inefficacité des milliers de litres d'eau déversés par le ballet des Canadairs sur des centaines d'hectares de pins enflammés comme d'immenses torches. Chacun put voir aussi le courage et la bonne volonté des sapeurs-pompiers qui luttaient dans des conditions inégales face aux éléments déchaînés. Ce qui était, depuis des dizaines et des dizaines d'années, considéré comme un phénomène local, était devenu, après deux mois d'été, une cause nationale.

Au milieu de ce branle-bas de combat général, les interventions s'enchaînèrent les unes aux autres. J'ai participé à de nombreuses d'entre elles. Les périodes d'accalmie étaient rares : nous avions tout juste le temps de récupérer et de reconditionner le matériel, avant de repartir pour une nouvelle période ininterrompue d'interventions. Un tel rythme était exténuant.

Cette année-là, le département des Bouches-du-Rhône et celui du Var ont été les plus durement touchés. Des milliers d'hectares sont partis en fumée, et des hommes y ont laissé leur vie. La liste des principaux feux qui ont frappé ces deux départements laisse imaginer la somme d'efforts qu'ont dû déployer les sapeurs-pompiers et le niveau de fatigue qu'ils ont dû endurer. Trente ans plus tard, on peut se demander quelle serait notre efficacité dans de telles situations avec les moyens dont nous disposons aujourd'hui.

Certains disent qu'il y a des signes qui ne trompent pas. De fait, en 1979, la saison a démarré très tôt, et de façon tragique. Le premier feu de forêt a eu lieu le 11 mars sur la commune de Gémenos. Le sapeur Paul Borgialli, du centre de secours d'Auriol, y a trouvé la mort lors d'un accident : son véhicule s'est retourné sur une piste forestière. L'émotion fut immense ; pour un morceau de colline, un enfant du village venait de perdre la vie. Il avait tout juste 19 ans. Son cousin, Jean-Jacques Pourchier, releva le défi : il s'engagea, gravit les échelons de la hiérarchie et prit le commandement de cette unité. Nous avons toujours insisté sur la formation des recrues, et c'est toujours un immense plaisir de retrouver des jeunes sur le terrain, et de constater que notre approche et nos conceptions tactiques se rejoignent. Jean-Jacques fait partie des hommes qui ont toute ma confiance. Sa connaissance du terrain, sa passion et la détermination avec laquelle il combat le feu lui ont valu le surnom de « porqué » : marcassin ! Comme le petit du sanglier, il n'a peur de rien, et rien ne l'arrête, pas même le maquis le plus dense.

Dans les Bouches-du-Rhône et le Var, l'énumération des incendies et des surfaces brûlées situe bien cette année catastrophique :

11 mars, Gémenos (13) : 80 hectares.
12 mai
Velaux (13) : 531 hectares
Martigues (13) : 110 hectares.
17 mai, Martigues (13) : 30 hectares.
20 mai, Allauch (13) : 110 hectares.
30 juin, Marseille (13) : 141 hectares.
1er juillet, Le Rove (13) : 60 hectares.
7 juillet, Six-Fours (83) : 211 hectares.
8 juillet
Gardanne (13) : 833 hectares
Auriol (13) : 2 140 hectares
Draguignan (83) : 200 hectares
Silans (83) : 100 hectares.
9 juillet, Jouques (13) : 656 hectares.
10 juillet, Peynier (13) : 1 736 hectares.
12 juillet, Marseille (13) : 140 hectares.
22 juillet
Martigues (13) : 640 hectares
Vidauban (13) : 105 hectares.
23 juillet, Peynier (13) : 80 hectares.

27 juillet
Allauch (13) : 2 087 hectares
Aix (13) : 155 hectares.
9 août, Saint-Raphaël (83) : 303 hectares.
10 août
Ginasservis (83) : 1 200 hectares
Le Luc (83) : 5 880 hectares
Cotignac (83) : 800 hectares
Solliès-Toucas (83) : 600 hectares.
11 août, Rognes (13) : 419 hectares.
11 août
Aix (13) : 431 hectares
Forcalquier (83) : 800 hectares.
18 août
Marseille (13) : 1 286 hectares et 410 hectares
Aubagne (13) : 415 hectares.

Au total, il y a eu pratiquement 25 000 hectares qui sont partis en fumée. À titre de comparaison, lors de l'été 2003 — l'été de la canicule —, il y a eu 19 000 hectares brûlés dans le Var et 2 300 dans les Bouches-du-Rhône. Le total dépasse lui aussi les 20 000 hectares, mais les chiffres sont quelquefois trompeurs. À y regarder de plus près, dans le Var, en 2003, il n'y a eu que deux ou trois feux seulement, qui totalisèrent à eux seuls les trois quarts des surfaces brûlées sur une période d'un mois environ. La sollicitation fut alors beaucoup plus concentrée, alors qu'en 1979, la période de lutte s'étendit sur six mois environ et sur de nombreux feux.

Le 30 juin 1979

Ce 30 juin, je suis de garde au centre de secours. Le vent souffle depuis une semaine. Les feux de forêts sont apparus très tôt, cette année; nous en sommes presque au dixième. L'été vient tout juste de commencer mais les conditions météorologiques sont catastrophiques: vent et sécheresse. Pendant toute la journée, nous sommes intervenus sur des feux de forêts: Marseille (où 5 hectares ont brûlé), Allauch (5 hectares également), etc. Ce n'est qu'à la nuit tombée que nous avons regagné le centre de secours pour reconditionner le matériel. Très sollicité, il a subi de fortes détériorations. Les vieilles pompes fuient, les pièces de jonctions (qui assemblent les tuyaux) n'assurent plus l'étanchéité, les tuyaux sont percés… Il faut réparer immédiatement: le matériel doit être disponible le plus tôt possible, et nous avons très peu de matériel de remplacement. Le système D est en vigueur dans tous les centres de secours; un tel amène ses outils personnels, un autre demande à son patron des écrous, des mèches ou des vis… Mais le sport national, en ce temps-là, est de récupérer les tuyaux laissés sur le terrain par les confrères d'un centre de secours voisin — car les tuyaux sont une denrée rare et précieuse pour les sapeurs-pompiers. Bien que chacun prît la précaution de peindre ses demi-raccords d'une couleur spécifique à chaque centre, les tuyaux changent de propriétaires grâce à un petit coup de peinture de la couleur qui va bien… La couleur verte est pour le centre d'Aubagne, l'orange pour Auriol, les tuyaux de La Bouilladisse sont en bleu et rouge, etc. Pour parer à toute éventualité, le sigle de la ville est quelquefois apposé au milieu de la toile. De manière générale, notre misère est à la hauteur de notre volonté, car le but final est d'être le plus efficace possible avec le peu de matériel que nous avons. De plus, la guerre de clochers que se livrent les centres de secours entraîne une bonne émulation, qui permet de pallier le manque de connaissances techniques de certains d'entre nous. Ainsi, il est évident que le conducteur du JMC ou du 4x4 Renault ne vous récitera pas par cœur le manuel hydraulique écrit par le commandant Hucherot, mais au moins l'eau arrivera à la lance.

La plupart de nos véhicules sont vétustes et inadaptés à la lutte. Certains datent de la dernière guerre ; d'autres ne sont que des camions classiques auxquels les constructeurs ont adapté une pompe et une cuve. La cerise sur le gâteau fut un prototype qui nous fut attribué : le Sovim. C'était un engin hybride : une sorte de tracteur carrossé en camion, avec le matériel incendie nécessaire. Nous nous sommes vite rendus compte que ce bahut était dangereux à conduire. Comme disait César à monsieur Brun à propos du Pitalugue, il était « jaloux » : il avait la fâcheuse habitude de se déporter d'une façon soudaine, soit à droite, soit à gauche, dès qu'on freinait. Il est même arrivé quelquefois que le Sovim traversât entièrement la route avant de s'immobiliser sur le bas-côté. Nous avons vu défiler dans l'atelier des ingénieurs, des mécaniciens, des conseillers techniques ; chacun donnait son avis et proposait sa solution miracle. Au bout de deux ans, la direction assistée fut supprimée, sans résultat — si ce n'est que dans le hors-piste, on ne pouvait plus tourner le volant. Un an plus tard, une citerne de 500 litres fut ajoutée, pour stabiliser le camion et abaisser son centre de gravité : là non plus, rien à signaler, si ce n'est les 500 kilos supplémentaires à transporter. J'ai même vu le responsable de la mécanique des Bouches-du-Rhône, une mallette sous le bras, se présenter à la caserne. Fier comme Artaban, le grand chef de la mécanique départementale déclara haut et fort que la solution miracle se trouvait dans son attaché-case. Un attroupement se forma aussitôt. Avec mille précautions, il ouvrit sa mallette. À notre grande surprise, il en sortit un simple flacon. Il démonta les moyeux et avec un compte-goutte, déposa une goutte à un endroit précis. Mais après quelques essais, il fallut se rendre à l'évidence : le miracle n'avait pas eu lieu. Après ces échecs, un ingénieur eut enfin l'idée qu'il fallait : inscrire sur le capot moteur « Défense de dépasser 45 km/h » à la peinture indélébile ! Ces bonnes gens pouvaient ainsi dormir la conscience tranquille : si un accident grave se produisait, seul le conducteur en serait responsable ! On le voit, l'efficacité dans la lutte n'était pas vraiment une priorité en ce temps-là. Comment imaginer un convoi engagé sur une autoroute, avec trois ou quatre véhicules se rendant sur une intervention à la vitesse d'un cycliste de bon niveau ?

Vers 2 heures du matin, alors que le matériel venait d'être reconditionné, le klaxon d'alerte retentit. Le stationnaire nous annonce un départ de feu dans les quartiers nord de Marseille. Une « générale »[1] d'Aubagne est demandée en renfort. Je prends le commandement de ce détachement composé de ma jeep, du 4x4 Renault (600 litres d'eau), du Sovim (2 500 litres) et du P45 Citroën (3 000 litres). En arrivant à Marseille, nous apercevons rapidement la lueur de l'incendie sur les hauteurs, au-dessus de l'hôpital Nord. Nous traversons différentes cités pour arriver sur une route qui serpente au milieu de la garrigue. L'endroit est lugubre ; des lotissements individuels, dont la construction a été aban-

1. Une générale, c'était un groupe d'intervention qui était composé, à l'époque, d'un petit véhicule (300 litres), d'un véhicule moyen (entre 600 et 900 litres) et d'un gros véhicule (plus de 2 000 litres).

donnée, ressemblent à de sinistres sentinelles en bordure de route. La lune projette leurs silhouettes inquiétantes au milieu de la chaussée ; au-delà, ce n'est plus que végétation basse, tas de déchets, carcasses de voitures…

Le décor est totalement différent sur le côté droit. Le point de vue est extraordinaire : la baie de Marseille s'étend droit devant nous. Je ne me lasse pas, à chaque occasion, de jour comme de nuit, d'admirer le panorama. Au fond de la baie, c'est l'Estaque, immortalisée par Cézanne et Braque, avec son port de pêche blotti contre la colline. Ce haut lieu des joutes provençales, situé dans le prolongement du port de commerce avec ses grues illuminées, a été pendant très longtemps l'emblème de la ville dans le monde entier. Juste un peu plus loin, des bateaux amarrés aux quais sont en partance pour de lointaines destinations. Leurs châteaux illuminés émergent au milieu de la mer sombre. La Bonne Mère veille sur ce monde portuaire qui m'est inconnu — comme à bon nombre de Marseillais, d'ailleurs. Les portefaix, naguère utilisés pour le chargement et le déchargement des marchandises, ont disparu. Il n'y a plus de crocheteurs, qui agrippaient les ballots pour les tirer du bout de leurs crochets en fer. Les dévalleurs, techniciens des liquides, ont fait place, petit à petit, aux dockers. Il y a très peu de cargos : ils sont remplacés par des porte-conteneurs, des tankers et des supertankers. Le vocabulaire s'est adapté à l'évolution de la profession. Plus au sud, il y a le Vieux-Port — qui est en fait la calanque du Lacydon, autour de laquelle la ville s'est construite en amphithéâtre. C'est aujourd'hui un port de plaisance unique en Europe : il a la particularité d'être au centre de la ville. Comme une pieuvre avec ses tentacules, la métropole marseillaise s'est étendue sur les différentes collines qui entourent le plus grand port de Méditerranée.

Nous sommes sur l'une d'entre elles. Le mistral qui s'engouffre dans l'habitacle de la jeep me rappelle que nous sommes face au nord. Le vent est si vif que je n'ai plus de sensation ; mon oreille me fait horriblement souffrir, j'ai les lèvres sèches et le bout des doigts gelé.

Nous progressons vers l'incendie, à la rencontre d'un responsable. Arrivé à sa hauteur, un marin-pompier me confie un secteur, avec comme mission d'empêcher le feu de franchir la route. Nous sommes face au vent : nos jets d'eau, sous la violence du mistral, ne sont pas efficaces. Pire : à la moindre rafale, ils se retournent contre nous. Et malgré nos précautions, nous sommes vite trempés, ce qui accentue la sensation de froid. Nous parvenons cependant à mener à bien notre mission, ce qui nous a pris le restant de la nuit. Au petit matin, tout est calme. En revanche, sur l'autre secteur il y a encore des flammes. J'informe par radio le directeur des secours que notre secteur a été traité et qu'il n'y a plus aucun danger de reprise. En réponse, je reçois l'ordre de prêter main forte à nos collègues. Les premiers rayons de soleil nous réchauffent enfin. Le vent s'est un peu calmé, mais de temps en temps des bourrasques soulèvent les cendres du sinistre et les emportent dans des tourbillons, comme des mini-tornades ; le phénomène est impressionnant.

Le feu remonte maintenant du vallon Dol en direction d'une esplanade où sont stationnés plusieurs véhicules. Dans l'axe de propagation du feu, le PC et la voiture du commandant du Bataillon sont sous la menace directe des flammes. Nous sommes étonnés mais pensons que la situation sera rectifiée rapidement. J'ai à peine le temps de demander notre mission que le feu surgit en haut de la crête. C'est la panique générale : le PC est menacé, de même que la Peugeot 404 du pacha. Un sauve-qui-peut est lancé par le commandant ; dans l'affolement, chacun essaie de se protéger comme il peut. Le PC est entouré par les flammes. Un opérateur est pris au piège dans son camion ; on le voit sortir la tête pour chercher l'oxygène. Il est évacué miraculeusement avant que le camion ne s'embrase entièrement. La voiture prend feu également ; rien ne peut être sauvé. De notre côté, nous dégageons le site avant de subir le même sort, puis nous attaquons l'incendie par le côté. Avec l'aide d'autres engins, nous finissons par éteindre cette pointe — qui, avant de mourir, a fait subir de gros dégâts au matériel. Heureusement personne n'est touché, malgré la pagaille indescriptible qui a régné pendant un moment. Au final, 141 hectares de garrigue et de pinède ont brûlé cette nuit-là ; c'est un moindre mal. Vers midi, nous regagnons notre centre de secours ; nous devons récupérer afin d'être d'attaque pour les prochains jours.

Le 8 juillet

Il fait chaud, ce dimanche-là. Je passe le week-end chez mes parents. Le mistral souffle depuis quelques jours. Cela fait maintenant une semaine que nous ne sommes pas intervenus sur un feu important. Mon poste transistor est calé sur la fréquence des sapeurs-pompiers : il est en veille permanente. J'écoute les allées et venues des engins de mon centre ainsi que les communications de l'état-major. Plusieurs départs de feux sont signalés. J'attends que les premiers engins arrivés sur place rendent compte pour me faire une idée de chaque sinistre. Parmi ces nombreuses interventions, le feu de Gardanne, signalé il y a plus d'un quart d'heure, prend de l'importance. Baccara 10 — c'est l'indicatif radio de l'état-major — commence à diriger là-bas des renforts, venus des centres de secours les plus proches. Le choix de ces derniers s'effectue comme sur une cible dont le centre serait le départ de feu. Les casernes les plus proches se situent sur les cercles à faible circonférence, et au fur et à mesure qu'on appelle des renforts, les cercles s'élargissent. Le centre de secours d'Aubagne se trouve assez loin de Gardanne (notre cercle est à mi-chemin entre le centre et l'extérieur de la cible). Vu l'importance et la soudaineté du feu de Gardanne, les cercles tombent les uns après les autres. Le prochain est pour nous. Je quitte la maison pour me diriger vers le centre de secours. À peine arrivé sur le parking, j'aperçois une fumée épaisse et rousse qui monte derrière le rocher du Garlaban. Mauvais signe ! La sirène sonne : j'imagine que Baccara 10 nous a demandés d'intervenir sur ce feu. Je dévale à toute vitesse la montée de la planque pour rejoindre la cour de la caserne. Plusieurs engins sont au départ. Les officiers sont déjà partis. J'organise l'armement des véhicules. Notre maigre réserve en hommes et en véhicules a fondu comme neige au soleil. Il reste quatre sapeurs pour armer un VSAB (une ambulance) ou un engin feu.

La radio hurle des ordres qu'un néophyte ne pourrait comprendre ; dans le lot, j'entends la voix familière de la vigie du Régagnas, qui signale un autre départ de feu. Il est 15 h 22. Le Régagnas est le sommet d'une colline qui domine le village d'Auriol et qui fait face au massif de la Sainte-Baume. Le départ de feu est confirmé au lieu-dit Daurengue, sur la commune d'Auriol. Il n'y a plus de véhicule dans le secteur. Je contacte le FPT Berliet (utilisé pour les feux urbains, d'habitude) : il est le dernier camion à avoir quitté le centre de secours. Le stationnaire arrive à le joindre et à le diriger sur Daurengue. Les appels 18 affluent au standard : le feu a vite pris de l'importance. À 15 h 57, un véhicule d'Auriol, présent sur place, demande le maximum de renfort terrestre et aérien. Malheureusement, les véhicules du département sont concentrés sur le feu d'Aix-en-Provence ; pendant une heure, il n'y aura sur cet incendie que quatre engins.

Le massif de la Sainte-Baume s'étend à peu près sur 35 kilomètres de long et 15 de large. Il traverse les départements des Bouches-du-Rhône et du Var. Son sommet, le pic de Bertagne, atteint 1 040 mètres ; c'est le point culminant des Bouches-du-Rhône. Sa variété en paysages, unique en Provence, sa forêt séculaire aux essences rares, ses immenses étendues vallonnées occupées par la garrigue, font de cette montagne un endroit très prisé par les randonneurs. Cette forêt est depuis longtemps hors coupe, c'est-à-dire qu'on n'en retire que les arbres morts.

La Sainte-Baume a sa légende. Ces traditions font de cette montagne un endroit féerique pour le promeneur. La grotte (*bauma* en provençal) a eu une sainte locataire : Marie-Madeleine y aurait séjourné jusqu'à la fin de sa vie, après avoir débarqué aux Saintes-Maries-de-la-Mer. Des pèlerinages s'y déroulent à longueur d'année, et bon nombre de rois de France et de papes ont gravi le sentier des Roys qui mène à la sainte grotte. C'est le troisième haut lieu de la Chrétienté au monde. L'endroit est donc très surveillé, et les centres de secours environnants sont sur le qui-vive au moindre départ de feu.

Le vent souffle en rafales, avec des pointes de 90 à 100 km/h. L'incendie se propage très vite. Le relief facilite sa progression ; rien de l'arrête. Il franchit le col des Seignors puis Tête de Roussargue. Il y a un endroit où il peut être stoppé : le col de l'Espigoulier. Si les renforts demandés arrivent à temps, le coup est jouable. Mais ils viennent de loin et le trajet est très long ; de plus, la route qui mène à l'Espigoulier est étroite et sinueuse. Trop tard : malgré l'appui d'une colonne de la Sécurité civile, l'incendie passe le col. La partie est perdue : il n'y a plus de possibilité d'attaque et les renforts ne seront là qu'à la tombée de la nuit.

Au centre de secours, nous recevons d'innombrables appels. Le parc de Saint-Pons est menacé. La départementale 2 est franchie, des touristes sont coincés sur la route, les chevaux du parc doivent être mis à l'abri… c'est la débandade générale. Saint-Pons est un havre de paix, le poumon vert de la banlieue est de Marseille. Des arbres ancestraux offrent de l'ombre, et les ruisseaux qui serpentent au milieu de la forêt apportent aux citadins un rafraîchissant dépaysement. Une célèbre abbaye médiévale est blottie dans la forêt ; elle fut élevée en 1205 dans l'ordre de Cîteaux. Elle est la quatrième des « sœurs provençales » avec Silvacane, Sénanque et Le Thoronet. L'endroit est fragile : il faut le protéger coûte que coûte ! D'autant plus que cet endroit magique n'a pas été pris en compte dans la stratégie, faute de moyens. Par bonheur, le feu, bon prince sur ce coup, a préféré se diriger vers le nord. Les flammes ont juste léché la lisière de cet oasis de verdure, avant de poursuivre leur course ailleurs.

Je n'ai aucun contact avec le commandement. À la caserne, je garde au cas où, pour les douze communes qui entourent Aubagne, l'équipage d'un camion, qui ne quittera le centre qu'en cas d'absolue nécessité. J'applique ainsi — sans le savoir, mais au nom du simple bon sens — les recommandations du guide de stratégie générale, qui ne devait paraître qu'en 1994, et qui priorise l'attaque des feux naissants. Notre dernier véhicule peut stopper très vite des départs de feu intempestifs, et éviter d'autres catastrophes : je le réserve à cet usage. Un choix pas évident à défendre... Les messages se succèdent, tous du même acabit : « Nous sommes dépassés, je demande renfort !... » En même temps, nous devons tempérer l'ardeur de la population sinistrée. Nous conseillons aux propriétaires de se mettre à l'abri : ils sont furieux. C'est une situation d'autant plus difficile à gérer que les reproches qu'ils nous font, s'ils nous semblent injustes, sont bien compréhensibles. Mes hommes veulent aller combattre : je dois les calmer eux aussi. Je dois user de toute ma force de persuasion pour les empêcher d'utiliser le dernier camion. Je suis certain que nous en aurons besoin bientôt — et je ne veux pas l'engager n'importe où et n'importe comment : son intervention devra être décisive. Il ne me reste qu'une cartouche : à moi de l'utiliser le plus efficacement possible. Depuis le début de l'été, nous gérons ainsi la pénurie ; nous commençons à nous y habituer.

Il fait nuit, maintenant. Le massif rougeoie. Du toit de la caserne, nous pouvons constater que le feu a dépassé le village de Gémenos et qu'il occupe entièrement le versant ouest de la Sainte-Baume. Le vent redouble de violence, et il n'y a toujours pas de renfort. Peu avant 23 heures, le 18 se remet à sonner. Les habitants de Cuges-les-Pins s'inquiètent : ils aperçoivent le front de feu qui descend sur eux. Le maire nous appelle et demande de l'aide : dans moins d'une heure, les premières maisons seront atteintes par l'incendie. Les engins du hameau sont engagés à Gardanne ou au départ du feu à une vingtaine de kilomètres. Les résidents sont donc démunis et ne peuvent compter que sur eux-mêmes. On en revient au XIXe siècle, lorsque le Corps des sapeurs-pompiers n'existait pas : chacun pour soi ! Cette fois, je décide d'intervenir. Même si la tâche doit s'avérer insurmontable, notre présence rassurera la population — qui n'a aperçu aucun secours alors que le feu est dans le village. Encore une fois, nous payons la légèreté, l'imprévoyance et la désorganisation du commandement, qui n'a pas encore pris en compte les conditions exceptionnelles de cet été 1979. Nous serons en première ligne avec un engin et cinq hommes, pour attaquer le feu dans des conditions de sécurité peu enviables. En plus, nous allons subir de plein fouet la colère des sinistrés. Je sais parfaitement que, faute de pouvoir protéger chaque maison menacée, nous allons faire un heureux pour cent malheureux (et furieux…), mais ma décision est prise.

L'équipage du camion est complet, mais je n'ai pas de voiture pour le diriger, ni de radio. Il me vient une idée. Le lieutenant Tarasco est sur le feu, mais son véhicule personnel est à la caserne, et il est possible d'y installer une radio. Un agent de l'ONF (Office national des forêts) a garé sa Renault 4L de service dans la cour : nous l'ouvrons en forçant légèrement sur la serrure, et nous démontons son poste. Madame Tarasco nous passe les clefs du véhicule de son époux, et le tour est joué !… Sauf que j'ignore comment le lieutenant va réagir quand il découvrira sa voiture sur le feu… de même que le garde forestier, quand il verra qu'« on » lui a volé son poste radio avec effraction !

Le village de Cuges-les-Pins se situe au milieu du poljé le plus vaste d'Europe de l'ouest. C'est une vallée encaissée et fermée, qui a son propre microclimat. La brume stagne au fond de la plaine, ce qui donne aux automobilistes l'impression de plonger dans l'inconnu. Cette nuit, ce n'est pas le brouillard mais la fumée de l'incendie qui baigne le village. Le mistral, ici, n'a aucune emprise. L'ambiance est surréaliste. Nous suffoquons, les yeux rougis et la gorge irritée. Nous avons du mal à communiquer correctement. Un seul véhicule dans une telle situation, c'est dérisoire ! J'essaie de me frayer un passage avec la voiture du lieutenant — sur laquelle j'ai posé un gyrophare aimanté —, en vain : nous sommes assaillis. Dans les villas, les jardins brûlent. Les maisons sont directement menacées. Un propriétaire nous supplie de le suivre : sa famille est restée dans sa maison qui est sous l'emprise des flammes. D'autres villageois nous demandent la même chose. Impossible de satisfaire tout le monde : il faut faire un choix, et vite. Nous décidons de suivre l'homme qui est venu nous voir le premier. Je laisse la voiture à l'écart, de peur qu'on me l'abîme. Le camion se dirige vers la villa ; le personnel met en place les tuyaux et les branche dans une piscine. Je fais le tour de la maison et je constate que le feu, bien que très proche, ne l'atteindra pas directement. Je donne l'ordre de défaire les tuyaux, malgré les protestations des propriétaires. Pendant la nuit, nous glissons de propriété en propriété en suivant le front de feu. Nous défendrons ainsi cinq ou six maisons. Notre but n'est pas d'éteindre ou d'arrêter l'incendie, mais uniquement de protéger les biens en cassant la pointe du feu. Tactique payante mais épuisante : établir les tuyaux, attaquer, puis démonter l'établissement, se diriger sur une autre villa, établir et attaquer encore, et ainsi de suite jusqu'au lever du jour... Finalement, le front de feu évite Cuges par le nord. Les dégâts se limitent à de la forêt, au jardin de quelques villas, à des haies, à des bottes de paille… Aucune habitation n'a souffert de l'incendie.

J'ai retrouvé le lieutenant, qui fut surpris de découvrir sa R12 au milieu des camions rouges. Sans explication, il a tout de suite compris la nécessité de cette décision, et ne m'en a fait aucun grief. J'évite quand même de tenter le diable : n'ayant plus besoin de la radio, je laisse prudemment le véhicule aux abords de la coopérative et grimpe dans le camion pour finir notre mission. Cet incendie ne sera complètement éteint que le 11, à 21 h 15 — soit après presque quatre-vingts heures de lutte ! Il aura brûlé 2 140 hectares de pinède et de garrigue.

Ce feu catastrophique aurait pu être évité — ou tout au moins, les dégâts auraient pu être limités. En ne respectant pas les fondamentaux, en ne priorisant pas les feux naissants, l'état-major a laissé se développer cet incendie. À 18 heures, soit près de trois heures après le départ, il n'y avait sur place que quatre véhicules, malgré les demandes incessantes de renfort formulées par le capitaine Gaïa (dès 15 h 57). Ce 8 juillet, trois autres départs de feu importants ont eu lieu, en début et milieu d'après midi. Mais là, le nombre d'hectares brûlés fut inversement proportionnel au nombre de véhicules terrestres et aériens envoyés sur place. Manifestement, la répartition des secours s'est effectuée de manière arbitraire — et inefficace.

En voici le bilan : 13 h 37, feu de Gardanne : sept Canadairs, 833 hectares brûlés ; 14 h 55, feu d'Aix : deux Canadairs, 60 hectares brûlés ; 15 h 22, feu d'Auriol : zéro Canadair, 2 140 hectares brûlés.

La montée en puissance des renforts n'a pas été à la hauteur de l'événement. À Auriol, plusieurs actions auraient pu être tentées. Faute de véhicules et d'hommes, le feu s'est propagé librement, jusqu'au petit matin, vers le village de Cuges.

Pour ma part, ce fut une expérience enrichissante. D'abord cantonné à gérer notre pénurie en hommes et en matériel, et à conseiller les sinistrés qui demandaient de l'aide, j'ai abandonné ce rôle pour me lancer un peu à l'aventure, en dehors du cadre réglementaire. Par la force des choses, l'improvisation a pris le pas sur le règlement. Les carences de nos supérieurs ont obligé les gars sur le terrain à colmater les brèches, afin de sauver ce qui pouvait l'être, dans des conditions difficiles, avec une impression de délitement et d'abandon qui auraient pu entraîner le découragement, voire un renoncement de la part des hommes. Et encore !... nous n'étions pas au bout de nos peines.

Le 27 juillet

C'est ce jour-là, le vendredi 27 juillet, qu'a choisi mon cousin germain pour se marier. Il fait toujours aussi chaud, et le mistral s'est mis à souffler il y a quelques jours. Nous sommes attendus à 17 heures à la mairie. J'hésite entre le costume-cravate et une tenue un peu plus décontractée. La sonnerie de la porte d'entrée me tire de ces réflexions. Mon frère se trouve sur le pas de la porte et me demande tranquillement : « On y va ? » Je suis surpris de cette question : d'abord parce qu'il est en avance sur l'heure prévue, et ensuite parce qu'il est évident que, oui, on va y aller, au mariage de notre cousin ! « Bien sûr qu'on y va, mais attend que je sois prêt », lui dis-je. Avec un sourire au coin des lèvres, il me tire vers la fenêtre. Il ne parlait pas du mariage : un énorme champignon de fumée se développe vers le nord-ouest, derrière les collines du massif du Garlaban.

En une fraction de seconde, le mariage, le costume, la mairie et même la chaleur, je n'y pense plus. Mon épouse a vite compris que son cavalier allait lui faire faux bond et qu'il allait troquer la chemise blanche pour un treillis et les souliers vernis pour des bottes de feu. Depuis le 8 juillet, nous n'avons pas chômé. Les incendies se sont succédé : Peynier le 10, Marseille le 12, Martigues le 22, encore Peynier le 23, encore Marseille le 24... Nous dépendons de la météo et du vent, qui favorisent les incendies (et qui attirent les incendiaires).

Au centre de secours, une bonne partie des véhicules s'est dirigée vers le départ de feu, au vallon des Amandiers, sur la commune d'Allauch. Je prends contact avec les officiers. Nous sommes inquiets : chaque fois qu'un feu démarre sur la commune d'Allauch et qu'il y a du mistral, il se propage sur le territoire d'Aubagne. Ces deux communes occupent une bonne partie de la surface du massif du Garlaban, qui a déjà connu plusieurs incendies dramatiques : en 1918, en 1942 (l'occupant avait allumé plusieurs feux pour déloger les maquisards) et en 1976. Par la suite, il devait y avoir le feu de 1983 et celui de 1997. Ce massif, d'une superficie de 17 000 hectares, est couvert sur son versant sud par de la garrigue, quelques pins d'Alep et quelques chênes blancs ; le versant nord est beaucoup moins verdoyant. Le rocher culmine à 712 mètres et il est surmonté d'une croix. C'est un lieu de randonnée apprécié, car depuis le sommet, le panorama est magnifique. Du bord de la falaise, on peut admirer la vallée de l'Huveaune à l'est et Marseille à l'ouest ; plein sud, on aperçoit les falaises du cap Canaille qui s'avancent dans la Méditerranée (c'était le point de repère des marins avant de s'engager dans la rade de Marseille).

Qui mieux que Marcel Pagnol a évoqué le Garlaban ? Au tout début de *La Gloire de mon père*, il écrit : « Ce n'est pas une montagne, mais ce n'est plus une colline : c'est Garlaban, où les guetteurs de Marius, quand ils virent, au fond de la nuit, briller un feu sur Sainte-Victoire, allumèrent un bûcher de broussailles : cet oiseau rouge, dans la nuit de juin, vola de colline en colline, et se posant enfin sur la roche du Capitole, apprit à Rome que ses légions des Gaules venaient d'égorger, dans la plaine d'Aix, les cent mille barbares de Teutobochus. » Ce massif connaît une fréquentation très élevée de promeneurs de tous âges depuis que l'académicien a publié ses livres de souvenirs et a tourné des films dans les collines et les vallons du massif.

Nous sommes de plus en plus inquiets : nous n'avons plus de nouvelle de nos véhicules (qui sont sous les ordres du Bataillon des marins-pompiers). Nous décidons d'envoyer un camion sur le Jas de Fontainebleau, pour observer l'évolution du front de feu (et pour intervenir si besoin est). La ville d'Aubagne est entièrement recouverte par la fumée : le soleil est masqué par l'épais champignon que dégage l'incendie. Nous attendons avec impatience le compte-rendu de l'engin que nous avons placé en vigie. Le message arrive un quart d'heure plus tard. Il est dramatique : « Feu de forêt très important. Le front de feu, d'une largeur d'environ 3 kilomètres, se dirige sur le col d'Aubignane. Dans une heure, les premières maisons seront atteintes. Dans deux heures, le feu sera au milieu des lotissements. »

Nous alertons les autorités municipales. M. Garcin, maire d'Aubagne, arpente la ville avec le chef de Corps. Tout ce qui roule et qui a une citerne est réquisitionné ; l'arroseuse municipale est équipée avec des tuyaux et des lances. Malheureusement, le Bataillon refuse de nous lâcher les véhicules qui sont au départ du feu et qui pourtant ne servent plus à combattre l'incendie.

Lorsque le front de feu s'engage dans le vallon de Bec Cornu, c'est la panique générale. Les appels affluent au centre de secours. Les maisons et les lotissements sont en flammes. Nous subissons plus que nous n'agissons. La tâche est insurmontable. La tempête de feu détruit sur son passage pinède, cabanons, jardins, clôtures et portails, poteaux électriques et téléphoniques. Je me souviens que lors du passage du feu, l'un des résidents nous a téléphonés pour nous demander la marche à suivre. Le feu se trouvait dans son jardin, où des pins centenaires s'embrasaient comme des torches. Je lui ai recommandé de ne pas sortir, de se calfeutrer à l'intérieur en fermant les volets et en disposant des linges mouillés en bas des portes pour empêcher la fumée de pénétrer et pour ralentir la propagation de la chaleur. Il me répondit qu'il avait compris mais que la seule eau qu'il possédait était minérale ! La situation était incontrôlable. Petit à petit, les communications cessèrent : les habitants des quartiers touchés par l'incendie n'avaient même plus la possibilité de téléphoner, car poteaux et fils avaient entièrement brûlé. Au centre de secours, nous tâchons d'apporter de l'aide et des conseils aux sinistrés. Les motopompes qui sont utilisées pour épuiser de l'eau sont chargées dans des voitures particulières ; le magasin de tuyaux est dévalisé. À la caserne, il n'y a plus aucun matériel susceptible d'être employé pour lutter contre le sinistre. Dès lors, ma présence au centre n'étant plus utile, je décide de me rendre sur les lieux, dans le vallon de la Font de Mai.

Là, je constate que le front de feu se dirige vers l'est en direction des Solan des Boyers et du hameau de Lascours. C'est une zone très urbanisée ; des renforts y sont envoyés au début de la nuit. Le feu n'a pas encore franchi le fond du vallon de la Font de Mai ; il se trouve sur le versant opposé, en phase descendante. Plusieurs villas et un restaurant sont directement menacés, de même que la ferme Giraud. J'y rejoins Julien, le chef de véhicule, qui est en protection de la ferme. Il a, en tout et pour tout, deux malheureux engins pour gérer un secteur truffé de pièges, de recoins et de restanques qu'il faut escalader les unes après les autres. Sa voix de stentor s'entend à plusieurs centaines de mètres. À pleins poumons, il hurle ses ordres pour établir les lances — pour éviter d'être pris de vitesse par les flammes qui entourent la bastide Giraud. Nous réussissons à stopper l'avancée du feu et à protéger les différentes propriétés. Seul regret : dans la bataille, Julien a perdu sa montre, tombée dans le puits ancestral qui trône devant la terrasse.

Nous profitons de la nuit pour fixer définitivement le front de feu sur les hauteurs de Lascours, avec les renforts venus d'autres départements. Les dégâts sont considérables : plusieurs maisons et plus de 2 000 hectares de pinède ont brûlé. Des animaux domestiques (notamment des mulets) sont calcinés ; l'odeur de la viande grillée flotte aux alentours des ruines noircies par le feu.

En ville, l'émotion est considérable. Chacun y va de son commentaire ; la rumeur enfle, le mécontentement gronde et grandit. Les correspondants de presse locaux interrogent les sinistrés ; tous ou presque sont unanimes : ils se plaignent de l'absence de secours face à l'incendie, et de la carence du commandement. Devant le désarroi et le trouble de la population, le maire décide de réunir un conseil municipal extraordinaire, sur le cours Maréchal-Foch, dans le centre-ville. Il désire recueillir des témoignages mais aussi rétablir certaines vérités dans un débat contradictoire.

Il est 18 heures, ce 30 juillet. La place est noire de monde ; les journaux, les télévisions et les élus sont fidèles au rendez-vous. J'ai pour ma part demandé à ma hiérarchie d'intervenir : pas pour nous justifier, mais pour informer la population des problèmes récurrents que nous rencontrons depuis de nombreuses années. Cela m'a été refusé : nous sommes sous la coupe des militaires[2] et ce genre de démonstration publique n'est pas du goût de l'état-major. J'assiste cependant en civil à cet événement, que l'on pourrait considérer comme historique pour la vie de la ville et de son Corps de sapeurs-pompiers. J'ai préparé une intervention, mais je ne demanderai la parole qu'en fonction de l'évolution du débat. N'ayant pas l'autorisation de mes supérieurs, c'est comme délégué syndical que je vais me présenter devant l'assemblée municipale.

---

2. En l'occurrence, le Bataillon de marins-pompiers de Marseille, dont nous reparlerons plus tard.

Après les formalités d'usage et les précisions sur la réunion du conseil municipal extraordinaire par le premier magistrat, nous entrons dans le vif du sujet. Tout y passe : les permis de construire, les chemins, le débroussaillement, l'alarme, l'alerte, les points d'eau, et bien entendu les secours. Les reproches qui nous sont adressés reposent, pour la plupart, sur l'absence de véhicules et sur la désorganisation. Les élus répondent du tac au tac : le maire annonce que les parcelles brûlées seront classées en zones inconstructibles pour éviter la spéculation. Il décide ensuite de porter la distance réglementaire de débroussaillage de 50 à 100 mètres autour d'une construction. Le débat est intéressant mais les élus ont du mal à expliquer les carences du commandement et l'absence de véhicule dans le secteur du piémont du Garlaban. L'ambiance, jusqu'alors orageuse, devient franchement électrique. Les sinistrés s'énervent, élèvent la voix ; des accusations sont lancées sans fondement… Je me rends bien compte que la démocratie a ses limites.

Je suis ces débats avec intérêt mais je ne tiens plus en place sur ma chaise. À chaque intervention, je veux répondre ; à chaque accusation ou mise en cause, je veux répliquer et expliquer les actions. C'est pour moi une véritable torture de rester ainsi sans rien dire. Je me décide à lever la main pour prendre la parole et exposer à la population notre tactique de lutte, les problèmes rencontrés et les limites de nos actions.

Un assistant me donne le micro. Le silence se fait immédiatement : les commentaires s'arrêtent illico. Je sens les regards qui se posent sur moi. Beaucoup attendent les explications d'un technicien de la lutte — et quelques-uns sans doute des excuses. Mes amis sont surpris de me voir dans cette galère — mais je n'ai pas trouvé opportun d'avertir mon entourage de ma participation au débat : ce n'est pas dans nos habitudes. Jusqu'à présent, nous nous contentions d'écouter, et quelquefois d'encaisser ; nous étions aux ordres, en quelque sorte ! Position intenable dès lors que l'on veut alimenter les échanges afin d'améliorer notre mode de fonctionnement. Si nous sommes réunis maintenant et si nos actions sont remises en cause, c'est peut-être parce que nous avons trop longtemps accepté notre sort sans rien dire, alors que l'on aurait pu faire avancer les choses en dénonçant certaines anomalies. Finalement, en prenant la parole en tant que délégué syndical, j'ai une meilleure marge de manœuvre, et c'est bien mieux ainsi. Je réalise aujourd'hui que c'est l'une des premières fois où les hommes de terrain ont pu faire entendre leur voix. J'ignore les répercussions exactes qu'a eues mon initiative, mais il était grand temps de nous libérer de ce carcan. Il était temps de porter sur la place publique les difficultés que nous avions à faire notre métier dans de telles conditions. Chacun devait prendre ses responsabilités. Les décideurs, pendant des années, ont cru que les feux de forêts n'étaient qu'une petite partie de nos missions. Ils ont cru qu'il n'était pas nécessaire d'adapter notre façon de lutter, de prévoir des aménagements forestiers et d'améliorer la formation du personnel. La suite des événements devait nous donner raison quant à l'évolution de notre profession — du moins, pour ce que j'ai connu dans le département des Bouches-du-Rhône.

Mon intervention est fondée sur notre manque de moyens, sur le fait que nous sommes bloqués sur la commune d'Allauch, et surtout, sur l'impossibilité de protéger mille cinq cents propriétés en même temps. On ne peut pas être partout à la fois ! Au fur et à mesure que je m'exprime, je me rends compte que l'auditoire est attentif. Aucun mouvement d'humeur ne se fait entendre. Les sinistrés veulent seulement comprendre comment nous en sommes arrivés là. Après mon allocution, les débats prennent une autre tournure. Les sapeurs-pompiers ne sont plus mis en cause et nos actions ne sont plus critiquées. Seule notre organisation défaillante est mise à l'index, mais nos responsables n'ont pas voulu venir s'expliquer. En quelques jours, 8 000 hectares sont partis en fumée dans la région d'Aubagne : pas facile à expliquer, en effet !

Le mois de juillet se termine tant bien que mal. En revanche, dans la première quinzaine d'août, les éléments se déchaînent à nouveau. Si les Bouches-du-Rhône restent relativement épargnées jusqu'au 11 août, il n'en va pas de même chez nos amis varois. Plusieurs feux, qui s'étendent sur 5 000 hectares, ravagent les forêts du Var (qui est le deuxième département forestier de France). Nous sommes avec eux dans ces batailles.

Le 18 août

Cela devient une habitude : il fait chaud et le mistral souffle. Nous sommes en alerte maximale. Au centre de secours, nous avons eu le temps de remettre le matériel en condition, car il y a maintenant une semaine qu'on n'a pas eu de feux significatifs. Le déjeuner de la permanence vient tout juste de se terminer ; il est 14 heures. Baccara 10 signale trois départs de feu simultanés : deux sur la commune de Marseille et un sur la commune des Pennes-Mirabeau.

Aussitôt, le taux d'adrénaline grimpe en flèche et les réflexes conditionnés réapparaissent. Le potentiomètre du poste est monté à son maximum. La table est débarrassée en moins d'une minute. La musette est prête. Les hommes sont dans les starting-blocks. Nous nous retrouvons au standard autour du poste radio, qui crache des informations à moitié audibles. Nous comprenons que les deux feux de Marseille prennent des proportions inquiétantes. Celui des Pennes, heureusement, est en bonne voie d'extinction.

L'incendie qui a pris au bas de La Gineste sur la commune de Marseille prend de plus en plus d'ampleur ; des engins sont demandés dans toutes les casernes du département. Nous apercevons un panache roux, au-dessus des toitures qui jouxtent le centre de secours. Deux véhicules ont pris le chemin de Cassis pour se rendre sur ce feu — qui prend une tournure catastrophique. Il est vrai que sur le plateau de Carpiagne, le vent n'a aucun obstacle pour l'empêcher de souffler. La sirène appelle les volontaires pour armer les camions et surtout pour réarmer les postes de feu qui ne sont plus pourvus.

À peine les volontaires arrivent-ils au centre qu'un appel 18 nous signale un feu de broussailles, sur le chemin de Galinier (commune d'Aubagne). Marcou, avec quelques équipiers, prend le Sovim et part sur cette intervention. Marcou est le jeune sapeur volontaire qui était venu me réveiller le soir du feu de l'*Alsace* ; il était alors commis chez un boucher de la rue de la République à Aubagne. Depuis, il a intégré le Corps comme permanent. Il fait partie de mon équipe depuis 4 ans maintenant. Il a appris le métier sur le tas, au contact des anciens, grâce à son investissement personnel. Nous nous sommes retrouvés maintes et maintes fois ensemble, sur de nombreuses interventions.

À Galinier, l'incendie a peu progressé. Une cinquantaine de mètres carrés sont en flammes — qui seront vite éteints par l'équipage de l'engin. Marcou retourne aussitôt à son poste radio pour se mettre en communication avec la caserne. On l'informe d'un départ de feu sur la route nationale 8, derrière les établissements Lapeyre. Le camion traverse la plaine de Beaudinard pour arriver sur la route de Toulon qui mène à l'incendie. Je me dirige également sur ce départ de feu ; j'y retrouve Marcou qui vient d'arriver.

Ce feu, signalé par la vigie du Cruvelier, se trouve juste au dessous du guetteur — ce qui enlève toute équivoque quant à la véracité de l'information ! Ces vigies sont armées par du personnel saisonnier : des gens qui, après une formation de quelques jours, assurent une permanence pendant l'été. Ce type de surveillance n'est pas nouveau. Dès 1923, le conseil général des Bouches-du-Rhône a accordé des subventions pour construire des vigies à Éguilles, Maillane, Vernègues, Saint-Mitre, Marseille, Mouriès, Vauvenargues et Châteaurenard. La Société forestière, quant à elle, armait celle du pic de Bertagne. En 1926, un poste a été créé à Sainte-Victoire et l'on a commencé à équiper les vigies d'un poste TSF. La même année, pour des motifs de rapidité, le département fit également l'acquisition de huit motocyclettes.

L'entreprise de menuiserie Lapeyre est accolée à la colline du Douard, qui forme une croupe face au vent ; une piste forestière traverse le massif au-dessus des bâtiments. Le départ a été instantané : des détritus et de la sciure de bois, allumés la veille, se sont ravivés sous l'effet du mistral. Les secours de la commune de Gémenos ont été également dirigés sur ce départ de feu. Hélas, notre potentiel est considérablement amoindri à cause de l'intervention sur La Gineste. Une fois encore, on ne peut faire face à toutes les demandes. Encore heureux que le feu sur le chemin de Galinier, à l'abri du vent, n'ait pas pris d'importance ! Marcou connaît parfaitement le secteur de la colline du Douard ; nous avons déjà eu de très nombreux départs de feux dans le coin. Il attaque le feu derrière les ateliers. Les flammes se dirigent vers la pinède : les renforts se placent sur la piste, en amont, pour essayer de stopper la propagation. C'est une lutte au corps à corps ; les sapeurs gagnent du terrain mètre après mètre. Il faut coûte que coûte atteindre la pointe du feu pour enrayer l'avance des flammes. Chacun le sait : si on n'arrête pas le feu sur la piste, il ira droit dans une forêt de plusieurs milliers d'hectares.

La manœuvre est en passe de réussir. Il reste une dizaine de mètres. Le front de feu est visible par l'arrière : c'est une affaire de quelques minutes. Soudain, un grand bonheur ! Une aide précieuse vient à notre secours, compléter notre action et terminer le boulot. Il nous faut vite dégager le chantier : un DC6, avec 12 000 litres de retardant[3], s'apprête à larguer sa cargaison sur les flammes. Il a été détourné du feu de Marseille : priorité aux feux naissants. Nous nous éloignons. Le vrombissement caractéristique du quadrimoteur nous donne des frissons. Il arrive dans l'axe, largue sa charge puis

3. Le produit retardant est une solution chimique qui sert à retarder l'avance du feu. Il comprend notamment un sel ignifugeant (qui sert à retarder la décomposition de la cellulose des végétaux) et de l'oxyde de fer (un colorant naturel qui rend visible sa trace au sol).

remet de la puissance pour se dégager. Nous attendons quelques secondes pour constater le résultat. Mauvaise surprise ! Le souffle du largage a projeté en pleine forêt des souches incandescentes, qui transmettent immédiatement le feu à la pinède tout entière… C'est l'embrasement général. Le front de feu saute la piste : les hommes qui s'y trouvaient sont pris entre deux feux. Ils se protègent avec le peu d'eau qu'il leur reste, mais nous sommes impuissants face à ce coup du sort. La partie est perdue. Nous nous replions et informons les autorités de l'échec de notre attaque. Ordre est donné de tenter une autre manœuvre, un kilomètre plus au sud, pour contenir le feu. Tant d'efforts pour rien ! Il faut vite se refaire le moral. La bataille n'est pas finie…

La tactique du directeur des secours est de placer des véhicules sur les flancs, de manière à pincer les pointes extrêmes de l'incendie pour réduire le front de feu. En fonction de sa largeur, une attaque frontale est envisageable (à condition que les mesures de sécurité soient respectées). Mais la partie est inégale : il manque des engins, et les Canadairs ne peuvent intervenir car le vent est trop violent. Soudain, c'est la catastrophe. Deux véhicules du centre de Roquevaire sont pris dans les flammes ; c'est le sauve-qui-peut. Sous l'effet de la chaleur, le filtre à air en plastique de la motopompe a fondu, entraînant l'arrêt du moteur par étouffement. L'eau n'est plus arrivée aux lances : surpris, les hommes se sont retrouvés sans défense. Brûlés à la tête et au visage, les sapeurs se réfugient dans l'estafette, d'autres dans une voiture, tandis que le dernier s'allonge sous le camion en espérant que le feu passe très vite. Les médecins qui l'ont examiné par la suite ont diagnostiqué des brûlures sur 40 % du corps. Tous ont été transportés au centre hospitalier. La deuxième manche est perdue !

Je reçois l'ordre d'effectuer une reconnaissance plus au sud, à environ 1 500 mètres de notre position, sur la route départementale 1. Là, une troisième tentative pourrait être envisagée. Des renforts ont été demandés ; ils devraient arriver dans une heure. Je demande à Marcou de me suivre avec le Sovim. À peine prenons-nous la direction du sud que le véhicule ne veut plus rien savoir. Décidément, ce camion est vraiment jaloux ! Je laisse Marcou à son triste sort et me dirige à l'endroit indiqué par le directeur des secours.

Je connais parfaitement ce coin de colline. Le château de Julhans, qui est utilisé comme centre aéré, se trouve à proximité. Des pins centenaires bordent la route ; de nombreux promeneurs du dimanche aiment bien s'y retrouver.

Je quitte la piste pour m'engager sur la départementale. Je tourne sur ma gauche vers le château, je traverse le pare-feu qui pourrait nous servir de point d'appui, et j'arrive devant l'imposante bâtisse. Un moniteur et une dizaine d'enfants s'adonnent à leurs activités habituelles, sans se douter du danger qui les guette. Le centre aéré ne se trouve pas directement dans l'axe de propagation, à quelques dizaines de mètres près ; mais si le vent changeait de direction, il serait menacé. Les résidents n'ont pas de voiture, et il serait imprudent de leur demander de partir à pieds. Je préfère qu'ils restent ici ; à nous de prendre en compte ce point sensible.

Je décide de rejoindre le poste de commandement : il est temps de faire un point de situation au directeur des secours. Je ne suis pas encore arrivé à l'embranchement de la piste que j'aperçois une épaisse fumée à la sortie du virage. Je croise un véhicule du Corps de Ceyreste ; le personnel est décomposé : le feu est juste là ! Les pins centenaires sont embrasés. Des flammes de plus de 50 mètres s'élèvent au-dessus du bouquet. Vite ! Demi-tour. Flanqué du camion de Ceyreste, je reprends le chemin du château où j'espère me réfugier, et rassurer le moniteur et les enfants, qui doivent se sentir bien seuls dans leur château isolé au milieu d'une forêt menacée d'embrasement. Soudain, à la sortie d'un virage, une colonne de véhicules de pompiers surgit dans ma direction. La colonne fonce droit dans le brasier. Avec de grands signes et des appels de phares, je leur fais comprendre de s'arrêter. Arrivé à hauteur du chef de détachement, je me rends compte que les véhicules sont des engins pour feux urbains. Ce sont des renforts venus de la Brigade des sapeurs-pompiers de Paris ! Ils n'ont aucune consigne. Le capitaine qui les commande est en train de découvrir son premier feu de forêt. Il ne s'imagine pas que, s'il continue sa route, il va droit au désastre.

Les engins de Paris sont entièrement carrossés : ils ne peuvent pas quitter le macadam. Ils ne possèdent que 1 000 litres d'eau chacun, et de surcroît, ils sont difficiles à manœuvrer. Le personnel qui est à bord n'a aucune expérience des feux de forêts. Cette colonne a été envoyée dans un piège. Il faut réagir, et vite ! Je demande au capitaine de faire faire demi-tour à ses camions pour les repositionner 500 mètres plus loin, dans le pare-feu : là, nous aurons au moins un peu de répit pour tenter une action. Le capitaine ne cherche pas à comprendre : bien que je ne sois qu'un jeune sous-officier, à l'intonation de ma voix, et vu l'état de ma jeep et de mes vêtements, il comprend que l'heure est grave. En bon militaire, il commence réglementairement à déplacer un engin, puis deux… en effectuant les gestes prévus dans le manuel de conduite. Certains sapeurs en profitent pour sortir leur appareil photos. Il faut dire que le spectacle est impressionnant : les flammes ont plus de 50 mètres de hauteur. Mais la manœuvre s'éternise : à ce rythme-là, l'incendie sera sur nous bien avant que le dernier camion ait fait demi-tour. Je m'approche du capitaine et lui fais part de mes inquiétudes sur le temps qu'il nous reste, alors que la moitié de la colonne est toujours dans le mauvais sens ! Je n'ai même pas terminé de lui parler que le feu dévale sur nous à une vitesse incroyable. C'est la Bérézina. Dans la fumée, dans la fournaise, les camions tournent en rond, font du sur-place, s'accrochent entre eux... Cette fois, plus de jolie manœuvre militaire, plus de règlement ! Et les appareils photos sont rangés... Le capitaine se retrouve accroché à l'arrière d'un fourgon en hurlant à son conducteur de fuir.

Ce début de panique est vite enrayé. Nous redescendons vers le pare-feu en direction du château de Julhans. Tout en roulant, je ne peux m'empêcher de penser à mon premier entretien à la brigade de Paris, il y a quelques années : j'avais fait état de mes différentes interventions sur les feux de forêts. À ma grande surprise, l'officier qui m'avait reçu m'avait signifié que les feux de forêts n'étaient pas des feux pour les sapeurs-pompiers mais pour les agriculteurs, et que ce genre d'interventions n'avait aucun intérêt !

Le front de feu est à environ 300 mètres de notre position : nous avons le temps de dérouler les tuyaux. Avec dix véhicules de 1 000 litres chacun, on peut mener une attaque. J'annonce mon intention d'établir deux lances de 40/14 pour protéger le flanc gauche et éviter que le feu n'avance vers le château. Les camions videront à tour de rôle leur cargaison dans le véhicule de tête qui, lui, devra établir les lances. Le véhicule de Ceyreste, quant à lui, sera chargé d'éteindre les sautes de feu qui pourraient survenir sur notre arrière. Le dispositif est mis en place. Il était temps : le feu est déjà sur nous. Les engins tiennent leur rôle comme prévu. Sans prétendre stopper l'incendie, nous pouvons réduire le flanc gauche : cela nous permettra de mener d'autres actions avec moins de contraintes. Notre position est délicate mais tant qu'il y a de l'eau aux lances, nous ne craignons pas grand-chose. Dans le pare-feu, la végétation a été coupée, les pins dépressés et élagués. Les flammes forment des volutes et passent au-dessus de nous. C'est assez impressionnant. Pour un baptême du feu, les jeunes militaires sont servis ! Cela ne fait pas dix minutes que nous luttons, lorsque l'un des conducteurs, soudain pris de panique, n'arrive plus à délivrer son précieux chargement au véhicule de tête. Le porte-lance manque d'eau ; il recule, puis se retourne, l'air interrogatif. Les hommes s'affairent autour de la pompe, mais l'eau n'arrive toujours pas. Le feu gagne du terrain, les hommes reculent, les camions sont directement menacés. Le véhicule de Ceyreste est entouré de flammes : l'équipage l'abandonne au milieu de l'incendie. C'est la panique générale. Je donne l'ordre de quitter la position et de se réfugier dans le château. Chacun saute dans un engin comme il peut. Des centaines et des centaines de mètres de tuyaux sont laissés sur place. J'entends l'explosion des pneus du camion puis l'explosion du réservoir d'essence. C'est la consternation ! Nous arrivons tant bien que mal au château. Là, le moniteur a rassemblé les enfants dans une pièce ; j'essaie de le rassurer et lui demande d'occuper les gamins.

Une fois réunis dans la cour, nous nous comptons : personne ne manque à l'appel. Les véhicules sont disposés de manière à pouvoir se protéger du feu. La moitié d'entre eux sont vides. Il reste environ 5 000 litres d'eau : c'est suffisant pour nous défendre. Toutefois, je pense que le front de feu passera sur notre droite. Les tuyaux sont établis, les lances prêtes à fonctionner. Soudain, le bruit d'un hélicoptère nous fait lever la tête. À son bord, un officier supérieur nous crie des consignes que nous ne comprenons pas. Après cinq minutes de stationnaire au-dessus de nous, il s'éloigne et disparaît derrière la colline. Finalement, le feu s'est dirigé plein sud. Il a déployé sa fureur destructrice sur des centaines d'hectares, en brûlant sur son passage forêts, cultures, oliveraies, ainsi que quelques vignes. Il sera finalement stoppé au début de la nuit, après avoir détruit plus de 400 hectares. Au même moment, le feu de La Gineste, à quelques kilomètres de notre position, faisait trois fois plus de dégâts. Là, plus de 1 200 hectares de pinède et de garrigue furent brûlés. Cet incendie eut des conséquences tragiques : deux hommes trouvèrent la mort au-dessus des calanques, lieu paradisiaque pour les touristes et pour les randonneurs mais fatal pour deux jeunes marins-pompiers.

Lorsque j'appris cette nouvelle, bien plus tard dans la soirée, je ne pus m'empêcher de penser à la colonne de pompiers parisiens qui allait droit dans le brasier. Qu'en serait-il advenu si je ne m'étais pas trouvé sur son chemin ? Nous sommes passés très près du désastre. Le type de véhicule qu'ils utilisent était surnommé à Paris « le cercueil » de par son carrossage et sa forme allongée. À quelques minutes près, il aurait justifié ce surnom de façon tragique. La première chose à faire lorsque des renforts extérieurs se présentent, c'est de mettre à leur disposition un véhicule avec un homme — de préférence, un cadre — du secteur. En 1979, ce fut l'une des premières fois que des renforts étrangers à la région méditerranéenne vinrent nous apporter leur soutien. Le matériel était inadapté, les personnels n'étaient pas formés. Quelques années plus tard, les pompiers parisiens revinrent nous prêter main forte. Grâce à l'expérience passée, l'organisation mise en place fut, cette fois, à la hauteur. Durant deux mois d'été, le mélange des genres et des cultures professionnelles apporta une bouffée de fraîcheur à nos institutions.

Plus de vingt ans plus tard, nous sommes intervenus sur plusieurs départs de feu à quelques encablures du château de Julhans, dans la montée du Camp, à hauteur du parc d'attractions OK Corral (à la limite du Var). Le vent soufflait encore en rafales, mais moins violemment qu'en 1979 : 80 km/h. Avec beaucoup de difficultés, nous avions réussi à maîtriser différents feux qui avaient éclaté les uns après les autres. Nos amis varois étaient venus nous donner un coup de main, puisque le dernier départ de feu avait approché la limite du département d'une centaine de mètres.

Alors que les opérations touchaient à leur fin et que nous nous apprêtions à replier le matériel, un témoin s'est arrêté devant le poste de commandement et nous a signalé un énième départ dans le secteur, à 200 mètres de notre position. Le groupe d'intervention du Var le plus proche y fut envoyé. Cette fois, l'incendie était orienté plein vent, au milieu du massif. Malgré la promptitude des intervenants, il leur échappa et se dirigea vers le plateau du Camp. Avec mon véhicule léger, je pris la direction du plateau. Le front de feu était parallèle à ma route : il avançait pratiquement aussi vite que moi. Arrivé sur place, je ne pus que placer un groupe en protection d'une station-service. Les hommes déviêrent le feu qui poursuivit sa course folle parmi maisons et propriétés.

Le colonel Jorda, dans son hélicoptère, me signale ensuite qu'un camping sera menacé dans une heure environ. Bien que le feu ne soit plus dans le secteur des Bouches-du-Rhône, je continue le boulot en attendant que les officiers varois arrivent pour leur passer le relais. Je place de nombreux véhicules dans le camping, à proximité des caravanes, des camping-cars et des bungalows en bois. En vain. Dès que les premières flammes attaquèrent ces installations précaires, ce fut un feu d'artifice généralisé. Les bouteilles de butane explosèrent les unes après les autres. Nous nous protégions la lance à la main, cachés derrière les arbres afin d'éviter les morceaux de métal projetés dans les airs. Les dégâts furent énormes. Une fois le feu passé, ce fut un spectacle de désolation : il ne restait que des carcasses de caravanes et de camping-cars ; les bungalows étaient réduits en cendres. Le camping avait été évacué, la nuit commençait à tomber : le lieu était lugubre. Ensuite, nous sommes restés avec les véhicules des Bouches-du-Rhône sur le haut du feu ; et celui-ci continua sa course vers le village du Beausset. En tout, 1 430 hectares furent brûlés ce jour-là, alors que les secours se trouvaient à 100 mètres du départ de l'incendie…

Ce bref exemple, récent qui plus est, montre encore que, décidément, on ne devrait pas avoir besoin d'improviser ou de transgresser les règles, sauf urgence absolue. Car l'improvisation, en général, trahit les lacunes de l'organisation et de la préparation. À l'arrivée, on paye au prix fort les incohérences de certaines décisions. À cet égard, l'année 1979 aura eu un impact décisif. Elle a provoqué une remise en cause totale de notre stratégie. Le manque criant de matériel et l'absence de formation en matière de feu de forêt ont été étalés aux yeux de tout le monde, par l'intermédiaire des médias. Nous avons vu débarquer des journalistes venus de tous horizons, des chaînes de télévision… Nous n'étions pas préparés à une telle médiatisation. On nous reproche souvent de ne pas savoir se vendre aux médias ; pour le coup, cette année-là, nous avons été bradés.

Il y a eu depuis d'autres années chaudes, mais la reconnaissance de la spécialité des feux de forêts était en marche. Elle a conduit à adapter le matériel, et à créer des commissions et des missions pour concevoir des règlements de manœuvre. Les « feux d'agriculteurs » furent enfin pris au sérieux et des moyens furent débloqués. Dans les années qui suivirent, nous avons reçu du matériel, des véhicules flambant neufs, ainsi que des embryons de formation. Sans que ce soit l'opulence, nous pouvions redresser la tête et mettre en place des stratégies et des tactiques adaptées aux feux de forêt. La méthode du coup par coup a mis du temps à disparaître ; elle a fait place, petit à petit, à des plans établis à l'avance en fonction des paramètres qui font évoluer les risques. Dans les années qui ont suivi, les cadres ont reçu une formation spécifique pour les feux de forêts, déclinée sur plusieurs degrés. Il a fallu attendre encore plusieurs années pour que le personnel fût, lui aussi, formé de manière homogène. Chacun avait pris l'habitude de faire son propre règlement dans son coin ; il a fallu que les mentalités changeassent, et que les pouvoirs publics prissent conscience des besoins. La prise en compte des enjeux économiques — tel que le tourisme — et écologiques — la préservation du cadre de vie — a orienté l'opinion publique différemment. Il y a eu un avant et un après 1979. Il est simplement dommage qu'il ait fallu cet été catastrophique pour faire enfin évoluer les choses.

IV
Le Bataillon des Marins-Pompiers de Marseille (BMPM)

Mes relations avec le BMPM ont évolué avec mon ancienneté dans le métier. À mes débuts, à la fin des années soixante, j'avais une approche candide de la profession. Trente ans plus tard, au fil des relations professionnelles que j'ai entretenues, et avec les responsabilités que j'ai assumées, la naïveté a fait place aux certitudes; partisanes peut-être, mais toujours sincères. Il est hors de question de juger les hommes qui composent cette unité ; j'y ai d'ailleurs de nombreux amis, et nous avons souvent débattu avec passion, chacun défendant sa propre entité. De plus, depuis maintenant de nombreuses années, il est évident que les hommes, sur le terrain, se considèrent comme appartenant à la même profession. Cela n'a pas toujours été le cas.

Le responsable du BMPM a commandé les sapeurs-pompiers des Bouches-du-Rhône pendant une quarantaine d'années, sur le plan administratif et sur le plan opérationnel. Notre patron, c'était l'amiral. Chose unique en France : un Corps de sapeurs-pompiers civils était sous les ordres d'une unité militaire. Lorsque je me suis engagé à 16 ans comme sapeur-pompier volontaire au centre de secours d'Aubagne, les anciens vouaient au BMPM une vénération sans limite — je dirais même une soumission qui ne souffrait aucune contestation. Cela était dû aux dissemblances entre ces deux entités diamétralement opposées. D'un côté, on avait une unité militaire de la Royale (la Marine nationale) faite de traditions, très bien organisée, avec des moyens importants et une discipline de fer. Les membres de l'encadrement étaient formés dans les écoles de la Marine, et certains officiers avaient connu la dernière guerre mondiale ou les guerres coloniales. De l'autre, on avait des sapeurs-pompiers auxquels on rappelait sans cesse — et à tort — que le 28 octobre 1938, leur corporation avait failli[1]. Dans la foulée, à l'époque, les autorités politiques, par démagogie, avaient cru bon de doter la Marine nationale d'attributions de sécurité civile qui ne relevaient aucunement de leur secteur de compétence. De plus, beaucoup de sapeurs avaient eux aussi connu la guerre, et quelquefois, ils avaient été sous les ordres de ces mêmes officiers de Marine.

Les centres de secours n'avaient comme ressource que ce que pouvaient accorder les communes ou le conseil général, dont les moyens étaient beaucoup moins importants qu'aujourd'hui. De temps à autre, une formation était dispensée par les sous-officiers du BMPM au personnel ; juste ce qu'il fallait pour connaître l'outil. Cette formation

1. L'incendie des Nouvelles Galeries, sur la Canebière, le 28 octobre 1938, a fait soixante-treize victimes. À l'époque, on a évoqué la carence des sapeurs-pompiers marseillais pour expliquer le nombre élevé de victimes. À la suite de cette catastrophe, le Corps municipal des sapeurs-pompiers a été remplacé par le Bataillon des marins-pompiers de Marseille.

avait l'inconvénient, pour les jeunes sapeurs que nous étions, de nous fragiliser en nous montrant l'écart de professionnalisme qu'il y avait entre eux et nous. Car chez nous, l'essentiel des connaissances était empirique ; la plupart des officiers de sapeur-pompier avaient appris sur le tas : ils avaient l'expérience et le savoir-faire d'hommes de terrain. Les anecdotes que je cite pour illustrer le fossé qui nous séparait des pompiers militaires sont rigoureusement exactes, même si aujourd'hui elles peuvent parfois sembler difficilement vraisemblables.

Bon nombre de jeunes sapeurs-pompiers volontaires désiraient s'engager dans l'unité d'élite que constituait le BMPM. Après la visite médicale, il y avait un concours d'entrée qui était fondé sur des exercices d'éducation physique puis sur un contrôle de connaissances du niveau du certificat d'étude ou du BEPC. J'ai moi-même, avec l'un de mes camarades, voulu m'engager au Bataillon pour y apprendre le métier et devenir pompier professionnel. Le capitaine Gaïa, mon chef de Corps de l'époque, nous emmena lui-même à l'infirmerie pour passer la visite. L'infirmier et le matelot nous ont vus arriver avec le capitaine sapeur-pompier : ça n'a pas pardonné ! Ils voulurent asseoir leur suprématie. L'un de nous n'a pas été admis parce qu'il avait une mauvaise vue, l'autre parce qu'il lui manquait 1 ou 2 kilos. Mes doutes sur l'impartialité de cette décision ont été confortés lorsque, six mois plus tard, je me suis engagé à la Brigade des sapeurs-pompiers de Paris, et mon camarade dans la Marine sur la *Jeanne d'Arc* à bord de laquelle il a fait le tour du monde. Nous avions pourtant toujours la même vue et le même poids !

Pour les sapeurs-pompiers volontaires qui avaient la chance d'y être admis, il valait mieux oublier d'où l'on venait et ce que l'on faisait avant. Les instructeurs du BMP, pour enfoncer le clou, racontaient des histoires où les sapeurs avaient le mauvais rôle. Pour animer les cours, les instructeurs amusaient les stagiaires avec des arguments qui, certes, avaient le don de réveiller l'assemblée, mais qui frôlaient l'indécence. J'appris ainsi que nous vidions nos citernes afin d'arriver les premiers sur les lieux de l'intervention, j'appris que nous allumions les feux pour toucher des vacations, j'appris que nous étions affublés de certains sobriquets… Je sais que ces anecdotes étaient racontées pour amuser l'assistance et pour accroître la cohésion et la confiance de l'unité ; mais les instructeurs ne se rendaient pas compte du décalage qui se produisait ainsi entre les pompiers militaires et les pompiers civils.

Nous étions en position de faiblesse : un semblant de formation, des effets vestimentaires rudimentaires, une tenue qui laissait à désirer… j'ai même vu des anciens torse nu dans les véhicules ! Mais alors, quelle volonté, quel engouement ! Il s'agissait d'hommes du terroir, des chasseurs, des paysans qui connaissaient les collines, les forêts… Et paradoxalement, ils admettaient leur soumission : ils trouvaient tout à fait logique que, malgré leur connaissance du terrain, un militaire les commandât, alors que dans les quatre-vingt-treize autres départements de France, cette fonction était assurée par des sapeurs-pompiers civils. De plus, chez nous, à cette époque, les connaissances techniques étaient inexistantes. Ainsi, lors de mon engagement comme sapeur-pompier volontaire, le 1er mars 1968, j'ai été immédiatement opérationnel : le lendemain, j'effectuais mon premier feu, sans avoir reçu la moindre formation, uniquement en écoutant les anciens qui me demandaient d'amener le matériel sur les lieux. Aujourd'hui, un jeune sapeur-pompier volontaire doit satisfaire au minimum à un an de formation avant de prendre part à l'activité d'un centre de secours. Cette intronisation dans le métier se fait progressivement. Quelle chance pour un jeune de pouvoir se perfectionner, tel un apprenti chez un artisan ou comme élève dans un collège d'enseignement technique !

L'une de mes premières interventions sur un feu de forêt eut lieu sur la commune de Peynier — un feu virulent. J'étais le petit jeune de l'équipage ; je tirais les tuyaux et j'essayais de me rendre utile. Les flammes étaient immenses dans la pinède. Nous étions isolés et luttions à armes inégales. Bien que la fumée et la chaleur m'incommodassent, j'obéissais aux ordres. Je ne pouvais imaginer un instant qu'il était anormal de suffoquer et d'avoir les vêtements brûlants... Au bout de quelques minutes, le chef d'engin décida de se replier en laissant sur place lances, tuyaux et autres pièces de matériel. Je m'attardai, comme on me l'avait appris, à ramasser ce que nous avions utilisé. Il fallut l'intervention du chef pour me faire rentrer dans le véhicule. Les flammes commençaient à lécher le camion ; la fuite fut notre seul recours. Arrivés auprès de notre chef de secteur, celui-ci s'empressa de nous congratuler, persuadé que nous avions été pris dans le feu. Sur le moment, je ne compris pas cette attitude. Le danger, pour un jeune non formé, est justement de ne pas se rendre compte du péril. Bien plus tard, en observant les nouvelles recrues, j'ai constaté le même phénomène. Nouveaux dans le métier, impressionnés par l'environnement, ils attendent scrupuleusement les ordres de leurs supérieurs sans penser aux risques. Et après plusieurs interventions, ils comprennent d'eux-mêmes les limites à ne pas franchir. Le rôle du responsable, dans ces cas précis, est primordial. Il doit porter une attention toute particulière aux jeunes, pour les surveiller et les guider. L'équipage des engins doit être équilibré entre nouveaux et anciens, de manière à allier l'enthousiasme à l'expérience, l'insouciance à la prudence.

La pompe à bras

Le Corps d'Aubagne a été créé en 1897. À cette époque, la principale ressource du pays aubagnais était les nombreuses usines de briques ou de poteries. Une fois par semaine, en fin de journée, les ouvriers allumaient les fours à bois. Ils commençaient avec des fascines, c'est-à-dire des branches de pin séchées, qui avaient la propriété de faire monter la température très rapidement. Tout au long de la nuit, ils rajoutaient des bûches afin qu'au petit matin, les enfourneurs pussent remplir le four de briques, de tuiles ou de poteries. Ces fascines étaient entreposées à l'abri pour les protéger de l'humidité. Il arrivait que ce local prît feu : cela se produisit maintes et maintes fois.

Le commandant Maurric me raconta que dans les années 1920, dans le village de Gémenos, à 5 kilomètres d'Aubagne, un incendie de ce type mit toute l'usine en danger. Les sapeurs-pompiers d'Aubagne, avec leur pompe à bras, parcoururent en courant cette distance en poussant la charrette. Arrivés sur les lieux, épuisés par leur course, ils se firent aider par les habitants du village pour éteindre le feu. Cette pompe à bras fut ensuite utilisée sur le tournage de plusieurs films de Marcel Pagnol dans les collines aubagnaises, tels que *Regain* et *Angèle*, et d'autres films encore, dont *Le Boulanger de Valorgue* d'Henri Verneuil (lors duquel les bras en bois avaient dû être en partie sciés, pour acheminer l'agrès vers le lieu du tournage, dans les rues étroites du village). Cette pompe avait donc un riche vécu, une histoire prestigieuse ; elle faisait partie du patrimoine du centre de secours. Lorsque les cuivres étaient astiqués, les tuyaux en cuir graissés et la peinture rénovée, elle était rutilante.

Au cours d'une inspection, le commandant du Bataillon — qui avait du goût — demanda au capitaine Maurric de la lui céder afin qu'elle servît de décor dans l'une des casernes du BMPM. Devant le refus bien compréhensible du chef de Corps, le commandant lui proposa de l'échanger contre une motopompe thermique remorquable — un bijou, à l'époque. Sa forme ovoïde lui avait valu le surnom d'« œuf de Pâques » de la part des Aubagnais. Certes, ce type de matériel faisait défaut au centre de secours ; il pouvait être utilisé aussi bien sur un incendie que lors d'une inondation. Il était donc primordial d'en posséder une ; mais fallait-il pour autant engager ce marché de dupe ? La position de force de l'autorité (qui pouvait décider de l'attribution du matériel) a ainsi été détournée à des fins intéressées. J'admets que cette jeune unité avait besoin de reconnaissance, et il lui manquait la mémoire ; sa naissance controversée était récente, mais fallait-il pour cela piller les trésors des centres plus anciens ? Pour la petite histoire, lorsque bien plus tard j'ai été élu président de l'Amicale, nous avons acheté une pompe à bras similaire et avons proposé de l'échanger contre la nôtre afin de récupérer le patrimoine perdu. J'ai eu une réponse négative ; aujourd'hui, notre pompe à bras se trouve dans une caserne où, anonyme, elle sert de cendrier aux équipes de garde.

L'amiral Vassilief

Au début des années soixante-dix, le commandement du Bataillon fut assuré par l'amiral Vassilief. C'était un homme à poigne qui avait fait la dernière guerre et dont l'autorité sur le Bataillon faisait encore référence trente-cinq ans après. De caractère entier, il supportait difficilement la contestation mais savait protéger son personnel. De façon traditionnelle, le poste de commandant de cette unité est réservé aux officiers supérieurs qui arrivent en fin de carrière ; généralement ils sont nommés amiral, puis font valoir leurs droits à la retraite. Le fait de commander une unité active lui rappelait ses campagnes. Il créa dans le département des méthodes de travail s'apparentant aux manœuvres militaires, avec un vocabulaire qui rappelait des opérations effectuées pendant la dernière guerre mondiale. Comme chez les militaires, il était accueilli au centre de secours avec les honneurs dus à son rang. Véhicules rutilants, tenues impeccables, cheveux coupés, et de la graisse, beaucoup de graisse sur les treuils. Pour couronner le tout, le clairon joue les sonneries réglementaires.

L'amiral Vassilief s'était rendu compte d'un manque chronique de longueur de tuyaux lors des feux de forêts. Il donna donc des instructions pour que certains centres de secours en fussent dotés. Cette opération fut nommée PLUTO, en souvenir d'une opération d'envergure élaborée pendant la Seconde Guerre mondiale. La vraie opération PLUTO (Pipe Line Under The Ocean) consista à construire un oléoduc sous la Manche, entre le Royaume-Uni et la France, puis à le prolonger jusqu'au Rhin, afin de limiter la dépendance des Alliés aux pétroliers qui pouvaient être ralentis par le mauvais temps ou par les sous-marins ennemis. Le centre de secours d'Aubagne posséda donc une camionnette appelée PLUTO remplie de tuyaux, de pompes et d'autres éléments destinés à établir des longueurs importantes. Bien entendu, lors de cette dotation, nous fûmes comblés de recevoir ce matériel ; mais à la réflexion, on a pu se demander par la suite si nous n'avions pas fait office de prétexte pour que l'amiral pût assouvir un désir personnel… Nostalgie, quand tu nous tiens !

Sous son commandement, le BMPM s'est ouvert sur l'extérieur. Vassilief avait compris, bien avant les autres, l'importance de la communication et des médias. Il organisait des manœuvres de grande envergure retransmises par la télévision. Hélas, il était hors de question qu'un sapeur-pompier y figurât, bien que Vassilief fût aussi notre commandant.

Toujours au registre des relations ambiguës entre sapeurs et marins, un incident se produisit un jour, lors d'une intervention en limite de secteur, entre la commune de Marseille — défendue par le BMPM — et la commune des Pennes-Mirabeau — dont la compétence des secours était attribuée aux sapeurs-pompiers. Ce soir-là, un accident de circulation eut lieu sur la commune des Pennes-Mirabeau, entre le VSAB (l'ambulance) des sapeurs et celui des marins — qui étaient arrivés pratiquement en même temps. Le chef d'agrès du véhicule des sapeurs était l'adjudant-chef Forte : un homme passionné par les sapeurs-pompiers, fort de dix-huit ans de service. Il était employé comme agent communal mais changeait de tenue dès que le besoin s'en faisait sentir. Avec lui, le départ d'un engin de secours pouvait être assuré dans les minutes qui suivaient l'appel du requérant. Son dimanche était consacré à la garde au centre de secours, où le matériel était toujours vérifié et les manœuvres toujours effectuées. Il était l'un des adjoints du chef de Corps, le lieutenant Patimo. Le VSAB des marins était armé quant à lui par deux jeunes matelots et un quartier-maître. Une altercation s'ensuivit et quelques insultes fusèrent. Cet incident n'aurait pas dû avoir de suite, mais le lendemain, l'adjudant-chef Forte, accompagné de son chef de Corps, fut convoqué dans le bureau de l'amiral. Là, Jacky Forte dut présenter des excuses aux trois jeunes marins. De retour à son centre, il remit sa lettre de démission à son autorité : il ne pouvait supporter l'humiliation qu'il avait subie. Les dix-huit ans de service et les heures passées bénévolement ne comptaient pas par rapport à l'honneur de la Marine nationale. Je peux me rendre compte aujourd'hui de la mainmise qu'exerçait le BMPM sur les sapeurs : il n'y eut aucune protestation de notre part, aucune réaction. Le couvercle s'était refermé ; il fallait passer à autre chose !

Le Jas de Fontainebleau

Le 21 juillet 1975 vers 17 heures, un feu de forêt se déclare sur la commune d'Allauch, commune voisine d'Aubagne. À l'époque, la commune d'Allauch était sous l'autorité du BMPM. L'état-major nous demande en renfort. Je suis désigné comme chef de détachement, avec un vieux véhicule conçu pour les interventions urbaines que nous avions transformé pour les feux de forêts. J'ai toujours le grade de sapeur mais je peux prendre quelques initiatives. Je suis rentré de la

Brigade de Paris il y a maintenant deux ans, et je ne fais plus aucun complexe vis-à-vis des marins-pompiers. Nous avons mission de protéger un lotissement. Le vent est assez violent mais nous arrivons à dévier le feu, qui passe en lisière des maisons. Cette opération dure un peu plus de deux heures. Le travail terminé, nous informons que notre présence n'est plus nécessaire ; nous apercevons d'ailleurs un foyer avec de la fumée beaucoup plus à l'est de notre position. On nous demande alors de nous diriger vers le village de La Treille, qui se trouve en effet à l'est du lotissement.

Arrivés au village, il est trop tard : le feu est déjà passé. Au nord, le chemin des Bellons est noir de cendres : la végétation est entièrement brûlée. Nous nous dirigeons vers Tête Ronde, au milieu d'un paysage lunaire. Dans sa course folle, le feu dévale sur notre droite vers le fond d'un ravin, poussé par un mistral qui ne faiblit pas. C'est une zone habitée ; plusieurs jardins subissent les affres des flammes, mais les maisons, quoique noircies, sont intactes, grâce à l'action des pompiers et des résidents. Le feu maintenant prend la direction de la commune d'Aubagne, dans les collines où Marcel Pagnol a tourné ses films. Après avoir franchi le quartier des Bellons, il s'attaque au vallon de Marcelin. Je suis inquiet : il est pratiquement 20 h 30, la nuit commence à tomber, et dans peu de temps l'incendie sera au Jas de Fontainebleau où résident plusieurs familles. Je confie mon inquiétude à mes camarades, sans grand espoir de les convaincre : je suis l'un des plus jeunes du détachement. Ils me rétorquent que nous n'avons pas d'ordre, qu'il faut rester dans ce secteur et attendre. Nous sommes là à ne rien faire… mais il faut rester : ils insistent en me rappelant que nous n'avons pas reçu d'ordre.

Mes chers amis, je ne vous en veux pas ! S'ils ont décidé qu'il fallait ne pas bouger, c'est qu'ils avaient une bonne raison. Pourquoi se mettre à mal, pourquoi jouer au contestataire ? Ce n'est pas le genre de la maison. A-t-on déjà vu des moutons se rebeller contre le chien de berger ? Quelle que soit leur décision, ils ont forcément réfléchi à d'autres éventualités. On ne va pas leur apprendre le métier ! Mais pour autant, je ne peux me résoudre à l'inaction. Je décide de me rendre au PC afin de leur signaler que nous n'avons aucune mission et qu'il serait intéressant de nous diriger en protection du Jas. Quel effort j'ai dû faire pour m'extirper de cette léthargie et rompre les habitudes ! L'argument qui a fait mouche auprès du commandement est la menace de ne plus avoir de verdure sur Aubagne et de ne plus pouvoir chasser…

Le poste de commandement se trouve à La Treille, sur la place du village. Il y a plus de 50 ans, Joseph Pagnol s'y faisait photographier avec ses deux fameuses bartavelles. Mais aujourd'hui, pas de joueurs de boule, de chasseurs ou de photographes : c'est le branle-bas de combat. La population est inquiète. Elle a vu venir le front de feu et s'est défendue comme elle a pu. Malgré nos informations qui se veulent rassurantes, la peur prend le dessus et beaucoup d'habitants décident pour cette nuit de s'éloigner de ce cauchemar.

Le capitaine Besson est assis dans sa voiture. Il est plongé dans des écritures et consulte une carte d'état-major. Je m'avance timidement, me présente et lui donne mon avis sur les missions qui pourraient nous être confiées. « Le feu est maintenant dans notre secteur. Il menace des habitations. Ici nous ne servons à rien. Nous demandons à être libérés, pour protéger le Jas de Fontainebleau. » J'attends une réponse, qui ne vient pas. Je réitère ma demande : toujours pas de réponse. Au bout de la troisième demande, le capitaine daigne lever la tête ; il me dévisage et retourne à son écriture. Il semble que la priorité soit dans les écritures ! La propagation du feu vers les maisons, c'est secondaire. Je regagne mon véhicule. Nicolas, mon conducteur et chef d'agrès, me demande la nouvelle mission qui nous est confiée. Je me garde bien de lui relater ma tentative auprès du capitaine. Je lui dis que nous avons l'autorisation de regagner notre secteur. Je ne veux surtout pas faire l'amalgame avec les gens de terrain qui composent la majorité de l'effectif du BMP. Tout comme nous, ils ont été à la merci d'un officier directement débarqué d'un navire de guerre qui refuse de prendre conseil auprès d'hommes du rang. Ils en ont souffert sans doute autant que nous. Depuis, heureusement pour cette unité, les mentalités ont changé.

Nous faisons demi-tour. Sur le chemin, nous récupérons deux engins d'Aubagne, dont une citerne de 10 000 litres conduite par mon père. Depuis trois bonnes heures, nous sommes promenés d'un endroit à l'autre sans verser la moindre goutte d'eau sur l'incendie alors qu'il menace des milliers d'hectares et des centaines d'habitations. Désormais, nous voilà libres, enfin prêts à batailler avec le feu ! Nous nous dirigeons en convoi sur le chemin de la Font de Mai. Arrivés à l'embranchement de la route et du chemin privé qui mène au Jas de Fontainebleau, nous laissons la citerne — qui ne peut y accéder — et poursuivons notre route jusqu'à la ferme du Jas. C'est l'effervescence : les habitants commencent à évacuer les lieux. La nuit est tombée depuis plus de deux heures, ce qui amplifie le sentiment d'insécurité. Nous aussi, nous ressentons un petit début de panique, bien compréhensible.

Ce jas, imposante bastide provençale, est une magnifique propriété. Elle est nichée au milieu des collines, sur un promontoire, isolée des autres habitations. Une seule route, étroite et sinueuse, y conduit. Nous connaissons parfaitement cet endroit. Une immense esplanade couverte de gravier s'étend devant la maison. Des platanes plus que centenaires bordent l'extrémité sud de la cour. Derrière ces arbres, la forêt s'étend en contrebas. Un mur de pierre de 5 à 6 mètres de haut soutient cette place, que borde une balustrade en fer forgé, solidement fixée aux dernières pierres du mur. Le jas possède des dépendances de part et d'autre. Un chemin de terre conduit à une chapelle située dans la pinède, sur le flanc de la colline de Ruissatel. Du côté opposé, un appentis (couvert en grande partie d'une glycine) sert d'abri de jardin. La bastide n'a pas l'eau courante mais dispose d'une citerne, enterrée au bout de l'esplanade. Nous avons l'habitude de faire le trajet jusqu'ici, tous les quinze jours, pour alimenter cette réserve.

Le feu arrive du nord-ouest par le vallon de Marcelin. Il se dirige droit sur nous. Nous devons l'arrêter avant qu'il ne redescende sur les zones urbanisées, en détruisant sur son passage le Mas de Massacan, la colline de Ruissatel et quelques-unes des nombreuses maisons de retraite qui sont installées dans le secteur. La course contre la montre est engagée.

Après avoir effectué une reconnaissance avec André — un adjudant d'Aubagne qui nous a rejoints — je lui propose d'utiliser la citerne de la bastide comme tampon contre le feu. Des véhicules feront la navette entre le camion-citerne de 10 000 litres que nous avons laissé en bas du chemin et la citerne du Jas, pour y déverser leur cargaison d'eau. Nous y placerons une motopompe qui refoulera sur deux établissements de tuyaux au bout desquels quatre petites lances pourront attaquer le front de feu. Ainsi, la bastide, la chapelle et l'appentis seront protégés. Pour cela, il nous manque une motopompe. Il nous manque aussi un camion supplémentaire pour doubler le camion-citerne de 10 000 litres, car les quatre lances à plein régime débitent à peu près 60 000 litres par heure. Le calcul est vite fait…

Des renforts sont donc demandés au centre de secours. En attendant, nous commençons à mettre notre plan à exécution. De deux choses l'une : soit nous avons assez de temps pour mettre en place notre dispositif de lutte, et nous pourrons ralentir voire stopper la propagation du feu en attendant les renforts ; soit l'incendie nous déborde avant l'arrivée des renforts. Nous organisons tout d'abord les norias d'eau afin de constituer une réserve intermédiaire entre la bastide et le bas du chemin, car les engins ne peuvent se croiser. Nous déterminons ensuite les points d'attaque. Lorsque les renforts arrivent, nous plaçons la vieille motopompe sur la citerne du jas et commençons à aspirer l'eau pour alimenter les lances. La citerne est énorme et profonde, et de plus, notre motopompe — l'« œuf de pâques » — n'est plus toute jeune. Résultat : l'aspiration est plus que laborieuse. André me regarde, dubitatif ; procéder ainsi n'est peut-être pas très judicieux. Le feu est à une centaine de mètres : il faut l'attaquer maintenant, mais l'eau n'arrive toujours pas. Si l'on pousse trop la machine, nous risquons d'endommager irrémédiablement le moteur — qui commence à chauffer. Soudain, le régime change… Le bruit caractéristique de l'eau qui arrive dans le corps de pompe nous rassure. Ça y est ! Les tuyaux se gonflent, l'eau jaillit aux lances : nous pouvons combattre les flammes — qui, pendant ce temps, ont pris de la vigueur sur la pente du vallon.

Je rejoins Simon à un point d'attaque. Nous nous couchons afin que la fumée et la chaleur rayonnante nous passent au-dessus. Le feu a la forme d'un demi-cercle de 500 mètres de diamètre. Il avance droit sur nous, qui sommes au centre du cercle. Tout ce morceau de pinède est illuminé ; l'ombre des arbres danse au même rythme que le mouvement des flammes. Nos actions sont efficaces. Maintenant, il faut que les porte-lances fassent leur jonction entre eux, afin de boucler les lisières et de stopper la propagation. Avec les 60 000 litres à l'heure que nous débitons, nous devons compenser en versant le contenu de six camions dans la citerne : un toutes les dix minutes ! Un tel rythme sera difficile à tenir. Après une heure, nous devons réduire le débit. Au fur et à mesure que nous neutralisons le front de feu, la lueur diminue. Je jette un œil sur le côté : ça progresse aussi aux autres lances. La demi-circonférence enflammée se réduit de minute en minute. La lumière fait place à l'ombre, le bruit du crépitement fait place au silence. Nous pouvons enfin nous entendre sans être obligés de hurler. Les choses rentrent dans l'ordre : la nature peut à nouveau s'endormir en paix. Au petit jour, l'incendie ne progresse plus : il est fixé. Les hommes peuvent prendre un peu de repos, avec un petit-déjeuner offert par les propriétaires de la bastide. Les officiers supérieurs du Bataillon arrivent sur place. Il est temps que j'aille me reposer. Le plus important a été accompli. Maintenant, en termes de surveillance, les choses vont pouvoir reprendre leur cours normal.

J'ai appris bien plus tard que, lors de cette opération, monsieur le sous-préfet était posté sur une piste forestière: il n'avait perdu aucune miette de notre manœuvre d'extinction.

Septèmes, 1997

Le 25 juillet 1997, un incendie démarre près de la décharge de Septèmes-les-Vallons, au nord de Marseille. Ce jour-là, le vent est extrêmement violent. Le départ se situe à proximité d'une garrigue plantée de chênes kermès. Le feu se développe en direction du lotissement de La Batarelle, où, malgré les efforts conjugués des marins et des sapeurs, il franchit une première ligne d'appui et prend la direction de l'est. Je ne pensais pas que trois jours plus tard, après avoir parcouru une quinzaine de kilomètres, il serait aux portes d'Aubagne, dans le massif du Garlaban — là même où, il y a vingt-deux ans, nous avions défendu le Jas de Fontainebleau.

À l'époque, cet incendie a fait couler beaucoup d'encre, pendant et après l'événement. Les chaînes de télévision faisaient des « directs » lors des journaux de 13 et 20 heures; la prise d'antenne durait pratiquement un quart d'heure. Les autorités défilaient au micro des journalistes, les spécialistes apportaient leurs précisions sur l'éventuelle propagation du sinistre... C'était ce que l'on appelle un feu médiatisé! Le Bataillon, dans ce contexte, a joué de malchance. En plein été, l'actualité n'est pas très fournie; dans les journaux, il n'y avait rien d'autre à se mettre sous la dent. Fragilisé par cette exposition médiatique, le BMPM a vacillé sur son piédestal. Devant le manque de résultat, les autorités perdirent patience. Le commandement du feu fut enlevé à l'amiral, qui ne supportait plus cette pression. Les hommes, pourtant, sur le terrain, se battaient comme des lions. L'ensemble de la profession faisait front, dans des conditions difficiles ; tous les hommes étaient unis confraternellement dans l'adversité. Mais par manque de préparation, les manœuvres de lignes d'appui étaient vouées à l'échec. Le feu progressait inexorablement. Malgré le travail acharné, il y avait des dégâts. Des véhicules étaient brûlés, des hommes blessés plus ou moins sérieusement… À chaque relève, à chaque passation de consignes, c'était la même litanie : « Nous avons limité la casse, nous avons brûlé des tuyaux, le véhicule est endommagé », etc., etc. Le commandement des opérations fut confié aux sapeurs-pompiers : le colonel Nardin, qui assurait l'intérim du directeur départemental, prit la succession de l'amiral.

Bien après cet incendie, nous avons essayé, avec mon ami Gérard Corsetti — premier commandant des opérations de secours —, de trouver le grain de sable qui avait fait capoter l'intervention. Nous savions que la valeur des hommes n'était pas en cause. En revanche, l'incendie avait un coup d'avance. Et à un moment crucial de la lutte, il a manqué un élément, que ce soit des avions, des camions ou de l'eau. Car lorsqu'une affaire est mal engagée, il est difficile de rattraper le coup, à moins d'y mettre le paquet au bon moment.

À cette époque, en 1997, je suis chef du centre de La Ciotat. Le 27 juillet, je suis de garde à bord de l'hélicoptère bombardier d'eau (HBE) basé à Aubagne. De là-haut, constatant les dégâts, je redoute que le feu déborde. Dès mon retour à l'hélistation d'Agora, j'apprends que les responsables de l'intervention ont décidé une opération de grande envergure. Ils vont mettre en place une ligne d'appui perpendiculaire à l'axe de propagation du feu. Cette ligne devra être effective avant la tombée de la nuit. Je remarque que, fort de l'expérience de ces derniers jours, le commandement a choisi d'anticiper, car le feu se trouve encore à 4 ou 5 kilomètres de cette future ligne d'appui.

La ligne va être établie sur la piste GB 102, de la ferme d'Angèle jusqu'à la citerne du Tubé — soit une longueur de 4 kilomètres environ. Avec un véhicule tous les 50 mètres, cela fait quatre-vingts engins prêts à combattre sur tout le front de feu. Les moyens sont à la hauteur de l'enjeu. Je reprends ma surveillance aérienne et vais me poser au col d'Aubignane vers 16 heures. Les manœuvres sont d'une ampleur impressionnante. Des colonnes venues de la France entière sont en train de prendre position. Des engins de terrassement sécurisent au maximum les camions des sapeurs-pompiers. La plupart d'entre eux ne connaissent pas ce genre d'opération. Ils ont vu, eux aussi, à la télévision, ces images de feux de forêt sur d'immenses superficies avec des flammes colossales. Ils ont besoin d'encadrement ; le personnel du secteur s'en charge. Telle une interminable guirlande, la piste est parsemée de camions rouges, reliés par d'innombrables tuyaux. Ordre est donné de garder la position. Cette ligne d'appui, c'est l'opération de la dernière chance. Le préfet de région suit cette opération avec la plus grande attention. Cette fois, il n'est pas question de se manquer. Les médias, qui se sont fait l'écho de la manœuvre, sont aux aguets. Il faut arrêter le feu maintenant. Sinon, il atteindra les quartiers résidentiels.

Le secrétaire général de la mairie d'Aubagne est sur place ; il suit avec anxiété l'évolution du feu. Il ne supporterait pas de revivre, dix-huit ans après, jour pour jour, la tragédie du 27 juillet 1979 — où le feu avait traversé le massif, brûlant sur son passage plus de 2000 hectares et de nombreuses maisons. Je prends contact avec le capitaine Tarasco, qui dirige la mise en place des véhicules. Nous convenons qu'il prendra en charge la partie sud de la ligne. Quant à moi, je me dirige vers le nord, en direction du rocher du Garlaban et du col du Tubé. C'est l'un des derniers feux qu'assure le capitaine Tarasco. Il a commencé sa carrière d'officier alors que je débutais dans la profession. Il m'a rapidement pris sous son aile. J'ai d'abord été son radio ; à ses côtés, j'ai appris le sens tactique et le commandement des hommes. Une complicité s'est instaurée entre nous : par exemple, il pouvait compter sur moi lors d'interventions où la tactique de lutte voulait que nous fussions séparés. Sur le terrain, j'étais ses yeux et je l'informais sur l'évolution du sinistre ; lui se tenait en arrière, avec du recul, pour gérer les opérations. Par la suite, j'ai été son adjoint comme chef de Corps pendant plus de cinq ans. Il aura grandement influencé mon profil de carrière, tout comme le commandant Gaïa.

Je dépasse les véhicules stationnés sur la piste. Je remarque les numéros minéralogiques ; je pourrais faire un tour de France sur seulement 4 kilomètres. Je n'ose imaginer le niveau de synchronisation et de coordination qui va être nécessaire pour être efficaces. Nous avons disposé, de part et d'autre de la ligne, des engins du secteur, afin de cadrer et d'encadrer les sapeurs-pompiers venus d'autres régions. Arrivé à l'extrémité nord, je rejoins les véhicules de La Ciotat et d'Aubagne. Je confie à Antoine, l'un de mes lieutenants, mon scepticisme de voir débouler le feu sur notre position, du moins dans les trois heures à venir. Au bout d'une demi-heure d'attente, je décide de me diriger plein ouest, sur la commune d'Allauch (secteur BMPM), pour me rendre compte de l'évolution du feu. Il fait déjà nuit. La ligne d'appui est en place. Sera-t-elle efficace ? Quand le feu l'atteindra-t-il ? Je roule sur 2 kilomètres environ. La pinède à cet endroit est magnifique ; le chemin y est parsemé de panneaux indicateurs pour les randonneurs qui parcourent le circuit Pagnol.

La lueur de l'incendie semble se rapprocher. Je me rends compte que l'espace laissé aux flammes, devant la ligne d'appui, est important. Si nous nous contentons d'attendre l'arrivée du feu sur la ligne, beaucoup de belle pinède sera détruite. Je trouve ça des plus regrettables. Tout à coup, à la sortie d'un virage, le voilà enfin : le front de feu est devant moi ! Depuis plusieurs jours, nous n'apercevions que la fumée opaque ; ses volutes formaient un champignon de couleur rousse, les cendres retombaient dans le centre-ville, et le soir, le soleil disparaissait derrière cet écran, ce qui rendait l'atmosphère ambiante encore plus inquiétante. Le centre de secours recevait d'innombrables appels de résidents inquiets ; il fallait rassurer, conseiller, quelquefois dissuader. Je demande au conducteur de s'arrêter. Nous sommes à hauteur de la plaine de Cheylan, sur la droite, et du pic du Taoumé, sur la gauche — à l'endroit même où, dans le récit, Marcel Pagnol et son ami Lili des Bellons se sont réfugiés pendant l'orage et où ils ont surpris le gros hibou… Nous aussi, nous sommes seuls. Quel silence ! Les flammes s'ébattent dans les chênes kermès mais ne sont pas trop virulentes. Il y a quelque chose à tenter ! Il serait dommage d'attendre que le feu nous atteigne sur la piste alors que nous pourrions éviter que le feu détruise, sur 2 kilomètres, cette magnifique pinède et les souvenirs qui s'y rattachent. Nous avons ordre de ne pas bouger. Cruel dilemme ! Cela me rappelle une situation analogue, vécue pas loin d'ici, il y a vingt-deux ans : pas bouger et attendre !...

Non : c'est trop bête ! Nous pouvons stopper la propagation — mais pour ça, il faut transgresser les ordres. Tant pis. J'appelle par radio les véhicules de La Ciotat et d'Aubagne pour commencer une manœuvre d'extinction. En fonction du résultat, j'envisagerai une montée en puissance. Je casse la ligne. Les véhicules arrivent et se mettent en action. Le vent est légèrement tombé ; à nous d'en profiter. Cela se passe bien, mais il nous faut des engins supplémentaires pour arrêter le feu et noyer les lisières. Après réflexion, je prends le risque d'informer la hiérarchie de notre action et de son résultat. Je demande des renforts. À ma grande surprise, on me demande des renseignements. Je répète, j'insiste et je précise que dans le secteur du Garlaban, le feu est en voie d'être maîtrisé si je reçois les engins demandés. J'imagine qu'ils n'en croient pas leurs oreilles. Depuis trois jours, nous courons après l'incendie. Une ligne d'appui est mise en place avec des moyens énormes, et soudain, un message signale qu'avec cinq ou six engins, la propagation a été ralentie. Eh oui ! Le résultat est là, mais il faut dire que notre action a été facilitée par plusieurs facteurs déterminants. Nous avons eu la chance d'être à l'abri du vent et de profiter d'un accès facile pour attaquer le feu. J'obtiens rapidement des engins adaptés — tels que les lourds avec leurs canons de 2 000 litres par minute — et du personnel frais : des gars qui savent que cette attaque sera la bonne et qu'on n'y reviendra plus. Mais rien n'est encore gagné : le travail n'est pas terminé.

L'état-major (CODIS) m'envoie les renforts demandés. J'organise la lutte, je la sectorise. Après tant d'atermoiements et de temps perdu, nous sommes assoiffés de revanche. Nous chassons chaque foyer, chaque lueur. Enfin le feu est stoppé : il commence à régresser. Cependant, en raison de l'immensité de la surface parcourue, des foyers résiduels demeurent. Je détache des véhicules afin qu'au matin, plus aucune flamme ni aucun brasier ne subsiste. Les hommes sont déchaînés. Ils ont subi les affronts du feu, qui les a suppliciés ; ils ont subi les railleries des médias, qui les ont tourmentés. Ils ont connu les doutes et la colère, mais maintenant ils réparent l'affront de la plus belle des manières. Je suis aspiré par cet enthousiasme. Les attaques succèdent aux attaques. Nous sommes comme des sportifs de haut niveau qui volent de succès en succès. Rien ne peut arrêter les gars. Il faut rendre le secteur propre et achever la « bête immonde » qui a voulu jouer avec notre honneur. À 10 heures, la mission est remplie au-delà de toute espérance. Je rends compte aux autorités. Un dispositif reste sur place. Je rentre au centre. En redescendant, je double les véhicules des colonnes extérieures qui ont passé une nuit calme. Ils n'ont aperçu aucune flamme et ne se sont pas douté que, derrière la colline, se jouait une drôle de partie d'échec ; soit je gagnais la partie en cassant la ligne d'arrêt, soit je la perdais et dans ce cas j'étais mat.

À travers ces exemples, on peut se rendre compte de l'évolution de notre corporation. Les événements de 1979 y sont pour beaucoup. Les mentalités ont évolué. Les connaissances techniques se sont nettement améliorées. Le matériel aussi est meilleur. Il y a une trentaine d'années, les sapeurs faisaient un complexe d'infériorité vis-à-vis du Bataillon à cause de leurs lacunes techniques et de leur équipement parfois vétuste. Nos véhicules, d'origine américaine, dataient de la dernière guerre : JMC, Jeep, Dodge constituaient l'armement de base d'un centre de secours. On ne peut incriminer nos anciens qui n'ont jamais été formés — ou que l'on n'a pas voulu former. Ils ont longtemps subi l'opprobre à la suite du sinistre d'octobre 1938 : pendant des dizaines d'années, ils ont cru que les sapeurs de Marseille n'avaient pas été à la hauteur lors du feu des Nouvelles Galeries. Et malgré le rétablissement des faits, certains individus aiment encore rappeler aujourd'hui ce tragique épisode. Je ne peux m'empêcher d'extraire un passage de la préface du livre de Patrick Dalmaz, *Enfer sur la Canebière*, où le colonel Jorda insiste sur les non-dits : « Les sapeurs-pompiers ont bu la coupe jusqu'à la lie, ils ont servi de victime expiatoire aux jeux d'hommes politiques de l'époque qui pour beaucoup se déshonorèrent par la suite. Ils n'avaient pourtant pas démérité, bien au contraire, et ils ne furent jamais poursuivis ou condamnés ! » La situation particulière des Bouches-du-Rhône — avec des sapeurs civils sous les ordres des marins militaires — ne pouvait perdurer, mais il fallait pour cela s'appuyer sur des bases solides : des unités bien équipées, du personnel bien formé et bien entraîné. L'année 1979 aura servi de détonateur : elle aura permis de rompre avec la tutelle du Bataillon. Lors de nos interventions communes, en termes de technicité, on ne différencie plus un sapeur d'un marin. De plus, depuis lors, de nombreux marins-pompiers sont devenus sapeurs-pompiers volontaires, ou ont carrément quitté le

Bataillon pour s'engager comme sapeurs-pompiers professionnels. Les anciens peuvent être fiers de cette évolution.

Lors des formations que j'ai encadrées, j'ai côtoyé des officiers du BMP avec lesquels j'ai lié une solide amitié. Nos points de vue se rejoignent quand il s'agit de trouver des solutions pour être plus performants lors de nos interventions. Le regard que les marins posent sur nous n'est plus le même : ils savent que nous sommes sur un pied d'égalité. Il a fallu trente ans de travail pour en arriver là et obtenir cette reconnaissance. Il manque maintenant la réhabilitation morale que de nombreux sapeurs attendent, en l'honneur de ceux qui ont lutté lors de cette terrible journée d'octobre 1938. Car enfin, comment expliquer que le lendemain du drame, ils aient été soutenus et félicités publiquement, à travers de nombreux témoignages dont la presse, à l'époque, s'est largement fait l'écho ?

Depuis quelques années, un certain équilibre s'est installé entre les deux ensembles — même si la dernière loi sur la sécurité civile fait la part belle au BMPM. Aujourd'hui, je pense que les sapeurs-pompiers ont rendu un immense service au Bataillon. Pendant de très nombreuses années, n'ayant pas de référence technique de haut niveau, les marins ont très peu évolué. Face à la montée en puissance du Corps des sapeurs-pompiers des Bouches-du-Rhône, ils ont dû mettre la tête dans le guidon et ont su se maintenir au niveau qui était le leur. À cet égard, en 1996, j'ai encadré un stage de feu de forêt à l'École nationale de Valabre, avec mon ami Gérard du BPM. Très vite, il s'est rendu compte de l'évolution de l'enseignement dans cette spécialité. Il a notamment compris que son unité s'était endormie sur ses lauriers. De retour à sa base avec son collègue Christian Benoît, ils ont abattu un travail énorme de formation. Ils ont convaincu leurs supérieurs et ont mis en pratique les nouvelles méthodes de travail. Nous nous retrouvons à de nombreuses occasions pour faire évoluer cet enseignement. Nos origines professionnelles sont mises de côté, bien que de temps à autre, une allusion amicale fuse dans la conversation. Le respect mutuel n'implique pas la mélancolie.

V
Un futur DDSIS 13

Il y a des jours où vous êtes persuadé qu'il va se passer quelque chose, que l'on va « bouger », comme on dit dans le métier. Cette impression n'est pas le fait du hasard. Elle résulte de l'accumulation de plusieurs paramètres qui se combinent entre eux ; elle est aussi le fruit d'une intuition que bon nombre d'entre nous avons connue tout au long de notre carrière. Ces facteurs cumulés n'ont rien à voir avec le phénomène de « pression incendiaire », comme mes amis corses désignent les départs simultanés. La main volontaire de l'homme — autrement dit les pyromanes —, dans ce cas précis, n'entre pas en ligne de compte. Mais le résultat, c'est que lorsque l'état-major vous déclenche pour un départ de feu, vous n'êtes pas étonné qu'il y ait une intervention ; bien au contraire, vous êtes étonné qu'il ait fallu autant de temps avant que cela bouge.

Nous sommes le 2 août 1983. La situation météorologique est préoccupante. Un premier bulletin météo spécial (le BMS n° 47) arrive à 14 heures : « Coup de vent de trente-six heures à compter du 2 août à minuit, de 60 à 90 km/h. » Le bulletin suivant (BMS n° 48) prolonge l'avis du précédent de vingt-quatre heures. À ces conditions météo extrêmement pénalisantes, il faut ajouter que, depuis le 31 juillet, les cinq zones météo du département sont classées, pour la première fois depuis le début de l'été, en niveau de risque « Très sévère » — ce qui est le maximum de l'échelle des risques.

Les équipes de garde sont sur le qui-vive. Le personnel écoute la radio du centre de secours et les informe sur la situation opérationnelle des Bouches-du-Rhône et du Var. La bataille commence ! De nombreux feux éclatent un peu partout ; dans les Bouches-du-Rhône, on a 5 hectares à Cabriès, puis 100 hectares à La Couronne (commune de Martigues). Le sinistre le plus important se situe chez nos collègues varois : plus de 1 000 hectares de forêts partent en fumée à Puget-sur-Argens. De gros moyens ont été engagés ; qu'ils soient terrestres ou aériens, des renforts extra-départementaux ont été demandés et font route vers chez nous. Paradoxalement, le centre de secours d'Aubagne, ainsi que les centres avoisinants n'ont pas été sollicités. Nous sommes préservés, dans le but de ne pas démunir le secteur de son potentiel de lutte. Mais vu la façon dont la situation dégénère, l'état-major décide de constituer un groupe de véhicules basé à Aubagne qui pourrait intervenir rapidement en cas de besoin.

Nous prenons position au sud de la ville, sur le plateau des Espillières. De là, nous pouvons bien capter les communications radio, et nous pouvons gagner très vite, en cas de besoin, les axes de circulation qui sont à proximité. Je suis dans un véhicule léger tout-terrain de type Cournil. Cet engin est la vague réplique d'un tracteur, carrossé sur le devant mais bâché sur l'arrière ; le confort y est spartiate. J'attends qu'un officier de la Direction départementale me rejoigne pour faire équipe. Le mistral souffle de plus belle ; le Cournil tangue à chaque rafale et la bâche arrière se gonfle comme un ballon de baudruche. C'est curieux, mais je ne suis pas à l'aise. Cette journée, je ne la sens pas : j'ai un pressentiment, une impression bizarre. Pourtant, ces moments-là ressemblent aux nombreux autres que j'ai vécus, dans des situations similaires. Il n'y a rien de plus et rien de moins. Je me retourne : j'aperçois les hommes qui prennent place dans les véhicules. Leur attitude est tout à fait naturelle, je dirais même rituelle. Il y a plusieurs centres de secours représentés. Chaque camion qui arrive se gare, le personnel descend et rejoint les camarades des autres centres. Cela fait toujours plaisir de retrouver des collègues. Ils ont mené bien des batailles côte à côte, et vont sans doute en livrer quelques-unes dans très peu de temps. Je suis rassuré : aucun signe ne vient trahir la moindre angoisse. Je me persuade que ce pressentiment n'est qu'une impression passagère et qu'une fois dans l'action je n'y penserai plus.

Le groupe est maintenant complet ; je réunis le personnel pour l'informer sur la situation et sur ce que la hiérarchie attend de nous. Je demande aux chefs d'agrès de me tenir immédiatement au courant des anomalies qu'ils pourraient constater, tant au point de vue humain que matériel. Après ce rapide briefing, je ne vois pas grand-chose d'intéressant ou d'inquiétant — si ce n'est que le camion de Gémenos est armé par deux jeunes volontaires qui n'ont pratiquement jamais vu de feu de forêt. En revanche, leur chef d'agrès est un ancien, ainsi que le conducteur : Félix, dit « Féli », un solide gaillard avec lequel j'ai déjà essuyé quelques coups de chaud. Je sais qu'il portera une attention toute particulière à son équipage.

Il est environ 16 heures. Une voiture de service s'approche : c'est le commandant Gaïa, chef de centre d'Aubagne, accompagné du capitaine Jorda. Le commandant, responsable de la zone opérationnelle dont dépendent les véhicules, se renseigne sur l'état des troupes, sur les difficultés rencontrées lors de la constitution du groupe et les différents problèmes que nous pourrions rencontrer. Il nous informe de l'évolution de la situation ; nous apercevons d'ailleurs un panache de fumée marron à l'est de notre position. Il s'agit d'un feu qui a pris naissance sur la commune du Beausset, dans le Var, et qui prend des proportions inquiétantes. D'après lui, en raison des problèmes liés à l'incendie de Puget-sur-Argens et la pénurie des engins du Var, il est fort probable que nous soyons engagés sur cette opération (car la commune du Beausset est limitrophe du département des Bouches-du-Rhône). Puis le commandant nous quitte pour rejoindre le centre de secours.

Le capitaine Luc Jorda rejoint le Cournil. Bien que légèrement plus âgé que moi, c'est un officier que nous avions considéré comme un jeune loup lors de son arrivée, il y a deux ou trois ans de cela. Les conséquences des feux de l'été 1979 avaient été fatales pour le haut commandement dans les Bouches-du-Rhône. Les sapeurs avaient repris la main, et il avait fallu créer un état-major. Cette réorganisation imposait que le commandement se renforçât d'une manière significative. Un afflux de jeunes officiers se produisit alors dans les locaux vétustes de la caserne du boulevard de Strasbourg. Le capitaine Jorda fit partie de cette embauche massive. Les sapeurs-pompiers purent enfin assurer eux-mêmes la direction des secours et l'organisation administrative du département. Seules Marseille et quelques communes enclavées restaient, pour l'instant, sous les ordres de la Marine nationale.

Depuis sa prise de fonction, j'avais eu l'occasion de travailler avec lui et de l'apprécier. J'avais appris qu'il avait des diplômes d'agronomie. Bien que jeune dans le métier, c'était un homme de terrain, ce qui me convenait parfaitement. La discussion s'engage sur cet aspect des choses — et sur l'éternel conflit des générations. La restructuration du commandement dans le département était notre sujet de discussion préféré. J'avais pratiquement la même vision que lui sur le futur de notre métier. Nous comprenions tous les deux que nous étions à un tournant ; à nous de bien l'aborder !

Il est pratiquement 17 heures. La radio nous signifie de regagner immédiatement le centre de secours d'Aubagne et de prendre mission pour le village de Sainte-Anne-d'Évenos, à proximité du Beausset. Un groupe du Bataillon des marins-pompiers de Marseille nous rejoindra pour former une colonne sous les ordres du capitaine Jorda. Le point de rendez-vous nous sera indiqué en cours de route. Sachant que je connais le secteur sinistré, Luc me demande l'itinéraire le mieux approprié pour aller à Sainte-Anne-d'Évenos. Je lui indique la route nationale 8, en passant par Cuges-les-Pins. Sur le lieu de rendez-vous, nous préparons les cartes d'état-major et les rations, en attendant que le groupe des marins-pompiers nous rejoigne — ce qui est fait dans la demi-heure qui suit. Les engins du Bataillon se rangent derrière les nôtres. Après une prise de contact assez rapide, nous faisons connaissance avec le chef de détachement des pompiers marseillais : il s'agit de l'enseigne de vaisseaux Pretot, appellation lieutenant (les grades dans la Marine ne sont pas les mêmes que chez les sapeurs-pompiers).

L'approche avec le lieutenant Pretot n'est pas évidente. Apparemment, il y a encore quelques relents de rancœur à l'encontre des sapeurs. L'année 1979 n'est pas si loin que ça… Sans un mot, nous comprenons que la mission ne sera pas de tout repos, et qu'il va falloir faire preuve de diplomatie envers nos camarades militaires pour ne pas heurter les susceptibilités. Nous nous mettons en ordre de marche. Luc annonce par radio aux autres véhicules notre itinéraire jusqu'au village du Beausset. À peine a-t-il posé le combiné radio que le lieutenant Pretot nous interpelle en nous disant que l'itinéraire choisi n'est pas le plus judicieux. Nous avons vérifié sur la carte et sommes sûrs de notre avis : notre réplique est sans équivoque, malgré les quelques protestations du lieutenant. Notre impression sur lui était donc fondée — mais nous croyons que l'intelligence de chacun d'entre nous prévaudra finalement.

Dans la descente du Camp, sur la route nationale 8, nous constatons que le panache de fumée a légèrement diminué. Nous pensons que les hommes sur place commencent à prendre le dessus. Notre colonne sera d'un précieux renfort pour terminer les phases d'attaque et commencer le noyage. Il est environ 19 heures lorsque nous prenons contact avec le directeur des secours, qui est le chef de Corps de La Seyne-sur-Mer. Il nous fait le point de la situation : le feu, orienté sur un axe ouest-est, ne progresse pratiquement plus, mais ses flancs sont encore virulents. De plus, il est proche des habitations. Nous aurons pour mission d'occuper une bonne partie de l'avant gauche. Nous voici sur place. Un véhicule léger nous guide à travers les chemins de terre. Nous zigzaguons au milieu des propriétés et des champs de vigne pour atteindre le piémont de plusieurs mamelons. L'incendie descend à contrevent sur une longueur de près de 600 mètres. Je pars en reconnaissance.

Nous sommes en plein dans le vignoble de Bandol. Cet endroit a été patiemment aménagé de main d'homme. Sur ces pentes qui s'érodent, les vignerons ont construit des restanques pour retenir la terre et empêcher les éboulements. Toute la pente est constituée de ces restanques faites de pierres sèches, qui permettent d'étager les cultures (en l'occurrence, les vignes). De plus, nos anciens maîtrisaient parfaitement l'effet d'albédo sur les murs, qui hâte le mûrissement du raisin : la chaleur emmagasinée par les pierres dans la journée est restituée pendant la nuit aux raisins. Autre avantage : l'étagement favorise un ensoleillement plus long en éloignant les brouillards de fond de vallée. D'une manière générale, les restanques sont fort nombreuses en Provence ; elles sont les vestiges d'une époque où chaque arpent de terre était cultivé. Par contre, pour établir les tuyaux, cela va nous compliquer la tâche : il faudra escalader des murs de pierres d'une hauteur de 2 mètres. Quand ils ont construit ces bancaous, les paysans de l'époque avaient d'autres préoccupations que de faciliter la tâche aux pompiers ! Tout en les gravissant, je pense au travail des hommes qui, génération après génération, ont façonné de leurs mains ces longues terrasses de pierres sèches qui escaladent la colline.

J'arrive en lisière de l'incendie, qui n'est pas trop virulent. De ma position, j'aperçois le deuxième mamelon, où une langue de feu descend vers les vignes. J'en ai assez vu ; je regagne le véhicule, je rends compte à Luc et nous échafaudons rapidement un plan de bataille. Les hommes du Bataillon prendront en charge le premier foyer, les sapeurs s'occuperont du reste. Nous effectuons un établissement de 300 à 400 mètres, afin d'atteindre la lisière. Nous longeons les flammes de part et d'autre, en divisant notre établissement en deux de manière à mettre en batterie deux lances. L'extinction et le noyage dureront trois bonnes heures. De leur côté, nos amis marins ont travaillé de la même façon. Le secteur est considéré comme éteint à 23 heures. Nous décidons de casser la croûte (avec nos rations), tout en gardant un œil sur le chantier. Aucun incident ni aucune reprise ne viennent perturber notre frugal repas, tant et si bien que, lorsque le directeur des secours arrive sur les lieux, il est décidé d'un commun accord de rester encore une heure en surveillance puis de ramasser notre matériel. La colonne des Bouches-du-Rhône sera libérée dès que les véhicules seront reconditionnés, si rien ne se passe d'ici là.

Et à mon grand étonnement, rien ne se passe — car j'ai toujours au fond de moi cette impression bizarre, ce mauvais pressentiment : il est impossible que cela s'achève de cette manière… Un léger incident au départ, un feu de moyenne importance (100 hectares au total), une attaque et une surveillance des plus banales… Comme quoi, je me dis qu'il faut se méfier des pressentiments. Là-dessus, je reviens à la réalité. Il est pratiquement 3 heures ; il est temps de rentrer et de se reposer. Demain on nous annonce encore beaucoup de vent : la journée pourrait être rude. Nous reconstituons la colonne et prenons le chemin du retour, par le même itinéraire. Je discute avec Luc sur le déroulement de l'intervention. Nous sommes contents du travail accompli par les hommes : qu'ils soient sapeurs ou marins, l'intelligence a prévalu. Les événements ont fait que le chantier a été séparé en deux, ce qui a permis que chaque groupe disposât d'une certaine autonomie, tout en étant sous commandement unique. Nous approchons des limites du département. La radio ne s'est pas arrêtée de déverser un flot de messages. Nous apprenons que le plan ALADIN — plan d'Alerte Lié Aux Départs d'Incendie de Nuit — est activé (ce plan est l'une des premières conséquences des réformes entreprises depuis 1980). En effet, vu les conditions météo particulièrement défavorables, il a été décidé de maintenir dans les centres de secours un engin armé par quatre hommes. C'est une première : jamais par le passé une telle décision n'avait été prise. Il faut dire que le vent est d'une telle violence qu'il est même difficile de maintenir la trajectoire du Cournil.

Nous attaquons la montée vers le plateau du Camp. Soudain, un départ de feu est signalé du côté de Pichauris, entre les communes d'Allauch et de Peypin : c'est dans notre secteur d'intervention. Comme d'habitude, nous attendons avec impatience les premiers messages des gars sur place pour connaître l'importance du sinistre. Baccara 10 — l'indicatif radio de l'état-major — signale que cet incendie prend de l'importance et qu'on y envoie le maximum de moyens. Le capitaine Jorda envoie un message à Baccara 10 : « Nous sommes en limite du département. Notre groupe est disponible. » La réponse ne se fait pas attendre : « Prenez intervention pour feu de forêt, commune de Peypin, lieudit Le Régage. » Nous informons les engins du groupe : la nuit n'est pas finie ! Il faut retourner à la bataille. Le taux d'adrénaline recommence à monter. Nous nous séparons du groupe des marins-pompiers, qui regagne son affectation d'origine.

Au fond de moi, j'étais sûr que nous ne rentrerions pas au centre. Les conditions météo épouvantables et les nombreux messages radio que nous interceptions me confortaient dans l'idée que cette nuit ne pouvait se terminer comme cela. Nous voilà maintenant à une vingtaine de kilomètres du feu à vol d'oiseau ; nous apercevons la lueur au loin, devant nous. Un feu de forêt est beaucoup plus impressionnant la nuit que le jour. Dans l'obscurité, la lueur des flammes est très amplifiée, ce qui exagère l'importance réelle du foyer ; mais de là à l'apercevoir depuis le plateau du Camp… Dès cet instant, nous savons que nous allons avoir à faire à du dur. Les rafales de vent sont telles que nous avons du mal à avancer et qu'il faut fermer les vitres du Cournil. Nous écoutons la radio mais ne recevons que l'état-major : les communications des véhicules arrivés sur le feu sont inaudibles, nous sommes encore trop loin. Nous comprenons que le capitaine Tarasco essaie de limiter les dégâts en protégeant les maisons isolées sur la route de La Rouvière et vers Les Trois-Fonts. Luc m'interroge sur la disposition de ce site, que je connais parfaitement. Il y a là des habitations en pleine forêt ; il sera difficile de tenir, et j'espère que le feu passera sans endommager les maisons. Le vent, orienté nord, nord-ouest, va ensuite pousser le front de feu plein sud, en direction de zones urbanisées. Le temps que nous arrivions, le feu aura fait du chemin ; je crains pour les maisons de Peypin et de La Destrousse. Il est 4 h 15 : nous sommes proches de la zone sinistrée. Nous demandons à Baccara 10 un point de rendez-vous. La fumée et l'odeur caractéristique du pin brûlé ont envahi l'habitacle du Cournil. Nous recevons l'ordre de nous diriger sur le village de Peypin, à hauteur des Hermines, sur la départementale 7. Arrivés sur place, nous stoppons le groupe. De nombreux engins sont stationnés en bordure de route. Le commandant des opérations et son état-major se trouvent sur place. Nous remontons la colonne de véhicules et les rejoignons. Le commandant Gérome fait un point de la situation avec le commandant Moléna, responsable du Bataillon des marins-pompiers de Marseille, et le commandant Gaïa, responsable du secteur. La bataille est bien mal engagée. Le feu a déjà contourné le Maou Vallon et se dirige sur le col du Marseillais où il va prendre encore plus de vitesse pour se diriger ensuite sur le hameau de Lascours. La situation est grave.

Nous recevons l'ordre de nous engager sur la piste A18 (nommée piste de Pont de Joux par les habitués). Nous allons tenter une manœuvre de manière à stopper la propagation et protéger Lascours. Nous prenons la tête de la colonne — qui rassemble la vingtaine de véhicules stationnés avec nous au bord de la route. L'entrée de la piste n'est pas facile à repérer : elle se trouve entre deux garages, au milieu de carcasses d'automobiles. Nous gravissons les premiers lacets, entre les pins centenaires qui bordent le chemin. Cette piste a été tracée au milieu d'une forêt, en suivant les lignes de niveau en surplomb des vallons formés par la rivière Huveaune et son affluent, le Merlançon. C'est un lieu de promenade très agréable : l'été, l'ombre des pins protège du soleil, et les odeurs caractéristiques de la pinède surchauffée vous font oublier que vous êtes à quelques hectomètres d'une zone urbanisée. Au printemps, c'est un endroit très apprécié par les ramasseurs d'asperges sauvages. À la fin de l'automne, les chasseurs de grives postés s'activent : ils affûtent les vergettes enduites de glue, ils préparent les cimes des arbres et leurs postes ramés de branches de pins. Il va nous falloir protéger tout cela — ou du moins sauver ce qui pourra l'être. Nous n'apercevons plus de lueur mais l'odeur est toujours omniprésente. Arrivés au croisement de la piste (A18-d) qui rejoint le hameau, nous stoppons. Quel calme, enfin !

Nous sommes à l'abri. Le vent et la fumée passent au-dessus de nous. Il paraît inimaginable qu'un incendie se dirige vers nous, et que dans quelques minutes, il ne restera peut-être rien que des cendres et des troncs calcinés. Il y a une centaine d'hommes dans la colonne, mais on n'entend aucun bruit : le personnel a compris depuis longtemps déjà qu'il s'agit là d'une intervention hors norme. Les officiers viennent à notre hauteur ; nous ne sommes pas encore dans l'axe de propagation du feu, mais juste en limite. Une décision doit être prise : prenons-nous le risque de nous aventurer au-delà ou essayons-nous de trouver un meilleur point d'engagement ? Nous décidons de laisser les camions ici même. Le commandant Gérome prend place à bord de notre véhicule pour effectuer une reconnaissance en direction du col. Nous sommes soucieux et silencieux. Au bout de cinq minutes, nous arrivons au col, qui forme une sorte de goulet. Là, le vent est déchaîné. Nous constatons que la théorie rejoint la pratique. En effet, au cours de la formation au feu de forêt, les météorologues nous enseignent que dans un col, il se produit une accélération des flux d'air : un phénomène qui est dû à l'étranglement du relief. Bien entendu, il est très dangereux d'y tenter une action. Le vent est tel que nous tenons difficilement debout. Nous prenons mille précautions pour nous approcher du précipice dans lequel l'incendie doit déboucher. Nous sommes devant un spectacle hallucinant. Sans un mot, nous assistons, tels des touristes sur un belvédère, à une véritable tempête qui se déchaîne au-dessous de nous. Le feu avance à une vitesse invraisemblable. Des tourbillons de flammes et des flots de fumée montent dans notre direction. Le bruit assourdissant de l'incendie nous empêche de nous entendre : il couvre notre voix. Rarement dans ma carrière de sapeur-pompier, j'ai vu une telle énergie se dégager d'un foyer. Je suppose que les vulcanologues au bord d'un cratère doivent ressentir la même émotion. C'est un spectacle magnifique et angoissant à la fois. On peut comprendre les sentiments paradoxaux qu'un tel sinistre peut procurer. Il y a de la peur, et même de la panique, devant un feu incontrôlable qui dévore tout sur son passage, qui fonce dans votre direction en avalant la végétation et en la recrachant, comme un dragon, sous forme d'énormes flammes. Mais il y a aussi du respect face à ce phénomène implacable qui vous attire à lui, qui vous aspire dans le vide. Je suis subjugué devant cette démonstration de force. Nous nous rendons compte très vite que nous sommes impuissants devant un tel déchaînement. Le temps presse. Nous devons regagner la colonne et envisager différentes idées de manœuvres.

Le commandant Gérome se trouve devant un choix difficile. Soit nous restons groupés sur la piste, et le front de feu passera en limite : dans ce cas nous ne prendrons pas l'incendie de face, les premières maisons pourraient voir vite arriver le front de feu, et la colonne, bloquée sur la piste, ne pourra pas être engagée pour limiter les dégâts. Soit nous essayons de prendre la piste A18-d pour défendre le hameau de Lascours, avec le risque de ne pas avoir le temps de l'atteindre et de se faire prendre en cours de route. Je pense aux habitants, encore endormis : ils ne se doutent pas que le feu va fondre sur leurs maisons à une vitesse vertigineuse. Mais faut-il pour autant faire prendre un risque au personnel ?

Nous arrivons auprès des engins. Le commandant rejoint les officiers supérieurs pour faire le point. Je place le Cournil en position de départ vers la piste A18-d. Luc et moi attendons les ordres. Au bout d'un moment, le commandant Gaïa nous fait signe d'avancer en direction de Lascours. Nous obéissons ; il est difficile dans ces moments-là de discuter un ordre. Nous pensons que les officiers ont pris la décision de protéger le hameau. Dès lors, je sais que nous allons vivre des moments difficiles, et je le dis à Luc. Nous nous équipons en conséquence, avec veste de cuir, cagoule et gants. Il n'y a guère plus d'un kilomètre à effectuer — mais c'est le kilomètre de tous les dangers. Si nous le franchissons, nous serons à l'abri dans le hameau et nous pourrons protéger les habitations. En revanche, si nous sommes pris de vitesse et que le feu nous coupe la route, nous devrons nous défendre avec les véhicules qui nous suivent.

Je suis en train de me remémorer un épisode proche de celui-ci, que j'ai vécu il y a deux ans. J'étais avec ma jeep sur une piste au sud du village de Cuges. Un front de feu d'environ 500 mètres avançait vers moi. J'avais largement le temps de quitter l'axe de propagation quand soudain, j'ai entendu à la radio l'appel d'un engin de Roquevaire, sur lequel se trouvait mon ami Brest qui demandait de l'aide. Il était sur la « piste du gaz » et la situation allait devenir intenable. Cette piste avait été tracée lors de la construction du gazoduc ; elle nous servait de pénétrante, pour atteindre le foyer. L'inconvénient, c'est qu'elle n'était pas sécurisée sur ses côtés, et la broussaille formait quelquefois un tunnel de végétation. J'ai reçu cet appel alors que je passais juste devant l'embranchement du gazoduc ; j'ai donc changé de direction et j'ai rejoint les Roquevérois. Ils avaient réussi à positionner leur véhicule dans un espace dégagé, sur du ballast comme on en trouve dans nos collines. Le feu était à quelques mètres d'eux. J'ai garé ma jeep comme j'ai pu et j'ai rejoint l'équipage qui déroulait un tuyau pour se protéger. Nous n'avons pas eu le temps de raccorder la lance au bout du tuyau[1]. Mais en pinçant le tuyau, j'ai réussi tant bien que mal à former un jet. Le feu nous débordait de toutes parts, à droite puis à gauche. Le fait de noyer autour de nous et d'atteindre les flammes avec ce jet improvisé, nous a protégés et a dévié le feu qui nous a contournés.

Allons-nous revivre ce genre de situation ? Ce kilomètre de piste me paraît interminable. J'espère quc nous allons réussir à atteindre Lascours. La fumée devient de plus en plus épaisse. Des brandons incandescents traversent la piste et viennent s'écraser sur le véhicule. Encore un effort, encore un virage, et nous apercevrons les premières maisons en contrebas. Soudain, à la sortie du virage, un mur de flammes barre la route. Nous sommes pris au piège ! Il est impossible de faire demi-tour, vu l'étroitesse de la piste. Et il est impossible de traverser : des rochers sont tombés sur le chemin à cause de la chaleur, et nous bloquent le passage. Nous quittons le véhicule. La chaleur est insupportable. Il y a de plus

1. La lance se fixe au bout du tuyau, pour que l'eau forme un jet (en continu ou en diffusé). En l'absence de lance, l'eau coule simplement du tuyau, sans former de jet.

en plus de brandons qui nous percutent ; nous leur tournons le dos afin qu'ils n'atteignent pas notre visage. Notre cuir nous protège tant bien que mal. La bâche du Cournil prend feu. Pour comble de malheur, aucun engin ne se trouve derrière nous. Sans se concerter, rien que du regard, nous comprenons que nous ne tiendrons pas longtemps dans ce chaudron. Des images me traversent l'esprit : je pense à ceux qui ont connu la même situation et qui n'ont pas survécu ; je pense à leurs derniers instants de lutte contre la mort. Depuis le début de l'après-midi, ce pressentiment ne m'a pas quitté. Maintenant, ça y est : nous y sommes ! D'une certaine façon, je suis libéré. Les cartes sont sur la table ; à moi de jouer. Il n'y a plus de combinaisons possibles, plus de doute, plus d'arrière-pensée : ce qui devait arriver est arrivé. J'aperçois de la lumière dans la fumée : les phares d'un véhicule. Ouf, de l'eau ! Au moins, nous pourrons nous battre jusqu'au bout. La chance de survie est moins aléatoire pour peu que nous soyons organisés. Mais mon optimisme est de courte durée : il s'agit de la voiture du commandant Gaïa avec son jeune conducteur Pierre Mas. Nous voilà dans la même situation, sauf qu'au lieu d'être deux nous sommes quatre. J'interroge le commandant et lui demande pourquoi la colonne n'est pas derrière ; pourquoi elle n'a pas suivi ? Il ne sait pas et ne comprend pas. Une lueur apparaît au loin : encore des phares ! Vite, on ne peut plus tenir ! Un camion arrive, un seul ; les autres n'ont pas voulu venir. C'est l'engin de Gémenos avec Féli et ses deux jeunes sapeurs.

Je prends la lance du dévidoir et donne ordre de mettre en pompe. Les gamins resteront à l'abri dans le camion. Les pneus de la voiture explosent. La veste de cuir du commandant commence à prendre feu ; je l'asperge avec la lance.

J'éteins le début d'incendie du Cournil et demande à mes trois camarades de me suivre et de se coller à moi, en tournant autour de notre véhicule qui nous protège du panneau radiant[2]. Nous essayons de tenir avec la lance, tantôt en jet diffusé pour nous rafraîchir et faire descendre la température de nos vêtements, tantôt en jet plein pour arroser les flammes qui nous contournent par l'arrière. Nous manquons d'air. Les poumons sont brûlants. Tout à coup, la pompe du camion s'arrête, faute d'oxygène. Il n'y a plus d'eau à la lance. La panique s'empare d'un sapeur qui se met à hurler. Il faut réagir : je demande à Féli d'appuyer sur le démarreur du moteur de la pompe, de manière à entraîner les turbines. (C'est une solution qui a sauvé bon nombre de personnes, lorsqu'un véhicule cale sur un passage à niveau alors qu'un train arrive.) Le moteur tousse, puis reprend de la puissance. L'eau revient par à-coups à la lance… Un sursis nous est accordé ! Je surveille Pierre qui veut déguerpir et quitter ce piège ; mais où aller ? La seule chance de survie est ici. Je le retiens par le col de sa veste et lui conseille d'approcher son visage du jet d'eau. À cet endroit précis, l'air est frais : la fumée, chassée par la pression, ne se mélange pas à l'oxygène, ce qui procure un répit à nos poumons engorgés d'oxyde de carbone. La végétation du bord droit de la piste est complètement enflammée. Le panneau radiant est à son maximum. Heureusement, dans peu de temps la température va baisser, faute de combustible. En attendant, il faut

2. Le panneau radiant désigne la chaleur dégagée par le feu : c'est la masse d'air chaud situé autour du feu (quand on approche sa main du feu, c'est le panneau radiant que l'on sent, et non le feu lui-même). Un feu de forêt dégage une température moyenne de 636 degrés. Sa puissance est de 2 000 kW/m (le rayonnement du soleil au sol est de 1 kW/m). Le panneau radiant peut dépasser les 10 W/cm^2, alors qu'un grille-pain dégage une puissance de 1 à 1,5 W/cm^2.

tenir, coûte que coûte. Tenir encore quelques minutes, le temps que le feu consume le chêne kermès et les argélas qui sont à côté de nous. De temps en temps, une rafale de vent dirige l'air brûlant et la fumée à notre opposé: c'est l'instant que j'attends pour respirer un bon coup et vider mes poumons emplis de gaz chauds. Ce moment est magique: de l'air frais qui rafraîchit la peau et qui arrête les picotements aux yeux! En quelques secondes, il faut emmagasiner assez d'oxygène pour se faire une réserve, de manière à tenir encore un peu, le temps qu'une autre rafale vienne soulager les corps martyrisés. Je sais à cet instant que nous allons nous en sortir. Cette rafale est venue au bon moment. Nous avons en quelques secondes stocké assez d'air pour attendre que le feu se calme. Nous pouvons enfin entrer dans le brûlé; le feu a franchi la piste, le plus dur est passé. Bien sûr, nous avons la plante des pieds brûlante... bien sûr, nous manquons d'air au milieu de toute cette fumée, mais qu'importe, nous sommes sauvés! Nous nous comptons et constatons les dégâts: pour le personnel, rien de grave; pour le matériel, il y a un peu plus de casse. La voiture du commandant a deux pneus endommagés, le Cournil a la bâche brûlée à plus de 50 %, les cabochons des feux de la voiture et du Cournil ont fondu, les protections en plastique et les bavettes également. Autour de nous ce n'est plus que cendres: la végétation est entièrement brûlée. Le feu continue sa course dévastatrice: il est maintenant en contrebas, à Lascours, au milieu des habitations.

Le jour se lève. Il nous faut dégager la piste, afin d'aller prêter main forte aux véhicules qui sont arrivés à Lascours par la route et qui ont commencé à défendre les maisons. Le camion de Gémenos fera l'affaire: en deux temps, trois mouvements, le passage est libre. Nous fonçons et une fois en bas, nous appuyons l'action de protection. Il est 6 heures ; les hommes sont fatigués. La relève a été demandée. Je commence à avoir des picotements aux yeux. De plus, ma gorge est irritée, surtout à cause de la fumée — les cris, appels et encouragements ayant fait le reste. Quoi qu'il en soit, il y a encore un long travail de noyage et de reconnaissance à effectuer. Nous prenons contact avec les sinistrés ; ils sont hébétés de la soudaineté et de la violence de l'incendie. Certains se sont défendus eux-mêmes. Aucune maison n'a été détruite : soit le feu est passé très vite, soit le débroussaillement avait été bien fait. Nous regagnons le PC. Là, nous apprenons qu'un sapeur a été blessé grièvement lors de la chute d'un rocher, et qu'il a dû subir l'amputation d'une partie de son pied. Le feu continue son action : il se dirige maintenant vers Aubagne. Les hommes sont relevés peu à peu, et des renforts arrivent. Je suis relevé, moi aussi : les yeux me brûlent de plus en plus et j'arrive de moins en moins à parler. Je pense qu'avec une bonne douche et quelques heures de sommeil, je serai en état de reprendre le combat. Je ne peux même plus ouvrir les paupières. Un sapeur m'emmène devant la porte de mon appartement. Je rentre à tâtons. Il est 13 heures : une bonne douche et au lit. Je demande à mon épouse de me réveiller vers 18 heures. Hélas, à mon réveil, c'est encore pire. Impossible d'ouvrir les yeux : la lumière me fait atrocement souffrir. Je suis obligé de nouer un bandeau autour de ma tête, de manière à cacher la lumière du jour. Je me renseigne sur la situation. Tout à l'heure, j'étais optimiste, car le feu se dirigeait vers des zones moins urbanisées et moins boisées. Je pensais que les renforts dépêchés sur place suffiraient à bloquer sa propagation et à le fixer avant qu'il n'atteignît les zones périurbaines. Eh bien non ! À ma grande surprise, l'incendie est dans les faubourgs d'Aubagne. Il a parcouru plusieurs kilomètres, et maintenant, les habitations sont menacées. Une maison de retraite, notamment, est sur le point d'être évacuée. Un supermarché est dans l'axe de propagation : la fumée commence à l'envahir. Mais que s'est-il passé ?

Dans chaque opération d'une telle importance, il y a une multitude de détails qui viennent bouleverser les plans établis par le directeur des secours. En l'occurrence, alors que nous semblions avoir l'affaire bien en mains, un élément prépondérant nous a fait faux bond : l'eau ! Les lignes électriques alimentant les pompes des bassins ont brûlé, ce qui a coupé l'arrivée d'eau sur les bouches et poteaux d'incendie. Des norias ont été organisées avec nos camions-citernes, mais plusieurs secteurs n'ont plus été alimentés, et de grosses reprises de feu se sont produites. L'incendie a repris vigueur, attisé par un vent toujours aussi violent. Notre organisation en a été bouleversée. Un autre événement d'une importance capitale a contribué à faire basculer la situation. À 16 h 50, un départ de feu de forêt sur la commune d'Auriol (quartier Daurengue) a été signalé. L'état-major a retiré du dispositif de nombreux engins, ainsi que des cadres. Il en a résulté une confusion générale. On a vu des convois militaires sans encadrement sapeur-pompier, livrés à eux-mêmes, effectuer des demi-tours dans des chemins étroits. Un moment, un embouteillage monstrueux empêcha les secours d'intervenir. Bref : l'affolement fut total.

Pendant ce temps, le feu, lui, n'attend pas : il profite de la moindre occasion pour contre-attaquer. Il se développe maintenant vers le quartier de la Plaine, qui est le verrou de notre dispositif. Le front n'a pas encore une grande largeur : à ce moment-là, il est possible de tenter des actions pour le bloquer. Si elles ne réussissent pas, l'incendie ira droit sur les zones commerciales et résidentielles. Mais la désorganisation qui règne nous empêche de réaliser les manœuvres que le directeur des secours avait envisagées. Le feu est donc dans les jardins des villas... Les chemins sont étroits, à une seule voie de circulation. Résultat : les sinistrés qui évacuent leurs maisons bloquent les secours qui se dirigent vers le front de feu. Les flammes traversent les routes et passent au-dessus des voitures bloquées dans des bouchons. Nous sommes impuissants : il est impossible d'intervenir. Certains engins isolés ne doivent leur salut qu'au sang-froid de l'équipage. La colonne du Vaucluse est dans une fâcheuse posture ; elle se réfugie dans une propriété, dont la cour sert de base d'appui pour se protéger. Les chemins en cul-de-sac empêchent un repli d'urgence : les civils et les pompiers sont pris au piège. D'un côté la route est bloquée par les voitures, de l'autre côté il n'y a pas d'issue ! La panique s'empare des riverains dont les propriétés sont la proie des flammes. Le feu a trouvé de quoi s'alimenter, avec des pins de plus de 30 mètres de haut. Les nombreuses explosions de bouteilles de gaz, ainsi que l'incendie d'une cuve de gaz dans une maison de repos, ajoutent un peu plus d'épouvante à ce scénario-catastrophe. C'est un miracle qu'il n'y ait pas de victime !

Les gendarmes donnent l'ordre d'évacuer la maison de retraite. Mauvaise idée. Le capitaine Tarasco a toutes les peines du monde à faire changer d'avis le sous-préfet, afin de surseoir à cette exécution. Ce n'est vraiment pas le moment de jeter des dizaines d'ambulances — avec, en plus, des personnes grabataires — sur la route : entre les bouchons et la fumée, il y a déjà assez de pagaille, et cela nous empêche d'intervenir. Le sous-préfet, convaincu, accepte de confiner le personnel et les pensionnaires dans la maison de repos, portes et fenêtres fermées. Des engins ont pu y accéder : ils protègent la clinique et ses dépendances. Le feu de la cuve de gaz est maîtrisé juste à temps. Le capitaine Tarasco me demande sur les lieux afin d'organiser la lutte dans ce secteur. J'ai toujours mon bandeau sur les yeux. Je suis handicapé, impuissant et inutile, alors que le feu, qui continue sa progression vers un autre supermarché, est aux portes de la ville, recouverte par la fumée de l'incendie. Je ne peux répondre à l'attente de mes supérieurs. J'essaie quand même d'enlever le bandeau ; les picotements sont un peu moins intenses, mais il m'est impossible de rester les yeux ouverts plus de dix secondes. C'est la pire des choses qui pouvaient m'arriver : ne pas pouvoir exercer mon métier, être incapable d'apporter ma pierre à l'édifice et de contribuer à la lutte contre l'incendie dans la commune où je suis affecté… Je ne suis pas au rendez-vous et j'en suis désolé. J'imagine les collègues, les amis qui luttent afin que nos paysages ne soient pas défigurés. De fait, le combat continue, et il est intense, maison par maison. Le feu résiste et progresse par bonds d'une cinquantaine de mètres sous l'effet du mistral. Les flancs, cependant, à force que l'on y déverse des tonnes[3] d'eau, se resserrent. Enfin, le front diminue dans sa largeur, pour ne devenir qu'une pointe qui sera fixée vers 1 heure du matin.

Je pense aux dispositifs que nous avions élaborés, pendant des années, pour nous faciliter la tâche le jour où, par malheur,

3. La tonne, c'est la citerne des véhicules de sapeurs-pompiers. Elle contient 3 000 litres.

un incendie de ce genre se déclarerait. Ce malheur est arrivé! Cela montre combien le travail de prévention est nécessaire. Il est vrai qu'en hiver, lorsque tout est calme, il est difficile d'imaginer de telles situations de panique, et de convaincre les habitants qu'il puisse y avoir un danger à leur porte. Pour certains d'entre eux, nous sommes parfois des empêcheurs de tourner en rond, mais la sécurité a ses contraintes et impose des sacrifices. C'est le prix à payer pour être tranquille. Ce travail de fourmi, cette connaissance du secteur et de ses habitants doit porter ses fruits le jour J.

La fumée envahit mon appartement (situé à la caserne). Le moral est au plus bas. Je préfère me coucher, pour récupérer. J'espère seulement que demain, mes yeux me laisseront tranquille. Le lendemain, au réveil, je n'ai qu'une hâte: savoir si la lumière me gêne encore. Avec appréhension, j'ouvre difficilement les paupières; il y a du mieux. Deux gouttes de collyre, un bon petit-déjeuner, un passage au standard et je file au PC (avec le Cournil, qui a été retapé pendant la nuit). Je viens relever le capitaine Tarasco. Le feu est maîtrisé: nous en sommes aux phases de noyage et de surveillance — mais que la nuit a été dure! Les gars ont lutté jusqu'au bord de la rupture. Avec succès: aucune maison n'a été endommagée. Néanmoins, le bilan final est lourd: 1 700 hectares de forêts, de garrigues et de broussailles sont partis en fumée.

C'est l'heure du bilan. D'abord, les premières estimations, à chaud. Pour le détail, et les enseignements que l'on pourra dégager de cet incendie, il faudra attendre les retours d'expérience. Comme dans la plupart des feux de cette importance, certains sinistrés nous ont reproché de n'avoir pas pu défendre leurs biens (jardins, haies, bosquets, cabanes à outils...). Je comprends leur amertume, mais nous nous sommes trouvés dans la même situation que le 27 juillet 1979. Il était impossible de défendre autant de maisons à la fois. Nous avons dû lutter quartier par quartier, avec succès : aucune habitation n'a été touchée, contrairement aux événements d'il y a quatre ans. De plus, cette fois, les secours sont venus en plus grand nombre et de plus loin. Une organisation cohérente commençait à se mettre en place... Et puis notre chance a tourné. Il est vrai que tous les éléments étaient réunis pour que la situation dégénérât : chaleur, sécheresse, vent violent...

Pour ma part, j'en garde une impression étrange ; comme un goût d'inachevé. Je n'ai jamais plus ressenti, par la suite, un tel phénomène de prémonition. C'était contradictoire : le feu perdait de son intensité, et j'ai cru que la partie était gagnée, mais en même temps, j'étais certain que ça ne se passerait pas comme ça, et que nous n'étions pas près de rentrer à la caserne ! Et puis des éléments extérieurs à l'opération sont venus bouleverser la donne : un deuxième feu au mauvais moment, un blessé grave, une panne d'électricité — et pour couronner le tout, mon vieil ennemi n'a pas voulu que je contribue à son agonie ! Et à la souffrance morale est venue s'ajouter la souffrance physique... Mais heureusement, il n'y a pas eu que du négatif. D'abord, nous pouvons être contents d'être sortis du guêpier sans trop de casse. De plus, j'ai eu le plaisir de faire équipe avec le capitaine Jorda (qui, lui aussi, a subi le même handicap aux yeux). Dans la vie professionnelle de chacun, il y a des moments particulièrement intenses. Si par chance ils sont partagés, ils deviennent des instants privilégiés, des souvenirs exceptionnels que personne ne pourra vous enlever ou vous faire oublier. De plus, ils nous enseignent des choses qui seront très utiles, plus tard, pour prendre certaines décisions dans des situations inattendues ou délicates. Le moment venu, ces souvenirs nous interpellent et nous font prendre le recul nécessaire avant de passer à l'acte. Quel que soit le temps qui passe, tapis dans un tout petit coin de notre cerveau, ils sont toujours prêts à ressortir — et bien souvent, ils nous obligent à faire la part des choses. Certains appellent cela le vécu, d'autres l'expérience.

Notre carrière professionnelle nous fait quelquefois des pieds de nez. Les parcours des uns et des autres se ressemblent ou se différencient. Nous effectuons un bout de chemin ensemble, puis on se sépare pour se croiser plus tard dans un tout autre contexte… Quant au capitaine Jorda, il est maintenant colonel et directeur départemental des Services d'incendies et de secours des Bouches-du-Rhône. Il est, entre autre, mon patron, et une partie de son expérience lui vient de situations de ce genre. Il a certainement été, par la suite, confronté au même genre de problèmes, avec davantage de responsabilités. L'épisode qu'il a vécu cette nuit-là, bloqué sur cette piste au milieu des flammes, lui a peut-être apporté une partie de la solution dont il aura eu besoin plus tard, tout comme la mésaventure que j'avais connue avec le camion de Roquevaire m'a été utile pour trouver une issue à ce moment-là.

VI
L'année 1982

Mercredi 7 juillet

Si l'année 1979 fut catastrophique en matière de feux de forêts, certaines autres années furent elles aussi particulièrement pénibles. Les surfaces brûlées atteignirent parfois plusieurs milliers d'hectares.

Nous sommes en juillet 1982. La prise de conscience des autorités, les bouleversements dans l'état-major, la dotation de véhicules adaptés aux feux de forêt nous ont permis de mettre en place une nouvelle stratégie. Dans ce contexte, l'une des tactiques expérimentées consistait à sortir les véhicules des centres de secours, à les regrouper et à les placer sur le terrain de manière à gagner un maximum de temps en cas d'alerte.

Cette année-là, il y eut une dizaine de feux qui dépassèrent la centaine d'hectares, dont deux particulièrement virulents qui détruisirent plus de 1 000 hectares. Il faut dire que ce fut un été caniculaire. Les températures atteignirent certains jours 40 degrés à l'ombre. En consultant les statistiques et les relevés météo, on s'est aperçu qu'il fallait remonter à 1946 pour trouver un été aussi chaud. En plus, la saison a commencé tôt, puisque dès le 30 avril, 770 hectares de forêts sont partis en fumée sur la commune de Saint-Rémy-de-Provence.

Ce 7 juillet, la France entière attend avec impatience que la bande de Michel Platini et Michel Hidalgo se qualifie pour la finale de la Coupe du Monde. Le match de demain soir, à Séville, contre les Allemands, sera suivi par plusieurs millions de téléspectateurs. Au centre de secours, l'équipe de garde a prévu une soirée pizza. Amateur de ballon rond, je rentre justement d'Espagne où, avec un couple d'amis, nous avons suivi plusieurs matches. Jean-Paul et moi-même avons été témoins du fameux France-Koweït où le Cheik pénétra sur le terrain pour faire annuler une décision de l'arbitre. Après avoir parcouru l'Espagne en dressant la tente dans les villes où jouait le onze tricolore, nous sommes rentrés pour prendre nos gardes (car Jean-Paul est également sapeur-pompier au centre de secours).

Il fait très chaud, ce jour-là. Le mistral s'est levé ce matin, mais contrairement à l'habitude, il ne rafraîchit pas l'atmosphère. En brassant l'air ambiant, il provoque des bouffées de chaleur. C'est l'une des rares fois où j'ai observé ce phénomène. Cela ressemble à du sirocco du nord ; il ne manque que le sable et les palmiers.

L'activité opérationnelle a commencé très tôt ce matin. Sur la commune de Barbantane, un feu de forêt a pris naissance à 10 h 26 dans le massif de la Montagnette. De très nombreux engins ont été dirigés sur les lieux. Le potentiel de notre secteur n'a pas été touché, afin de pouvoir faire face, le cas échéant, à un autre incendie. C'est d'autant plus nécessaire que la veille, une colonne des Bouches-du-Rhône est allée en renfort sur un feu extrêmement violent (qui a ravagé 1 950 hectares) à Saint-André-les-Alpes, dans les Alpes-de-Haute-Provence, ce qui a affaibli la capacité opérationnelle dans le département.

D'ailleurs, les nouvelles de la Montagnette ne sont pas bonnes. L'incendie progresse à une vitesse vertigineuse. Plusieurs maisons sont menacées. L'abbaye de Saint-Michel de Frigolet, installée au milieu d'arbres plus que centenaires, est directement sous l'emprise des flammes. C'est ici qu'Alphonse Daudet a cherché l'inspiration pour écrire *L'Élixir du Père Gaucher*, l'une des histoires des *Lettres de mon moulin.* Des centaines de touristes visitent chaque jour cet ancien monastère de style roman, fondé au Xe siècle par les moines de Montmajour. L'évacuation est ordonnée. Les routes nationales et les voies de chemin de fer sont coupées. On se rend bien compte, à travers les différents messages, que la situation est catastrophique. Le lendemain, le bilan sera énorme : plus de 2 000 hectares de forêt brûlés — mais l'essentiel a été préservé : il n'y a aucune victime.

À la caserne, nous ne sommes pas surpris, en écoutant ces informations, de l'ampleur que prend le sinistre. Le feu, attisé par un vent chaud, progresse à des vitesses dépassant les 4 km/h. Imaginez les braises d'un barbecue attisé par un sèche-cheveux ! C'est dans ce contexte que débute l'après-midi. L'atmosphère autour de nous est telle que cette certitude s'impose à nous : il est impossible que la journée se termine sans qu'il y ait du dégât. D'ailleurs, les véhicules ont déjà quitté la caserne pour se placer aux endroits stratégiques définis par l'état-major. En attendant…

Et l'attente sera brève. À 14 h 45, au standard, nous recevons un appel pour un départ de feu dans le vallon de Saint-Vincent, sur la commune de Roquevaire. Très vite, de nombreux « 18 » s'affichent. De leur côté, les vigies confirment ce départ brutal. Immédiatement, les engins stationnés à proximité se dirigent sur les lieux. Le chef de centre local, arrivé sur place le premier, confirme à son tour le sinistre et demande des renforts terrestres et aériens. Le feu, sur un dénivelé très fort, progresse très vite, attisé par un vent violent et tourbillonnant.

Le vallon de Saint-Vincent se situe à l'entrée nord de Roquevaire. On y accède par la route nationale 96, qui serpente entre les parois abruptes des contreforts du massif du Garlaban et les premières hauteurs de la Sainte-Baume. Des à-pics de plus de 100 mètres surplombent la vallée. Les accès sont très difficiles et dangereux.

L'incendie se dirige d'abord vers le col du Marseillais, puis sur les antennes du relais de télévision qui se trouve juste au-dessus. Nous empruntons la piste de Pont de Joux, à 200 mètres du départ de feu. Les premières flammes ont déjà franchi la piste : impossible de continuer. Nous apercevons, loin devant, la tête de l'incendie qui arrive sur le relais de télévision. Dès que nous avons l'opportunité de traverser le front de feu, nous avançons avec les engins. Nous réduisons immédiatement les flancs, et diminuons ainsi la distance qui nous sépare de l'avant du feu, dans l'espoir de le stopper avant que le relais ne soit touché. Le dénivelé nous gêne pour attaquer correctement ; nous avons du mal à ralentir la progression du feu. Difficilement, nous gagnons mètre après mètre. L'incendie semble vouloir nous fuir, comme s'il refusait la bataille. Il accélère pour atteindre le relais avant nous. Les renforts arrivent dans quelques minutes. Les 100 derniers mètres qui séparent les premières flammes du relais sont très durs. Le feu atteint une barre rocheuse : là, à l'abri du vent, il diminue d'intensité et de vitesse. Nous en sommes sûrs : nous allons gagner le combat. Une fois que le feu sera stoppé, il suffira d'achever son extinction latérale, et nous serons tranquilles pour la soirée.

Mais alors que nous mettons notre dispositif en place, l'incendie se rebelle. Il ne s'avoue pas vaincu ! Il change complètement de direction et nous prend à revers. Telle une bête acculée contre la paroi rocheuse, les flammes se sont jetées en arrière en direction des hommes. Ce coup de poker était sa dernière chance. Le feu n'aurait pas pu résister à nos lances, sa force se diluant déjà au fur et à mesure que des milliers de litres d'eau se déversent sur lui. Une bascule de vent a complètement modifié l'axe de propagation. Les hommes sont surpris par le phénomène. Les lances ne sont plus au bon endroit : les voilà complètement inefficaces. Certaines équipes sont prises au piège et ne doivent leur salut qu'à la fuite dans la végétation brûlée, en abandonnant tuyaux et lances. Le feu redescend le kilomètre qu'il vient d'effectuer en montant. Il traverse la route nationale, la rivière et l'autoroute dans sa partie la plus la large… En moins de deux, il a fait un bond de plus de 300 mètres ! Il va maintenant dans des zones périurbaines et dans la forêt sur les contreforts de la Sainte-Baume. Le coup parfait. De plus, cette attaque de revers a fait des dégâts chez les hommes et dans l'organisation.

En moins d'une heure, l'incendie est parti à l'opposé de sa première direction. Il a effectué un virage à 180 degrés qui nous a pris au dépourvu. C'est la panique générale : il n'y a plus d'action de secours. Les engins sont dispersés, et on assiste à un bref sauve-qui-peut devant ce vaste retour de flamme. Le directeur des secours tente de se réorganiser. Ici comme à la guerre, une retraite en bon ordre vaut bien mieux qu'une attaque désorganisée. Malheureusement, nous sommes en pleine Bérézina. Le front de feu arrive dans les premières maisons alors que nous finissons à peine de nous retourner. Comble de malchance : un troisième feu se déclare, sur la commune d'Aix-en-Provence ! Le peu d'avions que nous possédions nous est enlevé, les renforts terrestres sont détournés... Le commandant des secours devra faire avec ce qu'il a. Les renforts extra-départementaux ne seront pas là avant trois bonnes heures.

Dans cet enchevêtrement d'ordres et de contre-ordres, j'essaie de limiter la confusion. Avec ma jeep, je guide les engins, en me portant au-devant de l'incendie. C'est la désolation. Des maisons, des champs cultivés, des voitures sont en train de brûler. Les habitants demandent des explications : ils ne comprennent pas que l'incendie nous a pris à revers et qu'il y a d'autres feux en même temps dans la région. Petit à petit, les autres véhicules nous rejoignent. Il commence à faire nuit. Une fois remis à peu près en ordre de marche, nous attaquons le sinistre, avec comme objectif qu'il soit éteint avant le lever du jour. Des colonnes de renfort arrivent nous apporter un précieux soutien. Elles sont immédiatement engagées.

La nuit est épuisante. Il fait toujours aussi chaud ; le vent nous sèche les lèvres. Nous passons de maison en maison afin de sécuriser les lisières. La tête du feu est maîtrisée : il ne progresse plus. Un long travail de noyage commence au milieu des chemins de traverse ; il durera plusieurs jours. Cette fois, 579 hectares de pinède ont brûlé. Un spectacle navrant apparaît lorsque nous empruntons la nationale. De part et d'autre de la route, ce n'est qu'arbres calcinés, maisons noircies... Parfois, d'énormes rochers se détachent et roulent sur la route. Il faudra bien du temps afin que le paysage ne reprenne sa couleur verdoyante.

Au lever du jour, nous essayons encore de comprendre ce qui s'est passé. L'incendie, qui a démarré sous la falaise — donc à l'abri du vent —, s'est développé... à contrevent. En fait, sa progression fulgurante est due au dénivelé. En plus du vent et de la végétation, l'autre facteur de progression d'un feu est le relief. Et dans ce cas précis, le relief s'est avéré plus important que le vent. Une fois arrivé au sommet, après avoir parcouru 2 kilomètres dont 250 mètres de dénivelé, le feu a pris le vent de face. Le front de feu, poussé cette fois par le mistral, a suivi un axe opposé à celui de sa propagation initiale. Ce cas de figure illustre la difficulté pour le commandement à anticiper. Si, en plus de ces éléments défavorables, les moyens aériens et terrestres sont détournés, la situation ne peut qu'empirer. La simultanéité des feux est la pire des choses qui puissent arriver en matière de tactique opérationnelle ; car alors, l'équipe qui est chargée de l'anticipation n'a guère de solutions à proposer au responsable des secours.

Cette situation, je l'ai retrouvée plus de vingt ans après, sur l'incendie de La Gélade. Le feu, qui était parti à contrevent sur la colline du Télégraphe, a fait volte-face en prenant le vent sur le sommet. Une saute de feu de plus de 400 mètres ! Et il a bien sûr fallu complètement revoir le dispositif de secours. Comble de malchance, les moyens aériens étaient cloués au sol, suite à l'accident mortel d'un Canadair en Corse un mois auparavant. À l'arrivée, plus de 100 hectares avaient brûlé dans une forêt de pins.

Le feu a été éteint en fin de nuit ; il a brûlé 695 hectares. Quant à nous, après plus de trente heures de lutte, il est enfin temps de rentrer. Au fait, ce soir la France rencontre l'Allemagne ! Nous espérons que la journée se terminera mieux qu'elle n'a commencé. On connaît la suite… Décidément, ces 7 et 8 juillet sont à marquer d'une pierre noire !

Le feu de Cassis et de La Ciotat

Après ce début de saison catastrophique, et contrairement aux années précédentes, le commandement a pris la décision d'acheminer des colonnes de sapeurs-pompiers en renfort. Les départements extérieurs à la région furent sollicités. Les Bouches-du-Rhône reçurent deux colonnes mobiles internes. Ces renforts étaient armés par de jeunes sapeurs-pompiers encadrés par des anciens. Leur mission était de se diriger sur les départs de feux d'une certaine importance. Ces colonnes étaient composées de trois véhicules radio et douze camions de feux de forêt.

Dans le secteur d'Aubagne, ce sont des engins du département de la Savoie qui nous furent affectés. Ils prirent pour cantonnement le camp militaire de Carpiagne, qui se situe au sud, à cheval sur les communes d'Aubagne, de Cassis et de Marseille. Le chef de Corps (et chef de zone), le commandant Gaïa, me demanda de prendre en charge cette colonne pendant son séjour. Mon rôle consista à les diriger sur les sinistres et à les conseiller sur l'attaque des feux de forêts. En 1982, la participation à la lutte contre les feux de forêts n'était pas réglementée. Il suffisait de signer un engagement de sapeur-pompier volontaire, de connaître les rudiments du règlement de manœuvre et de grimper sur un véhicule. Nos amis savoyards n'avaient aucune pratique des feux de forêt, et ignoraient donc la tactique de lutte. De plus, leurs véhicules, peu adaptés, avaient des difficultés à se déplacer sur les terrains que l'on rencontre par chez nous.

Depuis le 7 juillet, nous n'avons pas eu à faire à de gros sinistre. Il faut dire que le mistral nous a laissés tranquilles, ces derniers temps. Par contre, le vent annoncé pour le dimanche 25 est fidèle au rendez-vous. Des bourrasques de plus de 100 km/h transpercent le plateau de Carpiagne. Les sapeurs-pompiers de Savoie sont surpris que le ciel soit bleu, que le soleil brille mais que le vent du nord se soit levé d'une manière si brutale.

Midi vient de sonner depuis quelques minutes. Nous ne sommes pas encore passés à table. Le centre d'Aubagne me demande par radio de nous tenir prêts : un départ de feu vient d'être signalé sous la falaise du cap Canaille. J'informe le chef du détachement afin qu'il puisse commander à ses hommes de se mettre en ordre de marche et d'attendre les ordres.

Le cap Canaille se trouve sur la commune de Cassis. La falaise qui surplombe la mer — avec un aplomb de

394 mètres — est la plus haute d'Europe dans ce type de configuration. Des milliers de touristes profitent de la vue qui porte jusqu'à la côte Bleue, près de Martigues. Une route des crêtes (fermée par grand vent) permet de longer ces falaises abruptes pendant 5 ou 6 kilomètres. Il n'y a aucune protection entre la route et la falaise : c'est l'endroit privilégié pour les escrocs à l'assurance pour se débarrasser de leur voiture…

Je connais bien cet endroit. Petit retour en arrière. Il y a un an de cela, le 18 juin, nous étions intervenus vers 23 heures pour un feu de pinède, en bordure de ces mêmes falaises. Nous avions pris mille précautions pour nous approcher du précipice. J'avais pu constater ce que nous avait enseigné M. Blain, météorologue à la station de Marignane. Il nous expliquait, schéma à l'appui, le danger qu'il y a à être au bord d'une falaise face au vent. Par effet de rouleaux, les rafales butent sur la paroi rocheuse, s'enroulent jusqu'au sommet, puis retombent dans notre dos et nous poussent vers le précipice. Ce soir-là, le vent de face venant de la mer était très fort. En ouvrant le coffre supérieur du camion, le couvercle, pris par les rouleaux, s'était envolé pour atterrir 400 mètres plus bas, au large de Cassis.

Ce 18 juin 1981 devait être une journée riche d'enseignements. Nous avions jusqu'alors lutté dans des conditions difficiles. Nous pouvions à peine tenir debout. Le jet des lances ne portait qu'à quelques mètres. Huit hectares de garrigue avaient été détruits. À 2 heures du matin, nous pensions en avoir terminé. Hélas, un feu s'étant déclaré sur la côte Bleue, l'état-major avait décidé ne nous y envoyer. Il faut dire que cette journée avait commencé de très bonne heure. Avant de combattre le feu sur le cap Canaille, nous étions intervenus sur la commune d'Auriol où 25 hectares de pinède avaient brûlé. Sitôt le noyage terminé, nous nous étions dirigés sur la commune de Carnoux pour un feu de décharge, et enfin ici même, avant de prendre cette nouvelle mission.

Mon véhicule de liaison était conduit par Marcou. Nous avions ordre de transiter par le centre de secours de Cassis. C'était une bonne chose : depuis que nous étions sur le terrain, le repas du soir était passé à la trappe. Notre joie avait été de courte durée : nous passions au centre uniquement pour récupérer un jeune sous-lieutenant sorti des écoles universitaires, le sous-lieutenant Grand. Il est aujourd'hui lieutenant-colonel, chef du service opérations du département.

Le trajet entre Cassis et la commune de Carry-le-Rouet, notre prochaine étape, devait être d'un peu plus d'une heure. Je mis ce temps mort à profit pour dormir. Bien que le confort fût précaire — entre le crépitement de la radio, les cahots du véhicule et l'odeur des gaz d'échappement qui remontaient dans la cabine — je parvins à me reposer une petite heure. L'odeur caractéristique du pin brûlé me réveilla : nous étions à proximité du lieu de rendez-vous. L'agitation des véhicules qui arrivaient, des sinistrés qui couraient dans tous les sens et des responsables qui aboyaient les ordres me replongea immédiatement dans l'action. Certains chefs de groupe se plaignaient de ne pouvoir atteindre le feu. Soit ils étaient trop éloignés du front, soit il était dangereux de se présenter face aux flammes dans la végétation, à cause du risque d'embrasement généralisé (qui provoquerait des conséquences terribles). Je demandai à un commandant le lieu du départ du feu. J'espérais pouvoir le prendre à revers en me tenant à l'abri de la fumée, du panneau radiant et des escarbilles qui tourbillonnaient comme des feux-follets.

Après avoir laissé le sous-lieutenant Grand, nous nous dirigeâmes en convoi dans la garrigue. Au fur et à mesure que nous approchions de la lueur, le chemin devenait plus étroit. La végétation recouvrait les véhicules — ce qui ne rassurait pas le personnel. Je fus pour ma part rassuré d'avoir le vent dans le dos. Je pus enfin apercevoir, sur un mamelon, le front de feu, qui s'étendait sur plus d'un kilomètre. Cela me soulagea. J'ai toujours l'appréhension d'être surpris ; mais dès que je distingue les flammes, ça va mieux : je sais à quoi m'en tenir. Je commence alors à échafauder une tactique de lutte, en fonction de la vitesse de progression du feu et de son évolution. A contrario, dans le noir, avec l'imagination comme seul repère, il est difficile de se faire une idée de ce qui va pouvoir se passer.

Le groupe quitta la voie, qui était de moins en moins carrossable. Je décidai d'attaquer le feu par derrière. Il n'y eut que mes quatre véhicules qui prirent part à cette action ; tous les autres (environ une soixantaine d'engins) attendirent que le front de feu leur arrivât dessus. Nous nous engageâmes en hors-piste, dans le brûlé. À travers les braises incandescentes, nous progressâmes pour atteindre les premières flammes. Le vent soufflait de plus en plus fort sur la ligne de crête. Les flammes étaient couchées ; la fumée rasait la végétation basse. Des brandons incandescents s'envolaient à chaque rafale de vent puis plongeaient dans le vallon, projetant des myriades de points lumineux. Après ce long cheminement, nous pûmes enfin attaquer l'incendie. Sur des centaines de mètres, notre action dura toute la nuit. La lueur diminuait au fur et à mesure que l'eau des lances couchait les foyers. J'organisais des norias afin que nous ne manquassions pas d'eau au point d'attaque. Le travail était pénible. Les cendres soulevées par les rafales pénétraient dans nos yeux rougis. Plusieurs véhicules crevèrent en roulant sur des souches ; c'est le risque ! Au lever du jour, la lisière était pratiquement traitée, — avec trois camions-citernes seulement. En milieu de matinée, la relève se présenta : nous pûmes enfin nous restaurer, puis rentrer au centre.

La façon d'opérer qui consiste à entrer dans le feu, avec le vent dans le dos, en évitant le panneau radiant et la fumée, a l'avantage de mettre le personnel en sécurité. Problème : la position des intervenants n'est pas des plus confortables et il y a pas mal de casse au niveau du matériel. Cette expérience enrichissante prouve quand même que le fait de se rapprocher le plus près possible du foyer dans des conditions de sécurité optimales est un gage de réussite dans l'attaque des feux.

Revenons-en à l'été 1982. Une fois l'alerte donnée, ce dimanche 25 juillet vers midi, l'ordre arrive très vite : je dois me diriger sur la commune de Cassis avec le détachement de Savoie. Sitôt passé le poste de garde du camp de Carpiagne, j'aperçois la fumée qui s'élève au-dessus de la falaise. Le champignon est impressionnant. Les Savoyards ne sont pas rassurés. Ils vont connaître leur baptême du feu — de forêt…

Le temps de transit entre le camp de base et le feu est très court. Dix minutes après notre départ, nous atteignons la route de L'Arène puis le quartier du Revestel, en direction du Pas de la Colle. Nous traversons un quartier résidentiel puis la route s'élève rapidement ; la pente est sévère. Nous grimpons en un rien de temps de 214 mètres pour 800 mètres parcourus. Nous nous engageons sur un chemin de terre qui mène à une clinique en construction. Le point de vue est extraordinaire. À plus de 200 mètres au-dessous de nous, il y a le bleu de la mer que nous distinguons à travers les pins accrochés à la paroi. De cette hauteur, le port de Cassis, sur notre droite, ressemble à une maquette. Un carré de vigne nous servira de point d'appui, lorsque le feu sortira de la falaise. La fumée vient buter contre la paroi et s'échappe verticalement. Elle devient de plus en plus épaisse. Nous avons juste le temps de nous positionner avant que les flammes déchirent le rideau de fumée pour s'attaquer ensuite à la végétation. La vitesse du feu est si rapide qu'il oublie sur son passage les pins et les strates supérieures de la végétation. J'explique aux Savoyards la bonne méthode pour être le plus efficaces possible tout en économisant l'eau. Notre secteur se trouve sur le flanc gauche : nous ne subissons pas les flammes de face mais sur le côté de l'incendie. La mission est d'éviter que le feu ne s'écarte sur les flancs, afin de rétrécir le front au maximum.

L'attaque n'aura duré que dix minutes. Le feu va trop vite ; il est maintenant beaucoup plus loin. Je laisse la colonne aux ordres du chef de détachement, avec pour mission de noyer le secteur et de surveiller les reprises. Je me dirige sur le Pas de la Colle. Le feu s'approche du plateau. Si aucune action n'est menée, il va atteindre les premières maisons de La Ciotat, puis se répandre en ville. Il est sur ma droite : il avance parallèlement à moi. Son allure semble égale à la mienne. C'est une course en ligne entre les premières flammes et mon véhicule. Il faut que je les précède pour tenter quelque chose, en haut, sur le plateau. J'arrive au carrefour qui mène au relais de télévision ; là, un camion-citerne est stationné sur une citerne enterrée[1], en train de faire le plein d'eau. La tête du feu commence à paraître au-dessus de la falaise : la végétation sur le plateau s'enflamme instantanément.

Poussé par des rafales de vent dépassant les 80 km/h, l'incendie progresse par bonds de plusieurs dizaines de mètres. Je bondis sur le camion-citerne et avec son canon à eau, je tente de limiter la propagation sur le flanc gauche. J'espère réduire la largeur du front de feu, ou tout au moins faire en sorte qu'il ne nous déborde pas trop. Malgré la puissance du canon, le jet ne porte qu'à quelques mètres ; mon action est inefficace. Je subis de plein fouet la chaleur, la fumée et les brandons incandescents, qui se jettent sur moi comme des abeilles que l'on aurait dérangées dans leur ruche. Ma position est intenable : je suis obligé de battre en retraite devant la montée en puissance de l'incendie. Le feu est complètement sorti de dessous la falaise ; tels des assaillants qui prennent de force un château fort en dévalant au-dessus des remparts, les flammes, vague après vague, prennent position sur le plateau qui est très vite entièrement embrasé.

La radio hurle. De toute part, la situation devient critique. Chaque responsable, chaque engin isolé demande des renforts : les uns pour stopper l'avance du feu, les autres

1. Il y a des citernes enterrées dans les collines provençales, alimentées par impluvium (récupération d'eau de pluie), qui contiennent 60 000 litres, et qui servent de réserve aux sapeurs-pompiers.

pour protéger les premières maisons, les derniers pour se protéger eux-mêmes.

C'est dans ce contexte que la colonne des Bouches-du-Rhône se trouve prise dans le feu. Quelques jeunes qui armaient les véhicules ont perdu leur sang-froid et se sont enfuis. D'autres se sont protégés en se couchant dans un recoin et en se camouflant avec leurs vestes de cuir. La plupart des sapeurs ont subi des dommages physiques : des brûlures aux yeux ou sur la peau. Certains ont respiré des gaz chauds qui leur ont à jamais endommagé les voies respiratoires. Du reste, la quasi-totalité a absorbé de l'oxyde de carbone en quantité bien supérieure à ce qu'un être humain peut inhaler. Les secours s'organisent pour récupérer, recenser et évacuer le personnel. Aujourd'hui, il y a des combattants qui portent encore les stigmates de cet épisode douloureux.

L'incendie, lui, n'attend pas : il continue sa course folle dans la ville de La Ciotat. Le chemin Saint-Loup est la proie des flammes. Les pinèdes, les jardins des particuliers sont embrasés. Certaines maisons sont touchées. Au fur et à mesure de l'avancée du feu, la végétation est rayée de la carte ; le noir remplace le vert. Le commandement est inquiet. Si rien ne se produit, dans deux heures environ, sur l'avant droit, les premières flammes arriveront dans les HLM de Far de Loup. Sur l'avant gauche, elles menaceront la voie ferrée Paris-Vintimille, l'autoroute et le péage. Des priorités vont s'imposer. Des renforts extra-départementaux sont demandés. Pour comble de malchance, un feu s'est déclaré dans le massif des Alpilles, sur la commune de Fontvieille, ce qui nous prive de moyens terrestres et aériens supplémentaires.

Je suis isolé avec mon véhicule. Je décide de prendre une piste qui nous mène au vallon de La Bécasse. Ce chemin de terre, en fond de vallon, traverse le massif d'ouest en est. Il me permet de rejoindre la voie ferrée, puis la route nationale et l'autoroute. C'est le seul moyen qu'il me reste pour rejoindre le gros des troupes. Le feu n'a pas encore traversé entièrement la piste. Seule, la tête a atteint le côté droit, pendant que les flancs et l'arrière descendent lentement, à l'abri, au fond du vallon. Dès que la piste aura été franchie, l'incendie prendra le vent et embrasera le versant opposé. Je m'avise rapidement qu'il y a une possibilité de passer. Au fur et à mesure de notre avance, la chaleur se fait plus intense. Nous nous dirigeons droit sur le feu — jusqu'à ce que les flammes touchent la carrosserie. Mon conducteur n'est guère rassuré : il me jette des yeux hagards qui semblent m'interroger sur l'utilité d'une telle manœuvre. Je sais que dans quelques mètres, nous allons retrouver le brûlé ; je lui demande de continuer. De toutes les manières, il est trop tard ; soit nous nous arrêtons et dans quelques minutes le feu arrivera sur une largeur beaucoup plus importante, soit nous avançons pour trouver un endroit sécurisé. La fumée cache notre progression, et bien qu'il fasse de plus en plus chaud, je suis persuadé que nous allons retrouver le brûlé. Cinquante mètres plus loin, comme prévu, nous sommes en sécurité. Nous avançons au pas ; la visibilité est nulle à travers la fumée que nous prenons de face. Ça y est ! Nous avons franchi les lignes ennemies. Il nous faut maintenant rejoindre les camarades.

Sur la nationale, une colonne d'engins est en stand-by. Le choix de leur engagement va dépendre des priorités désignées par le responsable des secours. Alors que je suis bloqué par les véhicules, le commandant Gaïa m'informe que le camion-citerne grande capacité (21 000 litres) s'est engagé sur la piste du vallon de La Bécasse. Je fais aussitôt demi-tour, certain qu'ils vont être pris au piège. Lorsque nous sommes passés, le feu descendait lentement ; mais maintenant, il a dû franchir la piste. J'avance en direction du panache de fumée ; le front de feu est à quelques mètres. Soudain, dans un virage, j'aperçois le camion au milieu du feu et de la fumée. Devant le mur de flammes, le conducteur a stoppé l'engin et a établi une lance. Malheureusement, son équipier manque d'expérience et son action est peu efficace. Les flammes menacent le véhicule. Nous sortons de notre engin, établissons une deuxième lance et protégeons le camion et mon véhicule comme nous pouvons. Nous sommes pris à revers : le feu occupe maintenant les deux côtés du chemin. La température est si élevée que le capuchon du réservoir d'essence de la motopompe saute comme un bouchon de champagne. Le danger se fait pressant. Au pire, j'imagine un instant que notre dernière chance sera de nous réfugier dans l'immense citerne du camion, en passant par les trous d'hommes. Cette éventualité ne serait pour certains que la répétition d'un exercice qui occupe les longues soirées d'été au centre de secours. Par contre, claustrophobes s'abstenir.

Ce ne sera pas nécessaire. L'action de la deuxième lance commence à faire son effet. Le feu nous contourne, comme s'il refusait de perdre son temps avec du menu fretin. Il avait bien autre chose à dévorer, en effet ; nous n'étions pas au bout de nos peines.

Il est temps de me diriger vers les quartiers nord-ouest de La Ciotat. Les ordres sont clairs : protéger les personnes et les

Rue de la République
à Aubagne (1952) :
Jean-Pierre Squillari avec
sa mère et ses frères.

Bandol, 1953.

Marie Squillari, Robert et Jean-Pierre (1959).

Prise de fonction en tant que Chef de Corps, La Ciotat, 1996.
Jean-Pierre Squillari entouré de ses parents et de son épouse.

Jean-Pierre Squillari (à droite)
lors de « l'instruction »
à la Brigade des Sapeurs Pompiers
de Paris, 1970.

« Porte-lance » et « double porte-lance » en action.

Dans l'enfer rouge…

Un « tracker » en action larguant son « retardant ».

Le Lieutenant-Colonel Squillari dirigeant un stage de formation.

Détachement hélicoporté.

Batterie de véhicules de secours (groupe d'intervention) sur le terrain.

Porte-lance au milieu du brasier.

Le Lieutenant-Colonel Squillari dans l'une de ses fonctions : officier d'hélicoptère bombardier d'eau.

En zone escarpée, mariage des technologies de pointe et des moyens ancestraux.

Le Garlaban en feu, Juillet 1979.

Prototype d'un char d'assaut équipé en engin de lutte contre les incendies.

biens ; stopper le feu avant qu'il ne franchisse la voie ferrée et l'autoroute. En effet, derrière celle-ci, des milliers d'hectares de pinède sont directement menacés. En fin d'après-midi, les secours arrivés en renfort se placent le long de la voie ferrée afin de dévier le front de feu.

Je suis à proximité des habitations. Le feu est dans les jardins ; chacun tente de sauver l'essentiel. Des quartiers entiers sont évacués. Sur le chemin de Notre-Dame de la Garde, l'incendie s'est arrêté en bord de mer, faute de combustible. Ce quartier résidentiel, il y a encore une heure, ressemblait à un petit paradis… Maintenant, les espaces fleuris et la végétation luxuriante — formée de palmiers, de bougainvilliers et d'autres espèces méditerranéennes — ont disparu pour laisser la place à des amas de braises incandescentes et de cendres tourbillonnantes, au milieu des murs noircis. Les propriétaires, pour la plupart, n'ont pas encore regagné leurs maisons ; le choc va être terrible.

La nuit commence à tomber. Les flammes semblent avoir doublé de volume ; le spectacle est impressionnant. Le feu est en ville : il entoure les HLM, le jardin public est en flammes… La population est stupéfaite de la vitesse de propagation du feu. La panique gagne les habitants ; bientôt c'est la cohue. Il y a ceux qui fuient avec un minimum d'affaires, il y a ceux qui veulent regagner leurs appartements pour chercher l'un des leurs, et puis il y a les sapeurs-pompiers qui tentent de se frayer un passage dans cette pagaille — le tout, dans une épaisse fumée, avec les hurlements des civils, des pompiers, des sirènes… Le service d'ordre est dépassé. Après concertation avec le responsable des secours, les autorités décident de faire évacuer deux campings. La salle des fêtes Paul-Éluard est réquisitionnée, afin d'héberger les sinistrés et les touristes évacués. Des lits de camps sont acheminés et installés dans la grande salle. Une chaîne de ravitaillement se met en place. Chose incroyable, à une cinquantaine de mètres de là, des centaines de badauds assistent au spectacle, certains avec l'appareil photo à la main ! Ils sont venus en voiture ou à pieds, et ils sont là, tranquilles ; ils encombrent la chaussée, ils nous gênent dans nos manœuvres, ils nous empêchent quelquefois de passer… En tout cas, les touristes pourront ramener de leurs vacances un souvenir impérissable des pompiers en train de combattre ou des avions qui larguent leur charge.

Cette panique générale durera une bonne heure. Finalement, l'incendie s'arrêtera — faute, là aussi, de combustible. Les sapeurs-pompiers ont malgré tout assuré l'essentiel : éviter les pertes humaines et les maisons détruites. Au total, 1 098 hectares de garrigue et de pinède sont partis en fumée. Des centaines de jardins individuels ont brûlé. Le jardin public a subi lui aussi les assauts des flammes. En un après-midi, le paysage au nord de La Ciotat a changé du tout au tout. Il faudra des années et des années pour que cela ressemble à nouveau à un joli coin de verdure. Des programmes de replantation furent créés l'année suivante. Plus de vingt ans après, des pins de 5 à 6 mètres de hauts garnissent certains pans de la colline. Vingt ans pour reboiser quelques hectares, quelques minutes pour tout détruire.

VII
L'Auberge provençale

Sur la route de Toulon, à la sortie d'Aubagne, il y a un établissement qui, au début du siècle dernier, avait une réputation sulfureuse. Il avait pour nom Le Figuier, à cause de cet arbre de la famille des moracées qui trônait dans la cour de la maison. Lorsque cet arbre, arrivé en fin de vie, ne produisit plus de fruit, le propriétaire décida de l'abattre. Les clients, les Aubagnais et même les habitants des villages voisins, décidèrent de nommer l'estaminet Le 104, en raison de la nouvelle numérotation des rues. Cette petite notoriété était arrivée aux oreilles de Marcel Pagnol ; Fernandel évoque cet établissement dans l'un des films que Pagnol avait tourné à Aubagne. Rebaptisé L'Auberge provençale, cet hôtel-restaurant a tourné le dos au passé et se consacre à un commerce que la morale ne peut réprouver.

Nous sommes encore en 1982. Le 28 juillet au soir, au centre de secours, nous remettons en état les véhicules qui ont participé à la lutte contre le feu d'il y a deux jours, à Cassis et à La Ciotat. Certains engins sont d'ailleurs encore sur place. Le vent s'est calmé ; le risque feux de forêts est habituel. Cela permettra au personnel de recharger les accus.

Vers 1 heure du matin, le 18 sonne : une personne affolée signale un feu à L'Auberge provençale, au 8, avenue de Verdun. Le premier secours prend immédiatement l'intervention et se rend à l'adresse indiquée — qui n'est qu'à 2 kilomètres du centre.

Cet établissement comprend deux étages. Au rez-de-chaussée, il y a un bar et une salle de restaurant, au premier étage sept chambres, et au deuxième quatre. Vingt-cinq clients occupent les chambres, cette nuit-là. Nous redoutons d'intervenir dans ce genre de structures anciennes. De par leur vétusté, elles échappent à la réglementation actuelle, ce qui peut poser problème.

Le premier chef d'intervention arrivé sur place connaît parfaitement les lieux. Il sait qu'il peut disposer de points d'eau à proximité. Il est informé que des engins du centre arrivent en renfort, de même qu'un véhicule du Bataillon des marins-pompiers.

Le feu n'a pas été attaqué par les propriétaires, bien qu'ils eussent des extincteurs sur place. L'établissement est entièrement embrasé. Les flammes sortent de la baie du rez-de-chaussée. Des volutes de fumée se dégagent des étages supérieurs par les fenêtres laissées ouvertes. Il y a aussi un brasier important dans la cour intérieure. Le sous-officier demande immédiatement au propriétaire si les occupants ont pu être évacués : celui-ci répond par l'affirmative. L'équipage du premier secours continue la reconnaissance en même temps que les renforts commencent à arriver sur les lieux.

Les sapeurs-pompiers apprennent que les clients, pris de panique, n'ont pu se servir de l'unique escalier, qui est en feu, et qu'ils ont sauté par les fenêtres. Une femme désespérée a même jeté son bébé à quelqu'un sur le trottoir, puis elle a sauté sur le pavillon d'une voiture. Une serveuse, prise au piège dans la courette à l'arrière de l'auberge, fut sauvée par l'équipage du premier secours. Dans l'affolement, elle ne pensa pas un instant que dans la pièce contiguë, une issue donne directement sur la voie publique. Plusieurs autres victimes sont dégagées, certaines au bord de l'épuisement. Deux lances sont mises en place.

Bien que de repos ce jour-là, je pars avec ma tenue de feu et un véhicule de liaison. J'arrive à l'instant où le fourgon et l'échelle prennent position sur la façade, de manière à attaquer le feu au premier et au deuxième étage. La situation au rez-de-chaussée est intenable : la salle de restaurant est totalement embrasée ; les flammes lèchent le plafond et retombent sur les murs comme dans un four à bois. J'essaie néanmoins de pénétrer, avec une équipe du premier secours. À travers la baie, nous dirigeons le jet de la lance sur la base des flammes. D'autres équipes tentent de pénétrer malgré la puissance des flammes. Il faut bien plus d'une heure pour que l'action conjuguée des différents intervenants soit efficace ; enfin, les foyers régressent. Cependant, je ne suis pas totalement rassuré. Le propriétaire nous a affirmé que tous les clients avaient pu quitter leurs chambres, mais c'est difficile à vérifier. Certains clients sont partis par leurs propres moyens, d'autres sont hospitalisés… Il manque donc pas mal de monde à l'appel. Il faut en avoir le cœur net. Je retourne au véhicule pour me munir d'un appareil respiratoire isolant — c'est-à-dire un masque à gaz. Le conducteur m'aide à le passer, puis je me dirige vers un couloir enfumé, en supposant qu'il mène à la cage d'escalier.

Dès que je passe le perron, la chaleur m'envahit le corps entier. Je suis dans le noir complet : la fumée opaque m'empêche de distinguer mes mains, que je tends droit devant moi pour ne pas buter sur un obstacle. Je me guide sur la droite avec le mur qui sépare ce couloir de la salle à manger. J'ai refusé, contre le règlement de manœuvre, de me munir d'une commande (une corde de 25 mètres de long), de peur qu'elle ne me gêne dans ma progression. Je commets également une grave entorse au règlement en agissant seul, sans accompagnateur — mais le temps presse. J'ai à peine parcouru 5 mètres que je bute contre un mur. Je tâtonne dans l'obscurité. Je ne comprends pas : soit je n'ai pas pris la bonne entrée et ce couloir est un cul-de-sac, soit il y a une solution que je dois trouver. À ma droite, j'ai le mur qui me sert de guide, et un mur se dresse en face de moi. Je tends la main gauche, en abandonnant ce qui me servait de repère, et me décale en pas chassés vers l'inconnu. J'avance les pieds avec précaution, de peur qu'une trappe ou une excavation se trouve sur le plancher. Ma main gauche saisit un angle de la cloison : le couloir se rétrécit. Je continue à avancer mais je bute avec mon pied sur un obstacle : c'est la première marche d'escalier. J'ai enfin mon point de repère ! Mais la progression est de plus en plus difficile. La chaleur est de plus en plus intense ; je dégouline de sueur. Ma main droite me sert à nouveau de guide. Chaque marche de franchie est une victoire. Je languis d'accéder aux chambres afin d'ouvrir les fenêtres et de faire courant d'air. Le couloir du premier étage n'est plus très éloigné : j'entends le jet des lances. Dans la fumée, je distingue péniblement une lumière qui s'approche de ma position : il s'agit d'une équipe qui a grimpé à l'échelle et qui est passée par une fenêtre. Nous faisons jonction en haut de l'escalier.

Au moyen de quelques signes, nous décidons d'inspecter les chambres. La première se situe devant moi. La porte est difficile à ouvrir ; on dirait qu'elle est bloquée de l'intérieur. D'un coup sec, je réussis à l'ouvrir, mais je bute aussitôt sur quelque chose que je ne distingue pas tout de suite. Je dirige le faisceau de la lampe devant moi. Un frisson glacial parcourt mon corps. Je distingue à mes pieds une forme humaine recroquevillée. J'inspecte le reste de la pièce. Un deuxième corps, beaucoup plus petit, est devant moi, à même le sol. Je me dirige vers la fenêtre afin de ventiler la pièce et prévenir le commandement de ma découverte. La fumée s'est dissipée. Je retourne auprès des corps : il s'agit d'une jeune femme et d'un enfant. Le choc est terrible. La chambre n'a pas subi les affres de l'incendie ; les victimes ont péri asphyxiées. Leurs corps sont intacts. Le visage de la mère exprime la souffrance. Chose curieuse, elle est nue, comme son bébé, mais porte des souliers dont les lanières sont correctement attachées. Le bébé, avec ses boucles d'or, semble dormir du sommeil des justes. Je m'assois sur le bord de la fenêtre et ôte mon masque. Je ne peux m'empêcher de fixer ces deux innocents qui ont trouvé la mort dans cette chambre d'hôtel. Je ne cherche pas encore à comprendre le pourquoi et le comment. Je les regarde, et je pense à mes enfants, à mon épouse. Le malheur frappe de façon tellement inopinée ! Je m'approche du gamin, j'enlève mes gants, et je lui passe doucement ma main sur le visage. Je sens des larmes qui me coulent sur la joue. Je redoute l'instant où la porte s'ouvrira, qui rompra l'intimité ainsi improvisée dans ce décor de film noir. Je retourne à la fenêtre et demande des draps avant que l'on vienne enlever les corps. Je sais qu'il faudra du temps avant de les transporter au dépositoire, et je ne peux me résoudre à les abandonner dans cet état. J'ai appris par la suite que la mère avait 27 ans et le gamin 3 ans. Bien que le temps soit passé depuis, je me demande encore pourquoi la fenêtre était fermée, alors qu'elle donnait sur la rue principale. Pourquoi la mère ne s'est pas manifestée ? Elle n'en aura sans doute pas eu le temps. Quelques temps plus tard, le père est venu en caserne me demander comment cela s'était passé. Il voulait tout savoir, dans les moindres détails. Il voulait connaître les derniers instants de sa femme et son enfant. Je n'ai pu lui donner que les premiers moments de leur mort.

Notre métier est ainsi fait. Des moments de joie, de fierté, de bonheur… et des moments comme celui-là. Nous redoutons toujours ce genre de situation. En ce cas, nous devons assumer et prendre sur nous. Nos sentiments, nous les cachons au plus profond de nous-mêmes. C'est peut-être pour cela que nous avons des visières qui nous cachent les yeux.

Je dois continuer le travail. Le feu est maîtrisé, mais il reste des foyers résiduels. De plus, le déblai est énorme. Dans la cuisine, l'huile de la friteuse bouillonne ; nous devons également sécuriser les appareils ménagers. Nous retrouvons dans la cour intérieure deux chiens vivants, qui s'étaient cachés derrière des caisses de bois. À 5 h 45, les secours regagnent la caserne. La nuit sera courte. Demain, je dois récupérer la colonne de Savoie pour l'encadrer, au cas où…

VIII
Philippe Pède

J'en suis certain, je le dis et le répète : il y a des dates symboliques, voire fatidiques, dans la vie d'un Corps de sapeurs-pompiers. Ainsi, le 27 juillet est un jour que je redoute au plus haut point. D'une part, c'est l'anniversaire de mon père et de mon neveu, mais cela importe peu en l'occurrence. En revanche, et d'autre part, c'est un 27 juillet 1979 qu'a eu lieu le feu du Garlaban, c'est le 27 juillet 1984 que s'est produit le feu de Peynier, le feu de Septèmes a pris fin le 27 juillet 1997… Mais le drame le plus dur de toute ma carrière eut lieu le 27 juillet 1983. Certains prendront cela pour de la superstition, d'autres pour une malédiction.

Il n'est pas tout à fait midi, ce mercredi 27 juillet 1983. Le klaxon d'alerte retentit au centre de secours. Il s'agit d'un départ de feu de forêt. Je me rends aussitôt au standard prendre des renseignements. Un camion-citerne feu de forêt lourd (CCFL) est demandé sur la commune de Cassis ; je dois l'accompagner avec le Cournil pour former un groupe de quatre véhicules. Le rendez-vous est fixé au centre de secours de Roquefort-La Bédoule.

L'équipage est composé de trois jeunes sapeurs, plus un stagiaire qui poursuit ses études à l'IUT de Luminy-de-Marseille. Il arrive qu'en été, nous embauchions des étudiants de cette université. Ils préparent un concours qui les destinera plus tard à devenir officiers de sapeurs-pompiers. Il est intéressant que les jeunes, pendant leurs études, viennent parmi nous et s'aguerrissent sur le tas. Ils peuvent ainsi se rendre compte des conséquences que peut avoir une décision, — surtout si c'est eux qui la prennent. Lorsque plus tard ils seront à la tête des troupes et qu'ils donneront des ordres, ils auront du vécu — et ça ne sera pas un luxe.

Le conducteur, Marc Suffredini, a déjà conduit ce type de véhicule pendant plusieurs saisons. Bernard Pons est chef d'agrès ; Philippe Serre est à ses côtés dans la cabine. Le jeune stagiaire, Philippe Pède, se trouve à l'arrière (les cabines ne comportaient alors que trois places assises).

Le repas chaud de la Légion étrangère vient juste d'arriver. Je demande à Philippe Pède de préparer cinq parts et de les mettre dans une norvégienne. Nous déjeunerons quand nous en aurons le temps.

L'itinéraire est simple, à un kilomètre du centre de secours. À bord de mon Cournil, je prends l'autoroute, en direction de Roquefort-La Bédoule. Dès le départ, j'essaie de distinguer si de la fumée apparaît, vers le sud ; mais rien ne sort de derrière les collines de Fenestrelle. Le feu n'a pas encore pris d'importance ; nous arriverons peut-être à le maîtriser rapidement. En jetant un coup d'œil à mon rétroviseur, j'aperçois l'équipage du camion qui se fait passer le repas ; ils ont décidé de déjeuner en roulant. Ils ont raison : c'est toujours ça de pris. J'écoute attentivement la radio ; le feu commence à prendre de l'ampleur, et des renforts sont demandés immédiatement pour enrayer sa propagation. Je suis encore sur l'autoroute lorsque l'état-major me demande par radio de me rendre directement sur le feu sans passer par la caserne de Roquefort. Il était temps : à dix secondes près, je dépassais l'embranchement de Carnoux — qui mène plus rapidement à Cassis. Je bifurque brusquement à droite, en vérifiant que le camion derrière me suit encore. Cela fait plus de vingt-cinq ans aujourd'hui que je regrette d'avoir répondu à ce message radio. Car les conséquences ont été tragiques.

Nous traversons sans encombre le village de Carnoux. À l'embranchement du camp de Carpiagne, une descente dangereuse conduit à l'entrée de Cassis. J'informe le chef d'agrès du camion que je prends de l'avance pour ne pas le gêner dans son roulage. Je préfère l'attendre en bas de la pente (qui mesure 3 kilomètres environ). Cette descente est faite de virages serrés, avec une forte déclivité. Très rapidement, je n'aperçois plus le véhicule derrière moi ; je suppose qu'il préfère négocier lentement les virages difficiles. Je me dis que j'ai bien fait de prendre de l'avance : je peux me concentrer sur ma conduite sans avoir l'œil rivé au rétroviseur.

Je suis pratiquement à la fin de la descente, peu avant le carrefour de la gare SNCF, lorsqu'un motard me rejoint. Il m'informe que mon camion a eu un accident, sans plus d'explication. Je fais immédiatement demi-tour et remonte la route. Je ne sais pas ce qui m'attend. Je me pose mille questions. J'imagine soit le pire, soit un simple accrochage. Je ne veux passer aucun message avant d'avoir vu de quoi il retourne. Le temps du trajet me semble une éternité. Soudain, à la sortie d'un virage, je découvre ce que je redoutais le plus :

le véhicule est à l'envers sur la chaussée. Il ressemble à une tortue sur sa carapace qui ne peut plus se mettre à l'endroit. Je compte les hommes : il en manque deux. J'aperçois Marc et Philippe Serre, assis sur le bas-côté. Je gare le Cournil. Ils sont hébétés ; ils ne semblent pas comprendre ce qui arrive. Je n'ose poser la question, de peur que la réponse soit celle que j'appréhende. Aucun son ne sort de ma bouche. Je me racle la gorge et demande finalement : « Où sont-ils ? » Philippe m'informe que Bernard est en amont de l'accident : il fait la circulation pour éviter un carambolage. Quant au malheureux Philippe Pède, il est coincé sous le véhicule.

Marc saigne du cuir chevelu. Philippe est blessé à la cheville et souffre des vertèbres cervicales. Je fais le tour du camion en espérant trouver une solution pour dégager notre infortuné camarade. C'est inutile. En m'accroupissant, je constate que Philippe est décédé. Il n'y a plus rien à faire. La masse entière du véhicule écrase le corps de notre jeune stagiaire. Une chape de plomb me tombe sur les épaules. Je ne peux croire qu'un jeune gars, heureux de vivre et plein de santé il y a encore cinq minutes, nous ait quitté aussi subitement sans que nous ayons pu faire quoi ce soit pour lui venir en aide. Depuis quinze ans que je suis dans le métier, j'ai connu des sapeurs qui sont morts en service commandé — mais je n'ai pas eu leur corps sans vie ainsi sous les yeux. Aujourd'hui, je suis directement confronté à ce malheur. J'essaie de garder la tête froide et d'éviter que l'émotion ne m'empêche d'appliquer les consignes prévues en cas d'accident mortel. J'ai trois jeunes sous ma responsabilité qui sont perdus au milieu de la route et qui s'en remettent à moi pour les aider et pour les sortir de ce cauchemar.

Le VSAB (l'ambulance) et le médecin ont été demandés. Un camion-grue va également nous être dépêché sur place. La citerne du CCFL est vidée : cela fera toujours 3 tonnes de moins. C'est dérisoire, mais nous réagissons presque instinctivement. Je rends compte de l'accident au centre de secours et à l'état-major, en précisant qu'une personne est encore sous le camion. Je n'ai pas le courage de préciser l'identité de la victime, ni — bien que j'en sois certain — dans quel état elle se trouve. Il me semble ainsi que je prolonge d'une façon artificielle la vie de ce gamin qui découvrait, en entrant chez les pompiers, le monde des adultes. Il l'aura côtoyé à peine trois mois.

Je rejoins Bernard qui, bien que choqué, m'explique rapidement ce qui s'est passé. Le camion, en abordant le virage à allure réduite, a perdu de l'adhérence. Il a chassé, le conducteur a essayé de le rattraper… puis le véhicule s'est retourné et a glissé sur le toit et la citerne pendant une cinquantaine de mètres. Le pare-brise ayant explosé, les gars se sont cramponnés pour ne pas être éjectés sur la route, jusqu'à la complète immobilisation. Une fois à l'arrêt, ils sont sortis et ont constaté que Philippe était resté sous l'engin.

J'imagine les trois jeunes à l'envers, s'agrippant comme ils le peuvent dans ce camion qui continue d'avancer dans un bruit assourdissant de tôles déchiquetées. J'imagine Philippe, surpris par les embardées, dans l'impossibilité de quitter son trou à rat. J'imagine trois collègues qui découvrent leur camarade mort, éperdus, ne sachant pas quelle attitude adopter. Quels terribles moments ont-ils dû passer !

La radio ne cesse de me demander des renseignements. Au centre de secours, toute la garde est devant la radio. Le père de Philippe Serre est là aussi. Je dois leur dire. Lorsque j'annonce le décès de Philippe, je sais que pour un grand nombre de personnes, c'est le point de non-retour. La machine administrative va se mettre en branle. J'ai retardé, de manière illusoire, le moment d'annoncer la nouvelle, afin que sa famille profite encore, l'espace de quelques malheureuses minutes, d'un bonheur qu'elle ne pourra sans doute plus jamais retrouver à partir de maintenant. À cet instant, je pense à une mère qui était heureuse de voir son fils s'engager dans un métier qu'il découvrait depuis à peine trois mois. Devant le corps sans vie de notre infortuné camarade, je me dis que la vie est vraiment injuste.

Je me souviens des moments, peu nombreux, que nous avons passés ensemble. Je me rappelle notamment de son incorporation, le 30 avril dernier, avec le passage à l'habillement. Il était quelque peu pince-sans-rire : j'avais eu des difficultés à lui trouver une paire de bottes à sa convenance. Le 41 était trop petit, le 42 trop grand. Je pense que pour lui, c'était un jeu — dans lequel j'entrais bien volontiers, en lui signifiant qu'il avait des problèmes avec les normes... Je me souviens des heures de sport, de la piscine où les jeux d'eau étaient synonymes de franche rigolade. Je me souviens d'un jeune sapeur qui, pendant l'instruction, posait ses questions de manière à faire rire l'ensemble du groupe. Il faisait semblant de ne pas comprendre cette hilarité alors qu'il l'avait lui-même provoquée. Je me souviens qu'aujourd'hui, juste avant le départ, lorsque je lui ai demandé de préparer la norvégienne, il m'a demandé si un officier prenait son repas sur une intervention... Je lui ai couru derrière pour lui administrer un coup de pied au cul ! C'est la dernière fois que nous nous sommes parlé.

Je retourne auprès des trois jeunes, qui commencent à comprendre ce qui vient d'arriver. Il faut maintenant les protéger ; il y a trop de monde autour d'eux. Le VSAB arrive, avec un véhicule de premier secours. Les autorités suivent, ainsi que le camion-grue. Il n'y a plus rien à faire pour Philippe. Les trois autres membres de l'équipage sont emmenés à l'hôpital. Le corps sera dégagé un peu plus tard. Il prendra la direction du centre de secours, où une chapelle ardente sera dressée. Yves Serre, le père d'un des survivants, m'a raconté plus tard que lorsque j'ai annoncé le prénom de la victime avant de dire son nom, son sang n'avait fait qu'un tour.

Nous étions cinq au départ. Quatre seulement rentreront dans leur foyer. Philippe est le premier martyr du Corps des sapeurs-pompiers d'Aubagne, qui n'avait jamais connu, en quatre-vingt-six ans, le malheur de perdre l'un des siens en intervention. Lorsque je rentre au centre et que je repasse devant l'embranchement de la bretelle d'autoroute qui mène à Carnoux, je me dis qu'à dix secondes près je passais par Roquefort-La Bédoule, sans emprunter la route qui descend vers Cassis.

Cet accident et ses conséquences ont jeté l'émoi dans la population d'Aubagne, qui est attachée à ses sapeurs-pompiers. La municipalité s'est dépensée sans compter pour que les derniers hommages fussent rendus dans la plus grande dignité. Au centre de secours, l'ambiance est calamiteuse. Les camarades de promotion de Philippe sont atterrés. Dans les années qui suivront, ils quitteront le Corps les uns après les autres. Nous veillons Philippe pendant deux jours. Le commandant Gaïa est en contact permanent avec madame Chabaud, la mère de Philippe.

Il faut organiser des obsèques dignes d'un sapeur-pompier mort en service commandé. Nous avons décidé d'utiliser une remorque avec un large plateau. Elle sera tractée par le Cournil que je conduisais le jour de l'accident. Le cercueil, sur la remorque, est entièrement recouvert par le drapeau national. Une fois les discours finis, le convoi traverse la ville au son de la marche funèbre que joue la fanfare du Corps.

Une enquête a été diligentée. Des experts sont venus au centre ; le camion, une fois réparé, a été examiné sous toutes les coutures. Il s'est avéré parfait, bien que nouveau dans sa conception. Je ne sais pas pourquoi mais je n'ai pas été interrogé ; un oubli, sans doute. Il a aussi été décidé de contrôler les qualités de conducteur de tous les sapeurs. Ensuite, nous avons rapidement reçu des consignes pour limiter la vitesse du camion. Et l'année d'après, il nous a été retiré, de même que ceux qui se trouvaient dans les autres centres ! Pourtant, d'après les experts, il n'y avait aucun problème avec cet engin.

Philippe nous a quittés, mais son nom est à jamais gravé sur la stèle de la caserne. Depuis cet accident, nous honorons sa mémoire tous les 27 juillet. La garde, les autorités ainsi que la famille sont présents pour rappeler son souvenir aux anciens et pour que les nouveaux venus sachent qu'un jeune homme de 21 ans a laissé sa vie en voulant simplement accomplir son devoir.

C'est avec beaucoup d'émotion et de plaisir que je reçois, à cette occasion, madame Chabaud. Nous parlons de Philippe, qu'elle me fait découvrir à travers des anecdotes et des souvenirs. Un 27 juillet, plus de vingt ans après le drame, nous étions dans la cour d'honneur du centre de secours, en attendant l'arrivée des autorités pour rendre hommage à son fils. Nous parlions de Philippe en présence du commandant Gaïa. Elle nous raconta les derniers instants qu'elle avait vécus avec son fils. Elle était heureuse qu'il fût chez nous : elle le croyait en sécurité, lui qui de temps en temps sautait en parachute. « Il y avait du vent. Il ne pouvait pas sauter, ce mercredi. Il a préféré prendre une garde au centre de secours. Je le revois me quitter dans la traverse qui mène chez nous. Il était en tenue de sapeur-pompier. Il était beau, mon fils », nous disait-elle. Je comprends sa douleur. Nous avons failli ; nous ne l'avons pas protégé, alors qu'elle le croyait hors de danger. Je devine le terrible sentiment d'injustice qui la poursuit depuis le 27 juillet 1983, le jour où sa vie a basculé, trahie par le destin implacable qui lui a pris son fils.

IX
Renforts en Corse

La Corse est une région magnifique, que j'ai d'abord découverte en participant aux renforts continentaux pour la lutte contre les feux de forêt, et ensuite seulement à titre privé. J'ai dû attraper le virus : depuis, il m'est difficile de passer une année sans aller en Corse. Ainsi, chaque début d'été, je m'y rends pour rencontrer les gens que j'aime et apprécier les paysages merveilleux de l'Île de Beauté. Et incidemment, c'est toujours avec plaisir que je rends service à mes amis corses lorsqu'ils font appel à moi pour venir enseigner et mettre en application certaines méthodes de travail.

Véritable terre de contrastes, la Corse est un authentique château d'eau douce au milieu de la Méditerranée. Certains, au XIXe siècle, contemplant ces montagnes dans la mer, l'ont baptisée l'Île Verte, mais les Grecs ont su trouver le patronyme parfait, le plus juste et réaliste : *Kalisté*, c'est-à-dire « la plus belle » ! Ces deux départements font partie intégrante de la métropole. Les continentaux, qui semblent l'ignorer, vont parfois chercher très loin ce qu'ils ont à portée de la main. Cela étant dit, pour l'apprécier, il faut la mériter.

Août 1981

Tout commence à la fin du mois d'août 1981. Je venais de prendre des congés dans le haut Var. En rentrant au centre de secours, j'appris qu'un détachement composé de plusieurs véhicules des Bouches-du-Rhône était parti en renfort en Corse, avec d'autres groupes de la région Provence-Alpes-Côte-d'Azur. Depuis deux semaines, les véhicules se trouvaient au point de rassemblement sur la base aérienne de Solenzara. Des relèves s'effectuaient tous les dix jours environ. J'étais le prochain sur la liste : j'allais remplacer le chef de détachement. Je venais en effet de réussir mon examen d'officier : depuis le 1er mars, j'étais sous-lieutenant.

Aujourd'hui, tout est calibré en matière d'encadrement. Il faut avoir un certain grade pour commander un certain nombre d'hommes et d'engins. Mais en 1981, un simple sous-lieutenant pouvait diriger un détachement entier. Le fait d'avoir sous mes ordres des hommes venus de différents horizons ne me gênait absolument pas. Le feu de 1973 dans le Var, alors que j'étais sapeur de deuxième classe, m'avait mis le pied à l'étrier. Depuis, j'ai eu maintes fois l'occasion de commander des hommes sur diverses interventions, dans mon département ou ailleurs, bien que mon grade ne correspondît pas aux postes de responsabilités qui me furent alors confiés.

Nous voici le jour du départ. À Aubagne, nous sommes cinq à partir relever nos camarades. Comme c'est souvent le cas, l'organisation de ce déplacement laisse à désirer. Un car de ramassage vient au centre de secours d'Aubagne vers 14 heures pour faire le tour du département : Salon,

Aix, Gardanne et Marseille, en passant par… Aubagne. À 19 heures, nous arrivons à l'embarcadère. Une effervescence inhabituelle règne sur les quais ; nous apprenons qu'une vedette iranienne bloque le port et empêche les bateaux d'entrer et de sortir. En plus, le *Cyrnos*, le car-ferry sur lequel nous aurions dû appareiller à 20 heures, a des avaries qui retardent encore notre départ. Je profite de ce temps libre pour faire connaissance avec le personnel dont j'ai la responsabilité depuis maintenant quelques minutes.

En plus des Aubagnais, le détachement se compose de quatre sapeurs de Jouques, cinq de Salon et quatre d'Aix-en-Provence. Les hommes qui arment le véhicule d'Aubagne sont de solides gaillards. Parmi eux se trouve l'adjudant-chef Martial Nobile, qui était déjà du premier contingent. Cet ancien boxeur est entré au corps au début des années cinquante. Il m'a connu tout gamin, lorsque je venais en famille à la « vieille caserne ». Lors de mon incorporation, il m'a pris sous sa protection, et plus tard nous fûmes ensemble sur de nombreuses interventions. Il me sera d'une aide précieuse pour les renseignements dont j'ai besoin pour préparer l'organisation que je veux mettre en place. Finalement, vers 1 heure, nous appareillons pour Ajaccio. L'organisation est toujours aussi efficace : rien n'a été prévu pour les repas et le couchage. Nous dégotons une place sur le pont où nous pourrons nous allonger ; quant au dîner, ce sera à nos frais, à la cafétéria. Après une nuit de navigation dans ces conditions, j'espère que nous ne serons pas directement engagés. Martial n'est pas trop loquace sur son premier séjour : je le sens mécontent. À travers ses rares propos, je crois comprendre que ça ne s'est pas très bien passé avec le commandement ; il est également question d'un problème de voiture, de relations tendues avec les insulaires… Je comprends qu'il va falloir faire preuve de diplomatie, mais aussi de fermeté. Les conditions d'engagement du détachement des Bouches-du-Rhône — qui fait partie d'une colonne composée d'éléments des Alpes-de-Haute-Provence, du Var et du Bataillon des marins-pompiers de Marseille — me seront précisées sur place.

La traversée se passe tranquillement. Nous arrivons à Ajaccio avec quatre heures de retard sur l'horaire prévu. Un autobus de l'armée nous attend pour nous emmener sur la base de Solenzara, de l'autre côté de l'île. Le périple se termine à 15 heures — soit vingt-quatre heures après notre départ d'Aubagne — lorsque nous arrivons à notre camp de base.

Dès mon arrivée, je prends contact avec le commandant Gaillard, qui est le responsable du détachement de la région PACA. Il m'informe des missions que nous devrons accomplir. Pour l'instant, il n'y a plus de foyer important ; nos actions se limiteront à de la surveillance dans les secteurs à risques du sud de l'île. Je règle aussi le problème de mon véhicule, qui était utilisé par des éléments étrangers au détachement. Cette mise en bouche — c'est-à-dire notre travail de surveillance — me permet de connaître un peu mieux le personnel, et de cerner leur personnalité. On ne sait jamais ce qui peut se passer, aussi j'essaye de savoir ce que je peux attendre de mes gars. Il me semble que j'ai là des hommes qui veulent en découdre et qui commencent à s'impatienter. Au bout de la deuxième journée de rondes (dans les environs de Porto-Vecchio), le temps nous paraît bien long. Même constat dans les autres groupes (Alpes, Var et BMPM).

Apparemment, le commandant a deviné notre envie de bouger. Il me convoque et me donne une mission dont l'importance (ainsi que la confiance qu'il a en moi) m'honore, vu l'ancienneté des autres chefs de détachement. De plus, il m'adjoint un groupe d'une vingtaine de militaires. Cette mission consiste à patrouiller dans le sud de l'île — en étant autonomes en vivres — pendant quarante-huit heures, à garder la veille radio non-stop et à intervenir sur ordre au moindre départ de feu à proximité de ma position. Je rassemble le personnel. Un sous-officier de l'armée vient prendre les consignes. Nous prenons vivres et matériel et nous apprêtons à traverser l'île d'est en ouest.

Le convoi est imposant, sur ces routes étroites et sinueuses. La Corse intérieure est faite d'éperons rocheux et de vallées vertigineuses ; la circulation y est dangereuse. J'ouvre la voie avec mon véhicule léger ; j'informe les camions qui me suivent des difficultés ou des pièges que recèle la route. Il n'est pas rare de se trouver face à face avec des vaches ou des cochons au milieu de la chaussée. Un pont étroit, sans barrière de sécurité, peut très bien nous surprendre à la sortie d'un virage en épingle. Je reçois des messages : il y a plusieurs départs de feux, mais rien de bien important. Nous traversons des villages perchés et des vallées isolées. Nous franchissons de vieux ponts de pierres et d'immenses châtaigneraies qui forment des voûtes où le soleil perce difficilement — et où nous apprécions une fraîcheur bienvenue en cette fin de mois d'août. Je demande avec insistance aux chefs d'agrès d'être le plus attentif possible afin qu'aucun accident ne vienne troubler le début de notre mission.

Notre premier camp de base est Campo dell'Oro, sur l'aéroport d'Ajaccio. Nous y passons la nuit sous des toiles de tentes de l'armée. Dès le matin du 23 août, le convoi se remet en route pour circuler dans l'arrière-pays. C'est le calme plat ; aucun appel. Aux environs de 17 heures, l'état-major me demande de me diriger sur la commune de Zicavo. Un feu de forêt y a pris naissance, et les secours sur place sont insuffisants. Le trajet dure un peu plus d'une heure. Sur place, il y a très peu de moyens. Le feu se situe au-dessus du village. La végétation est dense, parsemée de maquis et de pins. Des rochers de 4 à 5 mètres de hauteur et de plusieurs tonnes dominent les premières maisons. Ils semblent en équilibre fragile : au moindre mouvement, j'imagine qu'ils pourraient dévaler la pente et fracasser les habitations qui sont dessous, en bordure de la forêt.

Les flammes lèchent les premières maisons ; le départ du feu est sans doute proche du village. Je ne distingue pas le front ; sous l'effet de la pente ascendante, le feu a déjà pris de la vitesse pour disparaître derrière un épais panache de fumée. Je prends contact avec les sapeurs-pompiers locaux, qui font avec ce qu'ils ont. Je leur propose de stopper d'abord la propagation du feu vers les maisons, sur le bas du foyer ; la pointe sera traitée plus tard. La lutte est âpre : l'eau est rare, et le maquis est un milieu difficile. C'est notre première intervention sur ce type de terrain. Les épineux nous empêchent de progresser, il faut contourner des bosquets infranchissables... Je peux apprécier les difficultés que nous aurons avec ce type de relief et de végétation ! En plus, la fumée noire et épaisse ralentit notre marche en avant. Nos actions sont freinées : il faut rallonger les délais prévus. Il va me falloir prendre ces paramètres en compte afin d'anticiper convenablement lors de mes futures opérations.

Après plus d'une heure d'efforts, les maisons ne sont plus menacées. La nuit commence à tomber. Il s'agit maintenant de trouver de l'eau pour alimenter nos engins, puis d'essayer d'atteindre le haut de la montagne pour fixer le feu. Pour l'eau, c'est réglé. Dès notre arrivée, j'avais remarqué que, dans les caniveaux du village, un ruisseau coulait abondamment. Le personnel du véhicule dont la pompe refoulait dans nos tuyaux a entrepris de confectionner un bâtard d'eau. Cette opération consiste à retenir l'eau, de manière à faire une réserve suffisante pour que nos pompes puissent aspirer sans qu'il se forme une prise d'air. Deux morceaux de planche ont fait l'affaire : la crépine est entièrement recouverte. La maintenance de l'eau est acquise ; pour atteindre la tête du feu, au-dessus du village, ça va être une autre paire de manches.

La pompe du véhicule n'a pas assez de puissance pour que les lances soient alimentées sur le haut du foyer ; la déclivité est trop forte. Les hommes sont frustrés : ils veulent terminer le travail. Les militaires aussi ont de l'énergie à revendre ; ils se prennent au jeu. Cette équipe, je la sentais bien : je savais qu'elle répondrait présent dès la première intervention. Les pompiers corses, eux, sont résignés : ils nous conseillent d'arrêter et d'attendre le petit jour pour demander des moyens aériens. Je préfère prendre une décision qui, dans des circonstances habituelles, aurait dépassé l'entendement. Je demande à mon personnel de démonter une pompe à l'arrière d'un camion, pour la hisser au milieu de la montagne, afin qu'elle nous serve de relais. Ainsi, nous relèverons la pression de façon significative, et pourrons atteindre les flammes les plus éloignées du départ de feu. Une fois démontée, la pompe pèse environ 150 kilos. Enthousiastes, les pompiers et les militaires entourent cet objet du désir. Chacun veut la toucher, chacun veut avoir une prise correcte pour être efficace. Nous nous organisons sérieusement pour le portage. La bonne volonté et l'engouement ne doivent pas empêcher un certain ordre ni compromettre la sécurité. Je repère le point qu'il nous faut atteindre sur la falaise, en fonction de la différence de hauteur et des pertes de charges. Je calcule rapidement : il nous faut placer la pompe de façon à avoir un dénivelé de 80 à 100 mètres par rapport au camion. Nous perdrons environ 10 bars de pression mais les récupérerons avec la pompe en relais.

Un groupe de quatre hommes, portant chacun deux tuyaux de 20 mètres ainsi qu'une lance, nous précède pour établir un point d'attaque, à une centaine de mètres au-dessus du futur emplacement de la pompe. Pendant ce temps, au bas de la pente, notre grappe humaine progresse lentement dans ce maquis rocailleux. Aux difficultés déjà rencontrées, s'ajoutent la pente sévère et le manque de stabilité du sol. Les rochers qui se détachent sous nos pas menacent de blesser sérieusement et d'entraîner dans le précipice les hommes qui se trouvent derrière. Tels les rugbymans et leur paquet d'avants qui forment une tortue, nous avançons tête baissée, en biaisant tantôt à gauche, tantôt à droite. Quand nous faisons une pause, nous nous attachons et soulageons la pompe à l'aide d'un cordage. J'encourage les hommes, je les invective, je les pousse — mais je laisse faire aussi ceux qui ont des initiatives ou qui proposent des solutions quand nous sommes bloqués. Les habitants du village se sont rassemblés : ils ne ratent rien de notre escalade. Mètre après mètre, nous avançons. Nous visons le point que j'ai déterminé au départ. Nous changeons régulièrement d'équipe, pour éviter d'épuiser les hommes. Nous franchissons des éboulis avec mille précautions. À mi-chemin, nous nous accordons un temps de repos un peu plus long.

Le risque est partout, dans cette pente : devant, derrière, sous nos pas. Je regarde le village en contrebas ; la placette est noire de monde. Cela décuple nos efforts. Pas de doute, on va y arriver ! Rien ne peut nous arrêter. Nous sommes tendus vers notre but, notre havre qui est tout proche. Quel bonheur ce sera ! Enfin, nous parvenons à poser notre fardeau à l'endroit désigné. Les jerricanes d'essence arrivent, les tuyaux sont raccordés. Nous mettons la pompe en marche. Elle démarre immédiatement ; elle est sans soute reconnaissante de l'attention et des efforts que nous lui avons consacrés ! L'eau gonfle l'établissement de tuyaux situé au-dessus. Nous apercevons, bien plus haut, la lance en action. Dans une demi-heure, le feu sera fixé. Il est minuit. Cinq hectares de futaie feuillue ont brûlé.

Le maire du village nous attend. Il nous offre un repas que nous prenons à tour de rôle. Au petit matin, la mission a été remplie. Ce ne fut certes pas le feu du siècle ; mais de par sa situation très difficile d'accès, et la manière dont il a été attaqué, il me confortera dans l'idée que des hommes d'horizons différents, en unissant leurs efforts, peuvent mener à bien une mission fort compromise a priori. Lorsque vingt ans plus tard, les pompes de ce calibre furent héliportées, il n'y eut pas grand monde pour songer que, malgré le poids, ce type de pompe avait dû naguère être hissée à bras d'hommes.

Nous ramassons notre matériel. La pompe est redescendue au moyen des cordages. Il est temps de regagner le camp de base à Solenzara. Le bateau nous attend pour rentrer sur le continent.

Le destin peut être cruel. Nous avions fêté ce succès, le soir, autour du véhicule qui transportait cette pompe auxiliaire. Quinze jours plus tard, ce même camion s'écrasa au fond d'un ravin sur les hauteurs de l'Ospédale. Un jeune sapeur-pompier y laissa la vie. Notre parcours est ainsi fait : le danger se trouve souvent où on ne l'attend pas.

Août 1986

Le mois d'août s'achève. La saison a été dure, au centre de secours d'Aubagne. La pluie diluvienne qui est tombée dans la région a permis de réduire les risques de feux de forêt à un niveau minimal. Il est 4 heures du matin : le téléphone sonne. L'état-major me demande d'être sur le tarmac de l'aéroport de Marignane à 7 h 30, pour faire partie d'un détachement qui se rend en Corse en renforts feux de forêt. Pas le temps de trop réfléchir ; je dois préparer mon paquetage, réserver une voiture de service pour aller à l'aéroport — et me voilà en route pour une nouvelle intervention en Corse. Arrivé à la base des Canadairs, je rejoins un groupe de sapeurs des Bouches-du-Rhône, commandé par le capitaine Bardo. Il m'apprend que nous volerons à bord d'un Transall qui nous déposera à Figari, en Corse-du-Sud. Je ne comprends pas trop le but de ce déplacement : les pompiers corses ont très peu de véhicules, et ce n'est pas une cinquantaine de gars sans engin qui va pouvoir les aider.

Le vol s'est passé sans histoire. Par contre, le transfert vers la base de Solenzara est un peu plus problématique, aucun autobus n'ayant été prévu. Après quelques heures d'attente, nous sommes pris en charge et arrivons à la base où, petite surprise, les militaires nous amènent des toiles de tentes, de type marabout de douze personnes, à monter nous-mêmes si nous voulons dormir ce soir. N'ayant aucune pratique de ce genre de matériel, nous tournons autour des bâches comme des poules qui viennent de trouver un couteau. Après pas mal d'heures d'effort, nous sommes sûrs, si l'on peut dire, que nous dormirons sous un toit cette nuit. Et je ne m'explique toujours pas le rôle que nous allons tenir ici sans véhicule ni matériel.

Je suis renseigné quelques heures plus tard. Les autorités se sont rendues compte que sans nos véhicules, il nous était impossible de travailler. Notre matériel a donc été acheminé par cargo. Nous le récupèrerons le lendemain au port de Bastia. Néanmoins, il n'y aura pas assez de camions pour tout le monde. Résultat : seuls vingt-cinq sapeurs pourront rester en Corse. Les autres devront rentrer sur le continent. Une dizaine de sapeurs décide de prendre le chemin du retour. Le compte n'y est pas encore : nous devons désigner par tirage au sort ceux qui doivent rentrer. Il y a des décisions difficiles à prendre… Notre détachement est composé presque intégralement de sapeurs-pompiers volontaires qui ont posé des jours de congés pour accomplir cette mission ; certains n'accompliront que le voyage aller-retour.

Le sort en est jeté. Cette fois, l'équipe est au complet, prête à intervenir. Nous sommes transférés en Haute-Corse, sous les ordres du colonel Battesti. Il nous donne mission de patrouiller dans le cap Corse. Le cap est ceinturé par une route côtière d'une centaine de kilomètres, qui fait le tour de cette avancée de terre pointée sur le continent. Le cap Corse a une largeur de 15 kilomètres environ. L'épine dorsale qui se trouve en son milieu est difficilement franchissable. Deux routes de montagne, assez dangereuses pour nos camions, le traversent dans la largeur. Nous positionnons les véhicules dans des endroits stratégiques, pour diminuer les temps de transit. Le nord du département est très mal desservi en relais radio : impossible d'être en relation directe avec l'état-major. Nous contournons cette difficulté grâce aux conseils des pompiers locaux, en installant sur la commune de Méria, à la buvette du bord de route, un sapeur qui servira de relais. En cas d'intervention, les autorités contacteront par téléphone le patron de la buvette et le sapeur nous transmettra le message par radio. Nous pourrons ainsi répondre aux ordres — sous réserve que le téléphone ne soit pas occupé... Nous nous rendons compte des difficultés que rencontrent couramment les sapeurs-pompiers corses dans leurs missions. Nous autres, finalement, sommes des privilégiés, bien que notre matériel ne soit pas du dernier cri.

Nous apprenons que les pyromanes qui sévissent ici ont une tactique particulière : ils allument un premier foyer, puis un deuxième et un troisième à quelques minutes et à quelques kilomètres d'intervalle. À nous de ne pas nous faire piéger : il faut attendre le troisième feu, car c'est toujours lui le plus important. Parmi les nombreuses interventions auxquelles nous prenons part, il y a eu ce feu de maquis le

5 septembre, en fin de journée, sur la commune de Morsiglia. Il nous a fallu y dérouler des centaines de mètres de tuyaux. Cet incendie a menacé le Monte Popolu et le village de Pino. Derrière la crête, il y avait la fameuse tour de Sénèque, où le philosophe romain aurait séjourné sept ans, condamné à l'exil pour avoir séduit la nièce de l'empereur. Légende, quand tu nous tiens !

J'ai vécu sur ce feu une expérience inoubliable. Le fait d'emprunter des tunnels d'un mètre de haut, creusés par les sangliers dans le maquis, est un souvenir impérissable. Comme il n'est pas possible de progresser dans cette végétation inextricable, la solution est de ramper dans ces galeries de plusieurs dizaines de mètres de long, avec le risque de voir s'enflammer la végétation alentour, ou de se retrouver nez à nez avec un sanglier — ce qui pourrait occasionner de sérieuses blessures, vu que l'étroitesse des tunnels interdit de faire demi-tour…

Au début, nous sommes un peu déconcertés par cette idée. Soit nous empruntons ce chemin insolite, en oubliant les règles de sécurité les plus élémentaires, au mépris des consignes enseignées et répétées tout au long de la formation et des entraînements quotidiens… soit nous laissons échapper le feu. Les hommes attendent les ordres. Je sais pertinemment qu'ils veulent en découdre. Ils ne peuvent imaginer un seul instant de se rendre sans combattre. Ils refusent d'avoir effectué une traversée en avion pour regarder le maquis s'embraser sans rien faire. Ils refusent d'être spectateurs : ils veulent être acteurs, comme prévu ! Le spectre des assurances, du juge d'instruction et des tracasseries administratives ne doit pas nous effleurer l'esprit. Si nous y allons, ce sera sans filet !

Il fait nuit, maintenant, ce qui nous désoriente encore un peu plus. Au milieu du maquis, nous devinons péniblement l'entrée de la galerie. La lueur du front de feu est à une centaine de mètres, et l'unique solution pour l'atteindre est de s'engager dans le trou noir qui s'ouvre devant nous. Il mène bien quelque part ! Peut-être même conduit-il tout près du but que nous voulons atteindre… On n'en sait rien. Au loin, nous apercevons les pavois illuminés des navires qui font la traversée entre la Corse et le continent ; ils viennent de franchir le cap et font route plein nord. Les villages perchés sur les pitons rocheux semblent respecter un balisage en pleine obscurité. Leurs lumières, au milieu des montagnes, nous rassurent ; nous ne sommes pas seuls dans cette immensité balayée par le libeccio. L'hésitation ne dure pas une minute. Je décide de m'engager avec deux forestiers-sapeurs. Je veux savoir où mène cette galerie. Le reste de l'équipe attendra les ordres une fois que je serai sorti du tunnel. Cette fois encore, claustrophobes s'abstenir !

Avec un projecteur portatif dans une main et le tuyau dans l'autre, il est difficile de ramper. La progression est lente et éprouvante. À travers le faisceau de la lampe, je peux apercevoir la voûte au-dessus de moi. De temps en temps, ma veste s'accroche aux branches qui font saillie ; il faut alors s'aplatir davantage pour se dégager. Je suis trempé de sueur ; la chaleur de mon corps remonte par l'encolure. La respiration se fait de plus en plus saccadée : l'air que je respire manque d'oxygène. La poussière que nous soulevons en raclant nos genoux augmente l'impression de manquer d'air.

À chaque virage, j'espère me retrouver à l'air libre. Au bout de quelques minutes, je n'aperçois toujours pas de sortie. J'imagine que nous nous dirigeons droit dans le brasier et qu'il serait difficile de faire marche arrière. De toute façon, il est trop tard pour réfléchir et pour regretter : il faut avancer, et surtout ne pas penser. Pourtant, malgré moi, j'entends les paroles de nos guides nous expliquant la manière dont les sangliers creusent ces galeries. Plus je passe de temps dans ce trou, plus je risque de me faire piétiner ! Les minutes semblent interminables. Une interrogation me revient sans cesse à l'esprit : ai-je fait le bon choix ? De temps en temps, le tuyau est brutalement retenu lorsque, malencontreusement, l'un des deux sapeurs qui me suivent marche dessus. Ce coup d'arrêt blesse la main qui tient la lance. Je dois faire des efforts supplémentaires pour reprendre mon avancée, en tirant sur le tuyau pour redémarrer. Soudain, enfin une trouée ! Je languis de pouvoir me repérer par rapport au feu. Je sors en vitesse. L'air est frais, j'ai presque froid. Le vent siffle à mes oreilles et me ramène à la réalité. L'incendie est encore à une cinquantaine de mètres ; moi qui croyais en avoir effectué le double ! Je suis cependant rassuré. Je demande au personnel de me rejoindre, en prenant le même chemin. Une fois réunis, nous pouvons attaquer la pointe du feu, qui menace de franchir la crête en direction du village de Santa-Lucia puis de dévaler l'autre versant vers le village de Luri. Rapidement, les tuyaux sont raccordés. Dès que l'eau arrive à la lance, la lueur s'estompe ; bientôt nous serons dans le noir. Une fois le noyage effectué, notre action prend fin.

Le soleil illumine la Méditerranée. Il commence à atteindre notre position : ça fait un bien énorme de se réchauffer le dos après une nuit dans le froid. L'environnement n'est plus du tout le même. Il est moins austère. Les contrastes et le relief sont mis en évidence par l'inclinaison des ombres du matin. Les plantes qui nous environnent, telles que l'asphodèle — la fleur caméléon, qui change avec la luminosité du jour —, le ciste de Montpellier — dont les fleurs ne supportent pas d'être cueillies —, le myrte — qui possède des fruits aux qualités digestives connues depuis l'Antiquité — et la bruyère (scopa) commencent à dégager leurs parfums, qui composent ensemble l'odeur particulière du maquis corse. Au fur et à mesure que l'atmosphère se réchauffe, il suffit d'effleurer les feuilles de cette végétation pour que les effluves poivrés se libèrent. Ces intenses fragrances nous titillent les narines et les sens. Nous sommes sur les hauteurs, à mi-pente du col de Santa-Lucia qui domine le bleu de la mer. Le jour s'est levé depuis deux bonnes heures. Les villages dont on apercevait les lumières ressemblent maintenant à des sentinelles au milieu de la verdure. Peu à peu, le vert fait place à l'orangé du soleil ; la lumière descend inexorablement dans le fond des vallons. Dans peu de temps la chaleur sera intenable. Il est temps de replier le matériel ; une autre journée de surveillance va commencer.

Cette mission en Corse m'a permis de lier des relations amicales avec les pompiers locaux. Je pense sincèrement que l'aide que nous avons pu apporter à nos amis, bien qu'insuffisante, a prouvée qu'une coopération était possible. Nos méthodes sont compatibles avec les leurs, à condition de s'adapter et de faire chacun un pas vers l'autre.

Je suis retourné en Corse, en novembre 1993, lors des inondations qui ont ravagé la côte orientale. Nous y sommes restés une semaine : nous épuisions l'eau dans les caves et ravitaillions en nourriture les villages isolés dans la montagne. De nombreux liens se sont également tissés entre sapeurs-pompiers à cette occasion. Cependant, l'expérience la plus enrichissante que j'aie connue en Corse est celle que j'ai vécue avec le commando 13, lors de l'incendie de la Restonica, sur les hauteurs de Corté, en l'an 2000.

La Restonica, août 2000

Il est 10 h 30 en ce 24 août 2000. Cela fait presque un an que je suis chef de centre à Aubagne. Avec des techniciens en informatique, nous élaborons un plan afin de constituer un réseau qui permettra aux différents postes du centre d'être reliés entre eux.

Le téléphone sonne. Un officier du CODIS (l'état-major) m'informe que nous devons constituer le groupe de commando, puis nous rendre à l'aéroport de Marignane pour décoller vers 13 h 30. Je suis désigné comme chef d'un détachement d'une vingtaine d'hommes, dont dix du groupement sud (Aubagne) et dix des groupements centre (Salon) et nord (Saint-Rémy). Ce groupe de commando, que l'on nomme aujourd'hui DIH (Détachement d'intervention héliporté), a la faculté d'intervenir dans des milieux difficilement accessibles avec du matériel adapté. Il a la possibilité d'établir plusieurs kilomètres de tuyaux dans les endroits les plus escarpés, par voie terrestre ou par voie aérienne (au moyen d'un hélicoptère). Un entraînement particulier est nécessaire : le personnel doit posséder des qualités physiques et humaines hors du commun.

Le métier de sapeur-pompier a la particularité de vous obliger à modifier vos projets et à vous projeter instantanément dans une situation totalement différente et imprévue. Je ne compte plus les rendez-vous interrompus au milieu d'une conversation, ou les périodes de repos tronquées par une intervention. Quand on commence dans ce métier, il faut tout de suite se préparer à changer son comportement et ses habitudes. Il faut immédiatement retrouver les bons réflexes, focaliser son attention sur l'événement et s'y préparer en un minimum de temps. Je pense qu'inconsciemment, j'ai choisi ce métier pour vivre ces moments-là. Quoi que je fasse, je sais très bien que dans la minute qui suit, je peux être confronté à un problème ou à un événement que je devrai appréhender ou résoudre très rapidement. Le train-train, métro, boulot, dodo ? Quelle tristesse ! Certes, la famille en souffre ; mais elle s'adapte tant bien que mal au rythme imposé par notre profession.

Je prends la liste du personnel disponible et je compose mon équipe. Elle doit être équilibrée : des sapeurs, des sous-officiers et un officier (du groupement nord). Le temps presse : je dois organiser la mission, désigner le personnel, faire le choix le plus judicieux en fonction de différents paramètres… Choisir les hommes amène à prendre des décisions douloureuses. Certains resteront sur le continent avec au fond d'eux-mêmes un cruel sentiment d'injustice. Je ne peux les blâmer ; s'entraîner et manœuvrer toute l'année, tirer des tuyaux dans la colline uniquement pour se perfectionner, puis, le jour où, pour la première fois, le commando est engagé, rester sur place et voir ses amis prendre l'avion, c'est une épreuve pénible à vivre. En outre, je dois également prévoir, avec mon adjoint, la continuité de la vie du centre de secours en notre absence.

Nous devons embarquer plus d'une tonne de matériel : des pompes, des tuyaux, des élingues... Je dois également préparer mon paquetage, avertir ma famille que je pars — sans savoir quand je reviendrai —, prendre contact avec l'état-major pour avoir de plus amples renseignements... le temps passe très vite. Finalement nous sommes à l'heure. Mon équipe est solide et équilibrée, faite d'anciens et de jeunes, tous des hommes de terrain ; nous nous entraînons ensemble depuis plus de deux ans.

Sur le tarmac de l'aéroport, le personnel des groupements centre et nord est sur place. Un avion Fokker de la Sécurité civile nous transférera sur Bastia. En voyant notre chargement, les pilotes déclarent qu'il faudra faire deux voyages. Je suis du premier ; cela me permettra de prendre contact avec les autorités insulaires. Une fois réunis à Bastia, nous récupérons un camion plateau et un minibus qui nous sont attribués pour la totalité de la mission. Il est 17 heures : nous nous dirigeons sur un feu de forêt dans la vallée de la Restonica (dans la commune de Corté). La nuit commence à tomber. En remontant la vallée, nous apercevons l'incendie des deux côtés de la rivière : le feu démarre au bord de la route et se propage sur les crêtes, en haut de la montagne. Nous roulons pendant une bonne demi-heure à travers les flammes ; nous comprenons que la surface intéressée par le feu est immense. Nous nous dirigeons vers le PC qui se trouve à 2 kilomètres environ, en amont du camping de Tuani, en haut de la vallée. Je prends contact avec le Commandant des opérations de secours (COS) : j'apprends qu'un deuxième feu, aussi important que le premier, s'est déclaré sur la commune de Vivario, non loin de l'endroit où nous sommes. Les sapeurs-pompiers corses sont dépassés par les événements ; on le serait à moins. Le directeur départemental me fait un point assez vague de la situation et préfère sagement me garder en réserve pour le lendemain. Il serait dangereux, en effet, de nous engager à flanc de montagne en pleine nuit. Un pompier vient d'ailleurs d'être blessé par une chute de pierres. Après concertation, il est décidé que nous serons héliportés demain matin sur la crête. Rendez-vous à 7 h 30 sur l'aérodrome de Corté. Nous passerons notre première nuit au CROUS de l'université.

Une fois arrivés au village, nous voyons une chape de fumée recouvrir la vallée. L'air est difficilement respirable. Nous regagnons notre cantonnement : minuit a déjà sonné. Il faut prendre des forces ; demain, les affaires reprennent !

Vendredi 25 août

Il est 7 h 30. Le commando 13 se trouve sur l'aérodrome. Un ballet d'hélicoptères Puma de l'Armée de terre est déjà en action. Ils emportent du personnel de la Sécurité civile puis élinguent des bâches à eau de 800 litres sur un point d'attaque qui a été déterminé avec le COS. Quant à nous, nous allons être déposés sur le plateau d'Alzo, afin de stopper la propagation du feu (qui se dirige vers Corté). J'attends que le personnel de la Sécurité civile ait fini d'embarquer. Je me dirige vers un caporal-chef qui m'indique qu'il n'a pas d'ordre et que nous n'avons pas l'autorisation de monter dans un hélicoptère militaire. Cependant, pour m'être agréable, il est prêt à faire une entorse au règlement et à m'autoriser à embarquer afin d'effectuer une reconnaissance. Je suis stupéfait de ces propos. Je refuse sa proposition en lui signifiant que je n'ai pas traversé la Méditerranée pour faire le tour de l'île en hélicoptère. Les hommes sont interloqués. Le feu est partout, il y a de la fumée plein le village, il manque du personnel et nous, pendant ce temps, nous rôtissons au soleil sur l'aérodrome avec plus d'une tonne de matériel ! J'ai du mal à calmer les ardeurs de certains de mes gars. Au fil des heures, l'impatience d'aller se battre fait place à la lassitude et au découragement.

Mon ami le lieutenant-colonel Casanova, avec lequel je travaille à l'École de Valabre, est un ancien officier de Haute-Corse. Je lui téléphone et le mets au courant de la situation. J'appelle également le colonel Gaillard, qui est maintenant le responsable de l'organe de commandement de la zone sud. Peu de temps après, la situation se décante. Le commandant Mathieu Battesti vient à notre rencontre ; je le connais depuis de nombreuses années. Il m'explique qu'ils sont débordés par ces deux feux catastrophes. Après un échange de points de vue, il change complètement notre mission. Notre action se situera dans la vallée de la Restonica, au camping de Tuani qui est menacé par les flammes. Enfin quelque chose de concret ! La machine a décidément du mal à démarrer ; plusieurs fois, elle hoquette et s'arrête. J'espère que cette fois, c'est la bonne !

La vallée de la Restonica est le bijou du centre de la Corse. Elle est le point de départ de randonnées qui font découvrir de merveilleux paysages sauvages. Son taux de fréquentation est égal à celui du cirque de Gavarni. La rivière qui prend sa source au lac de Mélo est parsemée de cuvettes — dites

« baignoires » — dont l'eau cristalline a une teinte émeraude. Le tout est entouré de pins laricios plus que centenaires. Un paradis de fraîcheur au milieu de la fournaise estivale. Le feu a déjà causé pas mal de dégâts sur le haut de la vallée. Il progresse inexorablement vers le village, détruisant tout sur son passage ; cela devient une catastrophe écologique et économique. Si nous n'intervenons pas, ce joyau de verdure disparaîtra. Au milieu de ce havre de fraîcheur, le camping de Tuani est le rendez-vous de randonneurs de toutes nationalités. Ils ont la possibilité de parcourir le circuit des lacs de montagne, d'emprunter les voies d'escalade ou le célèbre GR 20, accessible par les brèches de Capitellu et Muratellu. Ce camping est sous la menace directe des flammes ; il a été évacué la veille.

Notre mission sera d'appuyer l'action des pompiers locaux et… de sauver ce qui peut l'être. Cela ne porte guère à l'optimisme ! L'atmosphère est moite. L'épaisse fumée, que le soleil n'arrive plus à percer, recouvre maintenant entièrement la vallée : à 15 heures, il fait sombre. L'endroit est désert et il n'y a pas un bruit, si ce n'est le crépitement des flammes sur la résine qui coule du tronc des pins laricios jusqu'au sol. Ces pins d'une cinquantaine de mètres de hauteur possèdent des troncs rectilignes. Il y a peu de temps encore, ils étaient utilisés à construire les mâts de certains bateaux.

Dès notre arrivée, je fais une reconnaissance dans le camping, qui occupe la rive droite de la rivière sur une longueur de 300 à 400 mètres. Il est étroit, enclavé entre le piémont de la montagne et le lit de la Restonica. D'énormes rochers (issus de la fonte des glaciers de la période quaternaire) donnent encore plus de majesté à ce lieu. Ils s'intègrent entre les pins et les emplacements prévus pour les caravanes et les tentes.

La situation n'est pas brillante. Le feu arrive de tous les côtés : le camping est cerné. Pendant ce temps, le personnel a déchargé le matériel ; les hommes attendent les ordres. L'urgence est de sécuriser les bâtiments. Le long de la rivière, il y a un bar, une salle un restaurant, des cuisines, plusieurs entrepôts qui abritent un groupe électrogène, du matériel divers et bien d'autres choses encore. Il est évident, également, qu'il nous faudra sauver le maximum de pins. Une motopompe pouvant débiter 2000 litres par minute est stationnée près de l'entrée ; nous la réquisitionnons afin d'établir quatre petites lances tous les 100 mètres. La tactique, pour ce début de soirée, est défensive : il s'agit de protéger l'existant. Je n'ai pas assez d'éléments pour engager une opération d'envergure sur un site que je ne connais pas. Je poursuis donc mes reconnaissances avec Jean-Jacques (le Porqué), Lionel et Marcou. Finalement, je suis rassuré pour les bâtiments. Demain, nous passerons à l'offensive.

Au bout de deux heures, après avoir escaladé les rochers, repéré les sentiers, et être monté sur un point haut, je peux me faire une idée de la position du feu et de nos possibilités d'actions. Une chose est certaine : nous allons devoir tirer les tuyaux sur des pentes vertigineuses. Pour préserver au maximum le site, nous allons devoir aller chercher le feu le plus haut possible dans la montagne, afin que les stigmates de l'incendie soient cachés par la végétation. De retour au camp de base, j'ai l'agréable surprise de constater que l'incendie végète aux abords immédiats du camping : il s'est transformé en feu de sous-bois. Il n'y a pas un souffle d'air :

le feu se développe uniquement par effet de pente. Nous sommes sur une partie plane : à nous d'en profiter pour éteindre les brûlots qui minent l'humus en profondeur. Il est tard lorsque l'opération se termine. Le ravitaillement vient d'arriver. Je constate qu'avec le type de nourriture que l'on nous propose, les hommes ne pourront pas tenir le rythme que je vais leur imposer les jours suivants... M. et Mme Albertini, les propriétaires du camping, sont désabusés : « Si la saison se termine maintenant, ce n'est pas une catastrophe en soi, nous sommes fin août... Mais que va-t-il se passer l'année prochaine ? Dans quelles conditions les clients vont-ils retrouver le site ? » J'essaie de les rassurer, mais ils savent bien que la partie est, d'ores et déjà, pratiquement perdue. Notre situation me fait penser à des colons du Far West assiégés par les indiens qui tournent autour des caravanes. Nous sommes dans une souricière. L'incendie se développe de plus en plus sur les hauteurs, puis descend inexorablement dans notre direction sur 360 degrés. Dans deux jours, si rien n'est entrepris, ce sera une fournaise et nous serons de plus en plus menacés.

Nous décidons de bivouaquer ici même : la situation l'impose. Nous devons rassurer les propriétaires, tout en sachant qu'il ne se passera rien cette nuit. En revanche, je suis inquiet pour le ravitaillement. Pour ce genre d'opération de longue durée, il est nécessaire d'avoir une alimentation équilibrée et une nuit de repos complète pour être efficace le lendemain. Je négocie avec M. et Mme Albertini : ils nous proposent de préparer des repas chauds pour le dîner, ce qui est une bonne chose ; pour le déjeuner, nos rations feront très bien l'affaire.

Samedi 26 août

La nuit a été éprouvante : bien que nous fussions à la belle étoile, la chaleur, le manque d'oxygène et la fumée nous ont empêchés de bien dormir. L'excitation y était aussi pour quelque chose, je suppose. Cependant, comme nous l'avions prévu, il n'y a rien de particulier à signaler. Il est 6 h 30 ; nous prenons un café avant de passer aux choses sérieuses.

Nous sommes en stand-by, sans ordres précis. Pourtant, il y a tant de choses à faire dans le secteur ! Je pense qu'il faut forcer la décision, en prouvant qu'avec notre matériel et notre volonté, nous pouvons atteindre la pointe du feu — qui se trouve là-haut, bien au-dessus de nos têtes. Mon objectif est d'anticiper sur l'évolution de l'incendie. Je ne veux pas l'attendre bêtement au camping où il doublerait de volume et d'intensité. Je désire l'attaquer maintenant, sous la crête où il végète depuis maintenant une journée. Je fais le point sur une carte d'état-major : j'estime que la lisière se trouve à un bon kilomètre du bas de la vallée, pour un dénivelé de 300 mètres. Les tuyaux sont assez longs ; nous devons simplement placer deux ou trois pompes en relais, ce qui est largement faisable. Le courage et la volonté de mes hommes feront le reste.

J'ai décidé d'attaquer la pointe sud-ouest (Focicchia), qui est la langue de feu la plus menaçante. Le personnel se harnache au moyen de claies de portage sur lesquelles sont fixés des tuyaux, des pompes portables et des jerricanes d'essence. Ces claies sont comme le dossard d'un sac à dos. La différence est que nous adaptons sur ce dossard, soit des tuyaux, soit des pompes ou des jerricanes, pour un poids de 25 à 30 kilos. La montée est sévère. De temps en temps, des mains courantes sont installées au moyen de cordes, afin d'éviter aux gars d'être entraînés en arrière et de basculer dans le vide. Une équipe de pénétration, équipée de tronçonneuses, ouvre un chemin à travers le maquis. Il nous est difficile, sous la végétation, de garder le bon cap. Aussi, le chef de centre de Corté, sur le versant opposé, nous guide par radio, afin que nous prenions la direction la mieux appropriée. Dans notre jargon, nous appelons cette fonction de guidage « la sonnette ». Avec le recul nécessaire, le chef de centre de Corté rectifie si nécessaire notre progression. Lorsque la végétation est véritablement inextricable, une avant-garde gravit la pente, guidée par la sonnette avec un appareil radio. Le sapeur qui ouvre la route de cette manière déroule derrière lui un fil d'Ariane afin que les hommes munis de tronçonneuses ouvrent un passage en suivant le fil.

La technique, dans ce genre d'opération, est de dérouler les tuyaux du bas de la vallée (le point d'eau) jusqu'à atteindre le point haut (le feu). Le dernier de la file déroule ses tuyaux et les raccorde les uns aux autres, jusqu'à ce qu'il ait rejoint l'équipier qui se trouve devant lui. Une fois délesté de son matériel, il retourne aux véhicules récupérer d'autres tuyaux pour les monter vers le point d'attaque. L'effort physique est intense. Les conversations se sont arrêtées. Les bouches grandes ouvertes aspirent le maximum d'air. Seul le bruit de la rivière parvient jusqu'à nous. Je suis devant la colonne et règle la cadence, avec Lionel au milieu et Jean-Jacques en serre-file. Lionel, c'est en quelque sorte le troisième mousquetaire de l'équipe. Il fait partie du groupement de Salon. Il incarne les valeurs que nous défendons depuis des années ; l'intégration au groupe s'est faite naturellement. Son père était mon conducteur, lors de ma première mission sur l'île. De temps en temps, je prends des nouvelles au moyen de mon poste radio portatif, pour connaître le moral des troupes. L'ascension se déroule normalement. Nous déterminons l'emplacement des pompes de relais, qui nous permettront de relever la pression et d'avoir de l'eau aux lances, malgré les 300 mètres de dénivelé entre le feu et la vallée.

Au bout d'une heure d'efforts, nous atteignons la lisière du feu. Je décide de séparer l'équipe en deux : un établissement de tuyaux remontera la lisière vers le nord, l'autre vers le sud. Le contact se fera par radio. Il nous faut encore une demi-heure de préparation avant de commencer à arroser le foyer. Nous poursuivons les flammes au fin fond des gorges, dans des pentes vertigineuses. Nous soulevons les blocs sous lesquels la braise patiente. Nous noyons les troncs d'arbres calcinés… Nous rallongeons plusieurs fois les établissements au fil de notre avance. Au fur et à mesure que la pression de l'eau diminue, nous la relevons en installant des pompes de relais. Le secteur est nettoyé sur un kilomètre environ. Le feu est stoppé sur la pointe sud : il ne pourra plus nous déborder. Il est plus de 13 heures : il est temps de nous ravitailler ; les rations sont les bienvenues. Nous nous accordons une heure de repos bien mérité. Les rochers font l'affaire pour se détendre ; comme d'habitude, des groupes se forment. Ça discute ferme. Les jeunes raillent les anciens ; le ton monte, puis la discussion se termine par des éclats de rires qui résonnent jusqu'au bas de la vallée. C'est du bonheur ! Le travail a été accompli de manière satisfaisante. Je ne peux m'empêcher de regarder vers en bas, où coule la Restonica. Quel panorama fabuleux ! Dire que les touristes du monde entier viennent gravir ces pentes pour admirer ce qui s'étale là, sous nos pieds… Je profite autant que je peux de cet instant. Cela fait partie des moments privilégiés que nous accorde notre profession ; mais il faut savoir les mériter, et rendre à la Nature ce qu'elle nous donne.

Je sonne la reprise : il reste un long noyage à effectuer. Ça durera plus de trois heures ; il serait dommage que les efforts déployés ici soient réduits à néant parce que les foyers ont été mal noyés. À 17 heures, le travail est terminé. Il faut replier le matériel et commencer la descente, en vérifiant s'il ne reste pas de points chauds.

Les centaines de mètres de tuyaux sont ramenés au camping, ce qui nous prend plus de deux heures. Le reconditionnement pour le lendemain doit être parfait : tuyaux roulés, pompes nettoyées, pièces rangées, radio contrôlées. J'informe le PC du travail accompli ; les officiers s'étaient rendus compte depuis leur position que le foyer de ce côté-ci régressait, jusqu'à ce qu'il ne présentât plus de danger. La partie sud était sécurisée. L'incendie, qui jusqu'à ce matin n'avait rencontré aucune résistance, a subi sa première défaite. Cette brèche dans le cercle de feu qui nous entoure n'est que notre première bataille. Il en reste beaucoup d'autres à mener ; à nous de tenir la distance. À 20 heures, le matériel est prêt, mais pas les hommes ; je sais qu'il leur faut du repos. M. et Mme Albertini ont dressé une table sous les pins ; il y a environ une trentaine de couverts. Nous nous attablons. C'est un moment important de la journée : plus qu'un repas, c'est le moment où les hommes échangent leurs impressions. Leurs commentaires m'apportent des enseignements pour la suite de notre séjour. Les problèmes techniques, les situations particulières, les difficultés rencontrées, mais aussi le bon comportement des hommes, du matériel, les séquences à améliorer… Il y a de multiples détails qui m'ont échappé, au long de cette journée, — détails que l'on devra s'efforcer de peaufiner. Il est rare que les responsables soient réunis dans l'action ; chacun a sa mission de son côté. Je ne peux pas être en tête du commando et m'occuper des anomalies qui peuvent se produire loin derrière. Mes adjoints, eux aussi, sont preneurs des remarques que je formule sur le comportement des hommes en début de colonne. Certains sapeurs demandent des explications sur la tactique employée, d'autres, qui sont restés en retrait, veulent connaître le déroulement précis des attaques… J'essaie de profiter de ce cas concret pour expliquer les contraintes d'une telle situation. Enfin, globalement, je tire les enseignements nécessaires pour demain — qui sera une journée du même acabit. Il est presque minuit lorsque nous quittons le camping pour rejoindre le CROUS. Après un quart d'heure de transfert, une bonne douche et le reconditionnement des équipements, au lit ! Rendez-vous à 7 heures pour le petit déjeuner.

Dimanche 27 août

Je me lève vers 6 heures pour étudier la carte. Je ne pensais pas, à cet instant, que j'allais vivre une journée qui devait marquer les esprits pour longtemps. Alors que la situation paraissait tout à fait normale, des surprises, des revirements de situation, des inquiétudes sur la santé des hommes, ont jalonné cette journée. Le danger était omniprésent ; tout y est passé.

Après avoir sécurisé le sud-est du camping sur la rive gauche du ravin de Figarella, il nous reste la rive droite et la partie qui se trouve sur le ravin de Nicario. Dans un premier temps, nous devrons repousser le front de feu sur la rive gauche du ruisseau Nicario (qui coule au fond du ravin du même nom). Ensuite il sera impératif de le bloquer définitivement sur les crêtes de Stazarelli, à la limite nord de l'incendie. Pour cela il nous faudra deux jours : le premier dans les ravins, le deuxième jusqu'aux crêtes.

Je réunis Daniel (l'officier qui me seconde), le Porqué, Lionel et Marcou lors du petit-déjeuner. Je leur explique le plan de bataille. Nous constatons qu'il faudra encore plus de tuyaux et de matériel qu'hier : la distance à couvrir sera supérieure à un kilomètre, avec un dénivelé égal ou supérieur. Nous n'avons pas assez de personnel type sherpas. Arrivé au PC, j'en informe Jean, un officier de la Direction départementale de la Haute-Corse, qui est un ami de longue date. Il met à notre disposition un groupe de militaires pour aider à amener le matériel au point d'attaque. Il m'informe également que des commandos de Bastia nous épauleront sur notre flanc gauche : ils remonteront directement le ravin de Nicario et nous ferons jonction en tête de feu.

Sur le chemin qui nous mène au camping, nous distinguons en haut de la montagne les langues de feu qui se dirigent vers le bas de la vallée et vers le village. Une autre langue, plus près de la rivière, me pose problème. J'espère qu'elle ne nous prendra pas à revers pendant notre attaque, auquel cas nous serions pris entre deux feux. De prime abord, la situation est simple, mais ces différentes pointes de feu me tracassent. Elles ne sont pas virulentes pour le moment, mais il suffit d'une accélération du vent ou d'un changement de direction pour que notre position devienne vite délicate à gérer. Il nous faut pourtant, coûte que coûte, sécuriser le camping. Pour ça, nous avons encore trois bonnes journées d'efforts devant nous.

Un jeune capitaine nous attend avec une dizaine de militaires ; ils ont l'air motivé. Je donne des consignes à l'officier afin de préserver ses hommes, qui sont néophytes sur ce type d'intervention. À 9 heures, la colonne se met en route. Nous sommes chargés ; nous avons décidé de mettre le maximum de gros tuyaux au départ afin de ne pas être gênés par la pression et le débit en bout de lance. Il fait de plus en plus chaud. Nous suivons un sentier tout en déroulant notre matériel. La tête du feu se trouve encore à plus de 800 mètres de notre position, soit une heure et demie de marche et d'escalade avant d'atteindre les premiers foyers. Comme la veille, la première demi-heure est difficile ; les muscles sont encore durs de la journée d'hier. Il va falloir s'y faire : il en sera de même les jours prochains. À présent, nous remontons la lisière en noyant les flammes. Telle une pieuvre qui déploie ses tentacules, l'incendie se dirige dans tous les sens, ce qui contrarie notre progression. L'extinction est pénible ; nous perdons du temps à remonter les tuyaux dans les gravats et les rochers puis à les redescendre, mais c'est le prix à payer pour laisser le terrain net. Nous ne devons négliger aucune braise, aucune cendre, sous peine de voir repartir le feu dans notre dos. Il est plus de midi ; nous n'avons pas effectué la moitié du travail. Je décide d'octroyer un temps de repos. Nous déjeunons avec nos rations et nous reprenons notre travail de sape, en avançant vers la pointe du feu.

Au bout de plusieurs heures d'effort, à une centaine de mètres de notre position, nous distinguons le commando de Bastia qui est remonté par le ravin de Nicario. Nous sommes prêts à faire jonction. Soudain, nous entendons des cris en direction du feu ; nous nous précipitons : le commando corse s'est fait prendre par un brusque changement de vent. Nous laissons la lance et nous approchons de la dernière position que les sapeurs-pompiers bastiais ont occupée. Nous distinguons, au milieu de la fumée et à travers un mur de flammes, un sapeur hébété, complètement désorienté, qui s'avance vers le front de feu. Il titube : il a été touché physiquement. Lionel se précipite pour le sortir de ce guêpier et pour le mettre en sécurité. Avec ses camarades du commando bastiais, nous l'allongeons par terre. Une partie de son torse est brûlée, ainsi que ses bras. Nous l'aspergeons pour refroidir ses brûlures avec l'eau en bouteille qui nous reste. Nous prévenons le PC, qui dépêche immédiatement les secours. Nous n'avons hélas aucun soin à lui prodiguer. Ses amis essaient de plaisanter ; un sourire pointe à la commissure de ses lèvres, mais le cœur n'y est pas. Comme nous, ils se rendent compte que le danger peut venir de toute part. L'habitude de se trouver dans des situations périlleuses nous fait parfois oublier certains fondamentaux, certaines précautions de base. Il est impossible qu'un hélicoptère sanitaire se présente sur notre position : le plafond est trop bas et la fumée enveloppe toujours la vallée. Nous décidons de le redescendre ; son équipe s'en charge. En bas, un médecin l'attend pour le transférer à l'hôpital le plus proche. Lorsqu'un commando est engagé sur un feu où les accès sont inexistants, il faut prendre en compte l'isolement des hommes. En cas d'incident, les renforts ne pourront pas atteindre rapidement la zone intéressée. Le choix entre attendre les secours ou redescendre la victime doit être étudié avec le service médical.

Cet accident nous a refroidis, mais il nous reste encore du travail. La pointe du feu a été ceinturée. Les établissements de tuyaux de Bastia et les nôtres se sont rejoints ; il suffit maintenant de faire le chemin inverse en noyant les parties encore chaudes. Dès l'entame du repli, l'eau arrête de couler à la lance. Bien que le front ait été maîtrisé, ce n'est jamais une bonne chose que de manquer d'eau au point d'attaque. Notre immobilisation dure maintenant depuis plus d'un quart d'heure ; je me renseigne par radio : il s'agit d'une avarie mécanique à la pompe et la réparation prendra un bout de temps. Il est bientôt 17 heures ; toujours pas d'eau. Le feu, qui était maîtrisé, peut repartir à tout moment. Je décide de regagner la vallée. Je laisse Lionel avec cinq ou six hommes ; les autres sont répartis le long de l'établissement. À mi-parcours, un message alarmiste me vient du PC : « Repliez-vous immédiatement. La pointe de feu du bas de la vallée a pris de l'importance. Elle se dirige vers vous. » J'aperçois en effet l'incendie qui monte vers notre position à une vitesse vertigineuse. Je récupère le Porqué, Marcou et une partie du personnel sur l'établissement. Il n'y a pas de temps à perdre, sinon nous allons être coincés dans dix minutes. En dévalant la pente, nous interceptons des militaires et des sapeurs. Nous devons laisser le matériel et les tuyaux. C'est une course contre la montre : il faut passer avant le feu. Nous sommes en plein dans le massif : le potentiel calorifique est très important. La langue de feu montante nous a séparés du groupe. Je joins Lionel par radio, l'informe de la situation et lui enjoins de rassembler le personnel. La seule façon de s'en sortir indemnes est d'aller dans le brûlé — si toutefois l'itinéraire n'a pas été coupé par les flammes — en attendant que les circonstances nous soient plus favorables. Je suis inquiet : j'attends de leurs nouvelles. Lionel me fait un point : il a récupéré une partie de ses hommes et se dirige dans le brûlé, qu'il atteindra dans cinq minutes. Il fait chaud, les flammes sont à quelques dizaines de mètres de sa position, la fumée les aveugle, la pente est rude — mais il faut pousser sur ses jambes pour gagner la course contre l'incendie. Pas question de se retourner ni de trébucher : ce serait sans doute irrémédiable. Finalement, le groupe arrive dans le brûlé : les voilà hors de danger, au moins provisoirement. Nous avons été pris à revers et notre dispositif a été largement endommagé. Dès lors, la priorité est de protéger le personnel avant de songer à lutter contre le sinistre. Je ne suis pas sûr qu'il n'y ait pas eu de casse. J'espère que la zone de repli de Lionel est assez vaste pour qu'ils n'aient pas à subir le rayonnement de l'incendie, — auquel cas nous ne pourrions pas leur venir en aide. Je dois déjà mettre en sécurité le reste du groupe, qui se trouve en aval. Marcou se charge de rassembler les hommes, dont certains ne sont même pas au courant du danger qui nous menace. Je compte les sapeurs et les militaires ; par radio, je demande à Lionel de faire de même. L'attente est longue avant qu'il m'annonce le chiffre espéré. C'est bon : le compte y est. Nous sommes séparés, mais au complet.

Le feu a pris de la vigueur. Nous sommes sur la défensive : nous luttons uniquement pour nous protéger. Aucune initiative ne doit être prise sans que je sois mis au courant. Nous devons aussi protéger les jeunes militaires qui sont avec nous ; ils n'ont jamais été confrontés à ce genre d'épreuve. Nos actions se limitent à maintenir l'incendie afin qu'il ne nous déborde pas sur le flanc. Pour ce qui est de sa propagation, nous avons perdu la bataille : la pointe se dirige maintenant vers les hauteurs. Le travail d'hier et d'aujourd'hui est réduit à néant. Il est impossible de tenter une action : il ne nous reste que le quart du matériel. Les pompes ont pu être sauvées mais nous avons perdu énormément de tuyaux. Le bilan de la journée n'est pas flatteur : un blessé sérieux chez nos camarades corses, deux jours d'efforts inutiles, du matériel perdu ou endommagé… L'incendie, lui, a repris de plus belle. Nous réussissons malgré tout, sur le bas, à couper sa propagation latérale, ce qui nous met hors de danger. Je suis en contact permanent avec Lionel, qui assiste en spectateur à l'avancée du feu au-dessous de lui. Il attend le moment favorable pour nous rejoindre, ce qui se produit après deux heures d'attente ; nous sommes enfin réunis.

Il est plus de 21 heures. Nous avons noyé le bas du sinistre. Quant à la pointe, sur les hauteurs, nous ne pouvons l'atteindre. Nous faisons le point. Comme hier, il est impératif de nous reconditionner : les tuyaux qui restent, le matériel et les pompes sont remisés. Les militaires regagnent leur camp de base. Il est plus de 22 heures lorsque nous dînons chez les propriétaires du camping — décidément aux petits soins pour notre détachement.

Nous profitons de ce moment de calme pour faire retomber la pression. Nous sommes désabusés de la tournure des événements. Tant d'efforts pour rien ! En plus, nous avons perdu des équipements qu'il faudra remplacer si nous voulons continuer la mission. Les hommes sont las : la fatigue morale s'ajoute à la fatigue physique. Une bonne nuit de sommeil, et demain, nous repartons ! J'ignore cependant où se trouvera le front. J'aviserai demain sur la conduite à tenir.

Pendant que nous discutons des différentes phases de la journée, je me rends compte que le vent a changé de direction. Il souffle maintenant du sud-ouest, ce qui veut dire que la pointe du feu revient vers le camping.

Le dîner est fini depuis une bonne demi-heure. Les hommes regagnent le minibus ; il leur tarde de prendre une douche et de se coucher. Il est bientôt minuit. Je me retourne vers le versant nord-ouest : la lueur du feu devient de plus en plus importante. Je me rends compte que l'incendie, qui s'était éloigné, revient vers nous, comme pour nous narguer. Il n'est plus qu'à 200 ou 300 mètres, sur les hauteurs. Je sais que les gars sont sur les rotules, mais un cruel dilemme me taraude : pouvons-nous quitter les lieux dans ces conditions ? Dois-je tenter une nouvelle attaque en prenant le risque de blesser mes hommes ? L'incident du pompier corse m'a refroidi quant à l'engagement du personnel. Et puis, quelle va être la réaction du commando si je le fais descendre du bus pour reprendre le matériel et gravir à nouveau les pentes qui s'élèvent face à nous ? Je consulte les cadres du détachement ; chacun s'exprime à son tour. Ma décision était quasiment acquise, mais je voulais avoir leur avis pour ne rien omettre, ne pas oublier un détail qui aurait pu être important sur l'état physique et moral des hommes… Je décide de les réunir en formant un cercle, afin que chacun puisse s'observer. Je suis au milieu et je leur fais part de mon intention de reprendre la lutte. Je n'ai pas besoin d'argumenter longtemps : au fond d'eux-mêmes, ils ne pouvaient franchement imaginer se retirer du théâtre des opérations en laissant les propriétaires devant un mur de flammes qui descend vers le camping. Si rien n'est fait, le feu sera là dans deux heures environ. J'attends les réactions et les commentaires. L'ensemble du commando, malgré la fatigue et la lassitude, approuve cette décision.

Nous repartons en guerre : les tuyaux, les pompes, les claies, tout est disponible rapidement. L'établissement de tuyaux monte sur 200 mètres environ pour atteindre les premières flammes. Là, il se divise en deux : une lance vers l'est, l'autre vers l'ouest. La motivation du personnel est extraordinaire. On dirait qu'ils veulent faire payer à l'incendie les déboires de l'après-midi et le manque de repos qu'ils ont à subir. Je les encourage de mon mieux. Malgré la végétation qui nous ralentit, je les pousse en remontant la lisière enflammée. Nous n'avons aucune idée de la longueur que nous devrons traiter ; tout ce que nous savons, c'est qu'il faut avancer pour repousser le danger.

Nous avons ouvert une voie avec nos outils de déforestage et avançons péniblement. Cela fait deux bonnes heures que nous sommes plongés dans ce maquis inextricable, quand soudain, juste derrière moi, un énorme projecteur illumine notre emplacement. Surpris et aveuglé par cette lumière, j'ai des difficultés à distinguer qui est là : des civils ! L'un d'entre eux a une caméra à l'épaule, un autre tient une perche avec un micro… Ce sont les journalistes d'une chaîne de télévision française qui viennent faire un reportage sur le feu de la Restonica. Nous qui pensions que dans la montagne corse, en pleine nuit et en plein incendie, nous étions coupés du reste du monde, nous voilà en compagnie d'une équipe de reportage d'une des chaînes de télévision la plus regardée de

France… Ils nous filment et me demandent des explications sur les tactiques employées. Cela semble irréel : me voilà qui explique tranquillement notre action, comme si de rien n'était, avec de la lumière en plein visage et le maquis autour de nous, les flammes qui avancent dans la végétation, des hommes qui combattent et qui s'interpellent en criant ! Les journalistes restent encore une heure environ, puis redescendent pour envoyer le reportage à leur rédaction. Il paraît que la diffusion est prévue demain dans le 13-heures. Sur ce, j'y retourne ; le travail n'est pas fini pour autant.

Enfin, à 4 heures, le front de feu est entièrement éteint. Quel retournement de situation ! D'abord, les efforts que nous avions accomplis dans la journée se sont avérés vains : le feu nous a échappé. Ensuite, il est revenu dans la nuit, comme pour nous provoquer. Il semblait nous demander : « Aurez-vous le courage de revenir me combattre ? » Nous avons osé relever le défi, persister et nous acharner dans une bataille qui semblait perdue d'avance. Et nous avons su renverser la tendance. L'orgueil des hommes, la volonté d'aller au bout d'eux-mêmes a permis d'annihiler les projets destructeurs de notre adversaire, qui vient d'être battu à plate couture. Nous redescendons au camp de base. Le matériel est à nouveau reconditionné, puis je réunis les gars pour les féliciter. M. et Mme Albertini n'ont pas perdu une miette de cette farouche bataille. Ils sont émus et posent un regard attendri sur ces hommes qui n'ont pas abdiqué malgré la fatigue.

J'ai senti ce soir-là que ce commando pouvait repousser certaines limites. Il y a des sentiments qui ont la faculté de décupler les forces et (surtout) le mental ! De plus, les hommes ont inconsciemment payé aux propriétaires l'attention et la générosité dont ils nous ont gratifiés. Le camping est définitivement sauvé. Je peux accorder une journée de repos pour demain. Nous pourrons récupérer physiquement, car en plus, certains des hommes ont des signes inquiétant de gastroentérite ; l'eau bue à la lance n'est pas des plus saines. Le jour commence à se lever : il y a maintenant vingt-deux heures que nous sommes à pied d'œuvre. Il temps de dormir. Arrivé dans ma chambre, j'ai des douleurs au ventre qui ne me font présager rien de bon. Plus tard, ça se confirme : j'ai moi aussi une gastroentérite.

Lundi 28 août

J'ai donné rendez-vous à midi devant le minibus. Nous retournons au camp de base afin de faire l'inventaire du matériel et de nettoyer ce qu'il en reste. Mais au fait… il est bientôt 13 heures : l'heure du journal télévisé ! Nous sommes amassés devant la fenêtre du bureau de Mme Albertini, qui a tourné son poste de télévision vers l'extérieur. Le présentateur annonce les titres et immédiatement après, il lance le sujet sur le feu de la Restonica. Nous faisons l'ouverture du journal ! Les commentaires et les rires fusent. Des remarques teintées d'humour sur mon interview me parviennent aux oreilles. Le son est couvert par les éclats de voix quand on voit l'un des hommes, la lance à la main, qui progresse difficilement et dont le casque a failli partir à la renverse… Nous sommes émus par ce reportage ; nous espérons que nos familles et nos amis restés sur le continent ont pu se faire ainsi une idée du travail que nous accomplissons. En tout cas, chacun ici comprend qu'il restera quelque chose de nos actions, une trace de notre passage et un beau souvenir de notre travail.

Comme quelques-uns de mes camarades, mon état de santé ne s'améliore pas. Malgré la chaleur, je tremble de tout mon corps ; je me retire à l'écart pour me reposer. L'après-midi se passe. Dans la soirée, je contacte le médecin qui assure la sécurité sanitaire du secteur. Je me rends ensuite au PC, faire le point avec Mathieu Battesti, Jean Salvadori et Serge Savignoni. Nos performances ne sont pas passées inaperçues : je ressens chez eux du respect pour les actions que nous avons menées. Au camp, on parle du commando 13 et des hommes qui le composent. Certains officiers des départements extérieurs se renseignent sur l'unité que je commande — qui, il est vrai (et toute modestie mise à part), est hors norme par le fait qu'elle n'utilise pas les méthodes conventionnelles de lutte contre les feux de forêt. Quand on m'interroge, les avis que je donne sont étudiés avec sérieux ; et à l'inverse, mes desideratas sont pris en compte.

Hier, nous avons travaillé dans les ravins ; demain, nous sécuriserons définitivement le feu dans la vallée. Il reste une pointe qui se dirige vers le village ; elle sera traitée en début de matinée. Le médecin me donne quelques comprimés qui feront l'affaire. Après avoir dîné au camp, nous regagnons le CROUS.

Mardi 29 août

Cette fois, notre camp de base est situé à 4 kilomètres plus au nord. Nous étudions la carte. L'extrémité de l'incendie de la Restonica se situe sur les hauteurs de Stazarelli, à une altitude de 1 000 mètres environ, toujours sur la rive droite de la rivière. Si tout se passe bien, ce soir il n'y aura plus de risque de propagation dans cette vallée. Il y a toutefois un problème : la route se trouve rive gauche, et l'unique passage pour rejoindre l'autre rive est un pont de bois délabré. Notre motopompe tractable pèse plus d'une tonne ; avec le poids des sapeurs qui vont la pousser, j'espère que le pont va tenir. Il a été décidé que nous puiserions l'eau dans la Restonica puis que nous gravirions 1,5 kilomètre de montagne, pour un dénivelé de 500 mètres environ. C'est énorme ; pour avoir de l'eau à la lance, il faudra dépasser les 50 bars de pression. Il est donc primordial de pouvoir faire fonctionner la motopompe, mais d'abord et avant tout de lui faire franchir le pont.

C'est Lionel qui dirige la manœuvre. Avec une prudence de Sioux, nous nous engageons sur les planches — non fixées ! — de cette improbable passerelle. Parfois il manque une planche, et les roues de notre engin se bloquent dans l'espace ainsi laissé. La motopompe traverse sans encombre. Il n'y a plus qu'à la positionner pour aspirer l'eau de la rivière.

L'établissement de tuyaux s'effectue dans un talweg asséché. Des parois de 3 à 4 mètres de haut jalonnent le trajet ; l'ascension est dure, d'autant que les restes de la « gastro » sont encore vivaces. Le souffle est court mais nous progressons. L'équipe de pénétration a énormément de travail ; les ronces, le maquis et les arbustes obstruent le passage. Lionel, la tronçonneuse à la main, s'occupe de dégager le terrain. Je suis derrière lui quand soudain, un cri déchire le silence et résonne dans la montagne. Il vient de faire une fausse manœuvre et la chaîne de son engin a déchiré son pantalon de treillis à hauteur de la cuisse. Avec une certaine appréhension, nous retirons l'étoffe qui cache sa blessure. Heureusement l'entaille n'est pas profonde ; un pansement et il pourra repartir. Je peux me rendre compte, encore une fois, du danger que représente l'isolement de notre groupe. Cette blessure aurait pu être beaucoup plus grave ; nous intervenons d'ailleurs quelquefois sur ce type d'accident. Les conséquences peuvent êtres terribles : rupture des tendons, des muscles ou même d'une artère. L'évacuation immédiate est alors vitale. Dans notre position, nous n'aurions pas pu faire emmener Lionel rapidement ; le pronostic vital aurait été réservé.

Arrivés en lisière du feu, nous commençons à noyer les foyers. Cela nous prend trois bonnes heures. Le PC m'annonce que deux avions bombardiers d'eau (des Tracker) seront sur zone dans un quart d'heure. C'est la première fois que nous disposons de moyens aériens. Je reste sceptique sur la possibilité pour les avions d'intervenir dans ce secteur, vu la configuration des falaises. Pour autant, leur action nous faciliterait la tâche et nous ferait gagner du temps.

À l'heure dite, je prends contact par radio avec le Tracker leader. Je lui propose une idée de manœuvre et lui demande si elle est réalisable techniquement. Après un virage à 360 degrés, il me répond par l'affirmative. J'informe le personnel de l'imminence des largages : il faut dégager le site et se mettre en sécurité. L'avion se présente perpendiculairement à la vallée : il doit effectuer son largage en plongeant puis virer rapidement sur la droite et reprendre le sens de la rivière en direction de Corté. Il ne peut pas passer au-dessus de la ligne de crête face à lui. S'il manque son virage après le largage, il ira se fracasser contre les falaises de la rive gauche de la Restonica. Chacun retient son souffle. L'avion a disparu de notre champ de vision. Soudain, dans un bruit assourdissant, il débouche derrière la crête et plonge dans le ravin.

De notre position, nous apercevons le dessus de l'appareil qui est 50 mètres au-dessous de nous. Il largue sa charge, tangue sur la gauche puis vire complètement sur la droite à une vitesse incroyable. Il disparaît aussitôt en direction de la plaine. Je reprends contact. Nous analysons l'action, qui a été efficace. Un brûlot de 500 m² a été atteint, ce qui nous épargne deux bonnes heures d'efforts. Pourtant, je reste convaincu que le jeu n'en vaut pas la chandelle : il y a trop de risques dans cette manœuvre. Hors de question de jouer la vie des hommes dans de telles conditions. Nous resterons le temps qu'il faudra, mais nous préférons nous priver désormais de l'appui aérien.

Il est 17 heures : le feu de la Restonica est éteint. Nous nous replions. La descente est éprouvante. Vers 20 heures, le matériel est remisé dans le véhicule. Avant de rentrer au camp de base, les hommes s'arrêtent au camping pour honorer le dîner que nous ont préparé les propriétaires. Je fais une halte au PC. Les officiers corses ont le sourire : la mission a été accomplie. Il n'y a plus de flamme dans la vallée ; il a fallu quatre jours d'efforts pour en venir à bout. Quant à moi, je suis satisfait au-delà de mes espérances de l'efficacité du commando. D'ailleurs, les commentaires vont dans ce sens. Chacun convient volontiers que seule une unité de ce type pouvait être efficace sur des feux si difficiles d'accès.

Mathieu m'entraîne au PC. Il déploie une carte où le contour du feu est indiqué. La rive droite, que nous venons de traiter, est définitivement éteinte. En revanche, sur la rive gauche, le feu a franchi la crête puis s'est propagé dans la vallée du fleuve Tavignano. Là, son contour n'est pas tracé, faute de renseignements : ses limites ne sont pas connues. Je comprends alors qu'il est en évolution libre. En détaillant sommairement le secteur, je m'aperçois qu'il n'y a aucune route qui mène aux abords de l'incendie. Nous sommes en pleine montagne ; les voies de communication se résument aux chemins de chèvres et au GR 20. Le GR commence à la pointe de Frassetta, dans la vallée de la Restonica, conduit ensuite au refuge de la Sega sur le Tavignano, puis traverse le plateau d'Alzo du sud au nord en passant par la bergerie de Coletta. Nous sommes à plusieurs kilomètres du secteur où se trouve le feu, à quatre ou cinq heures de marche : il est impossible d'entreprendre une action efficace.

À l'appui de ces paramètres, Mathieu m'apprend qu'il y a possibilité de se faire héliporter sur le plateau d'Alzo, avec un hélicoptère de type Puma. De cette position, nous pourrions nous déployer et atteindre le feu. Je repousse l'idée ; la dernière fois qu'il a été question de monter dans un hélicoptère de l'Armée de terre, ça ne m'a pas laissé un grand souvenir. Je refuse de subir à nouveau les affres de l'attente et de l'inaction. Mathieu me rassure : ce Puma appartient à l'Armée de l'air, et il est à notre disposition.

Je suis surpris de cette annonce. Le premier jour, les normes de sécurité avec l'Armée de terre étaient draconiennes : il y avait obligation de naviguer avec deux appareils. Lorsqu'un hélicoptère faisait le plein de kérosène, le deuxième devait impérativement se poser et attendre. Le plein s'effectuait de l'autre côté de l'île ; au total, les appareils étaient plus souvent cloués au sol que sur les théâtres d'opération. Travailler dans ces conditions-là ne m'intéressait pas. Néanmoins, j'apprends avec surprise que l'appareil est à notre disposition pour les missions que nous allons entreprendre. Rendez-vous demain, sur le tarmac de l'aérodrome de Corté. Je me demande ce qui explique ce changement : est-ce parce qu'il s'agit d'un Puma de l'Armée de l'air et non plus de l'Armée de terre, ou est-ce parce que nous avons prouvé notre valeur et que nos idées sont bien perçues et respectées ?

Mercredi 30 août

Nous sommes à pied d'œuvre en bordure de la piste de l'aérodrome. Je fais le point avec Mathieu sur le plancher du Puma. Nous allons être héliportés sur le plateau d'Alzo, puis l'hélicoptère nous amènera des citernes souples de 800 litres ; à nous d'utiliser l'eau avec nos motopompes. Je ne suis pas très favorable à cette idée. Jusqu'à présent, le débit d'eau que nous utilisions était d'environ 15 000 litres à l'heure (il est vrai que nous avions un point d'eau inépuisable : la Restonica). Cette fois, les citernes souples de 800 litres suffiront à peine à remplir les tuyaux et à débiter 4 000 litres à l'heure : la différence est énorme, et nos actions d'extinction et de noyage vont en pâtir. Malheureusement, je devrai m'en contenter : il n'y a pas d'eau sur le plateau. La bonne nouvelle, c'est le dénivelé négatif : nous sommes à 1 500 mètres d'altitude et nous descendrons de 500 mètres environ.

Je suis de la première noria, avec mon ami Pilou, un officier corse basé à Corté. Nous partons plein ouest. Le Puma prend de l'altitude ; nous passons au-dessus du village de Corté puis nous nous engouffrons dans la vallée. La Punta de Zurmulu est sur notre droite ; elle domine la citadelle avec sa paroi abrupte qui sépare les deux vallées. Nous suivons la ligne de crête jusqu'à la Punta di u Funellu. Nous apercevons d'un côté la Restonica, de l'autre le Tavignano. La fumée de l'incendie sort de la vallée comme d'un chaudron ; l'incendie, de ce côté, n'a pas dit son dernier mot. Nous arrivons en vue du plateau d'Alzo, notre destination.

Nous voici sur le plateau, mais nous ignorons où se trouve l'incendie. Pilou me propose de partir à pieds en reconnaissance avec Lionel, afin de déterminer un point d'engagement. Pilou est une figure du village. Son père, professeur à l'université, était unanimement reconnu dans l'île. Sa disparition tragique lors d'une randonnée avait soulevé une émotion considérable. Toute la Corse s'était mobilisée afin de le retrouver, — et on l'avait retrouvé, mort de froid et recouvert de neige, quelques jours plus tard. Pilou est un homme de terrain. Il connaît particulièrement bien sa montagne, et je suis confiant pour la suite de l'opération. L'hélicoptère commence à nous amener les bâches à eau. Le temps passe vite ; il est bientôt midi et nous ne savons toujours pas par où commencer. À la deuxième rotation du Puma (qui effectue des allers-retours pour acheminer hommes et matériel), je demande à monter à bord afin d'effectuer une reconnaissance et avoir une idée de la configuration du feu. Le pilote se dirige dans la vallée du Tavignano. La descente est rapide ; nous remontons le fleuve, la porte de l'appareil ouverte. Je vois enfin l'incendie, dont la fumée opaque me cache une partie du flanc droit. Le paysage est extraordinaire. L'hélicoptère avance lentement ; j'ai le loisir de distinguer une nature encore vierge où coule un fleuve sauvage au milieu des pins laricios.

Le Tavignano, ici, s'engouffre entre les falaises. Un sentier de randonnée d'une dizaine de kilomètres, le Mare a Mare Nord, serpente sur la rive droite. Il est tantôt accroché à flanc de falaise et domine le fleuve en corniche, tantôt il se cache sous les frondaisons des pins laricios. Un peu plus en aval, le chemin traverse le cours d'eau sur un pont suspendu. Des cuvettes naturelles reliées entre elles par une eau cristalline parsèment son parcours. Le panorama que je découvre à bord du Puma prouve bien que la Corse est un pays de forts contrastes ; l'eau et la montagne se marient dans une harmonie de teintes qui changent au fur et à mesure que le soleil illumine le relief. La couleur du fleuve, bleu turquoise en pleine lumière, devient vert émeraude lorsqu'il se faufile à l'ombre des falaises. Les rochers blancs immaculés au milieu de l'eau s'assombrissent et tirent sur le gris lorsque le vert des feuillages leur fait de l'ombre. Le sentier achève sa course au pied de la citadelle de Corté, au confluent de la Restonica qui devient alors son affluent. Le fleuve, quant à lui, poursuit sa course jusqu'à Aléria, où il se jette dans la mer Tyrrhénienne.

Je cherche un site où nous pourrions nous poser ; il faut trouver une aire de 25 mètres de diamètres dans ce dédale, — ce qui n'est pas évident. Nous remontons jusqu'au refuge de la Sègue ; sur la rive droite, je n'ai rien trouvé d'intéressant. Nous redescendons ; cela fait cinq minutes environ que nous avons fait demi-tour. J'aperçois la retenue d'eau. Il y a une plateforme minuscule : j'ose demander, sans trop y croire, au pilote s'il y a possibilité de se poser ; à ma grande surprise, il me répond que rien n'est impossible ! Il fait une approche ; à un mètre du sol, l'un de ses adjoints descend pour le guider. Les trois roues de l'appareil sont à la limite de la surface plane : il n'y a pas vingt centimètres de plus ; beau boulot ! L'endroit est idéal : de là, nous pourrons aspirer l'eau dans le fleuve pour refouler en direction de la montagne en feu, qui se trouve à moins de 100 mètres.

Nous remontons sur le plateau d'Alzo. Là, j'annule cette histoire de bâches à eau — qui ne me convenait décidément pas. J'essaie de contacter Pilou et Lionel, mais les liaisons radio sont difficiles : ils ne sont pas joignables. En quatre rotations, le personnel et le matériel se trouvent au bord du fleuve. Le pilote se prend au jeu ; il se considère en opération militaire. Je suis en contact en permanence avec lui, grâce à son téléphone de bord. Enfin, nous commençons à traiter le feu ; il est 14 heures. Malheureusement, faute de voies de communication par la terre, nous ne pouvons amener d'engin en bordure du fleuve pour y puiser l'eau. Nous utilisons donc nos motopompes portatives, qui ont l'inconvénient de débiter beaucoup moins d'eau. La tâche s'avère insurmontable : il y a plus de 2 kilomètres de lisière de feu, avec 300 mètres de dénivelé. Je sais que techniquement, nous n'aurons pas la possibilité d'aller au bout de la lisière. Nous remontons le flanc sur 1 kilomètre en noyant la lisière. Il s'agit d'un feu de sous-bois : la litière est épaisse. Le feu est descendu profondément dans le sol ; le travail est long et pénible. Nous avons des difficultés à obtenir un débit suffisant pour parfaire le noyage. Il est 18 heures : nous devons redescendre, laissant les tuyaux pour demain. J'informe le

PC des dispositions que je compte prendre. Il me demande de rapatrier les hommes et de rester sur place ; un hélicoptère de type Écureuil va venir me chercher pour aller reconnaître le contour du feu avec un officier. J'apprends également que Pilou et Lionel ont regagné le PC.

Le Puma effectue une première puis une deuxième rotation. Avant de s'en aller, le pilote me demande si je veux vraiment rester seul ici, au milieu de la montagne, en attendant un hypothétique hélicoptère. Surpris de cette question, je m'en tiens aux ordres. Je sais que dès que le Puma aura quitté l'aire de poser, je serai seul entre les falaises du Tavignano. Je suis inquiet car la nuit va tomber dans une demi-heure, mais rassuré par le fait que la liaison radio avec le PC fonctionne normalement.

Au bout d'un quart d'heure d'attente, je constate que mon poste radio est silencieux. Mais à ma grande surprise, le bouton de mise en marche est sur la position « on », ce qui veut dire que l'appareil ne fonctionne plus. Je n'ai donc plus de contact avec qui que ce soit. J'entends l'Écureuil de la Sécurité civile qui remonte la vallée ; je ne peux le guider, et il fait de plus en plus sombre. J'ai encore en tête les paroles du pilote du Puma… L'hélicoptère survole ma position ; il me cherche mais ne peut me voir. Je fais de grands gestes ; à chaque passage j'ai espoir qu'il m'aperçoive, mais peu à peu, tel un naufragé sur son embarcation de fortune au milieu de l'océan, je désespère d'être récupéré. Au bout de trois ou quatre passages, je n'entends plus les turbines. J'imagine que, comme on dit dans ces cas-là, « les recherches ont été abandonnées ». J'essaie de repérer un abri où je pourrais passer la nuit. Je sais qu'en cette fin de mois d'août, à plus de 1 100 mètres d'altitude, les nuits sont fraîches. Dans 10 minutes il fera nuit noire et je n'ai pas de lampe. Soudain, j'entends à nouveau le ronronnement caractéristique de l'hélicoptère. Au milieu de l'obscurité, dans cette vallée semée d'embûches, le faisceau lumineux du projecteur apparaît en amont de ma position. Il progresse vers moi, balayant sur son passage les rives du fleuve. La lumière s'approche lentement. Je redoute qu'ils n'abandonnent si près du but, ce serait trop bête ! Encore un effort... Je suis à 50 mètres. Le faisceau est sur l'autre rive, face à moi ; il traverse le fleuve, encore 5 mètres... ça y est ! Je suis dedans. Je fais de grands signes : ils m'ont vu.

Le pilote se dégage pour faire une approche. Il doit se poser sur la plateforme : de nuit, cette manœuvre est extrêmement dangereuse. L'appareil se pose avec difficulté ; le mécanicien me fait de grands signes : je monte à bord. Une fois à l'intérieur, j'explique l'incident de la radio. Le pilote n'est pas loquace. Il craint de ne pouvoir remonter la vallée ; notre situation est périlleuse. Je comprends alors que nous travaillons hors normes de sécurité. Le copilote ouvre la porte latérale, s'attache avec un harnais puis sort de la machine en posant les pieds sur le patin. Il guide le pilote afin que les pales ne touchent aucun obstacle. L'atmosphère à l'intérieur est tendue ; personne ne dit mot. Nous dépendons de l'habileté du pilote. En mon for intérieur, je regrette presque qu'ils m'aient trouvé. Nous prenons peu à peu de l'altitude. Nous devons passer au-dessus des crêtes, que nous n'apercevons toujours pas. Il y a environ 500 mètres à gravir. Finalement, avec mille précautions, le pilote parvient à nous sortir de cette passe difficile. Nous allons à Corté où se trouve le PC.

Les officiers de l'état-major Corse m'attendent pour faire le point. Je sais qu'avec le matériel que nous avons en place là-bas, il sera impossible de mener la mission à bien. Nous n'avons pas assez de débit pour continuer d'allonger l'établissement de tuyaux. Il faudrait augmenter la puissance de la motopompe qui aspire l'eau du fleuve. Devant l'impossibilité d'acheminer par terre l'engin que nous avons utilisé depuis que nous sommes arrivés, je propose, à la surprise générale, d'héliporter la motopompe remorquable, qui pèse plus d'une tonne. Les officiers sont interloqués : ils doutent que ce soit possible. Je les rassure en les informant que j'ai déjà soumis cette idée au pilote. Il m'a répondu, cette fois encore, que rien n'est impossible ! Cette manœuvre est bel et bien réalisable, puisque le Puma peut transporter une charge de 4 500 kilos. Nous restons convenus de cette explication. Rendez-vous demain matin à 7 heures sur l'aérodrome, — pour ce qui sera notre dernière journée de travail en Corse.

Mercredi 31 août

C'est l'ambiance des grands jours, ce matin. Nous avons disposé la motopompe dans un filet qui sera relié à une élingue de grande longueur, — car je redoute que le brassage de l'air à proximité du plan d'eau nous empêche de poser correctement cette lourde masse. L'opération sera délicate ; à nous de nous coordonner correctement. Je fais le point avec Mathieu pour le ravitaillement et l'heure de départ du site. Je suis de la première noria. Nous avons récupéré Pilou et Lionel ; ils ont marché pendant toute la journée d'hier pour trouver une solution ne sachant pas que j'avais changé d'idée de manœuvre. Le vol et le poser se passent sans encombre.

Après une deuxième noria de personnel, le Puma décolle avec la motopompe attachée sous la carlingue.

Nous assistons alors à quelque chose de pas banal : une motopompe rouge, dans le ciel de Corté, qui passe au-dessus de la citadelle avant de s'engouffrer dans la vallée du Tavignano. Nous l'attendons auprès de la prise d'eau. Son emplacement sera sur une plage de galets. Soudain, elle apparaît entre les deux falaises, à 50 mètres de hauteur. À travers les mailles du filet, elle ressemble à un paquet cadeau que l'on vient livrer. Il est symbolique que cet engin arrive par les airs : sa place n'est pas ici. Il n'y a aucune raison qu'un engin de cette taille, qui ne peut se déplacer que tracté par un véhicule, se trouve en pleine montagne où les routes et les chemins n'existent pas ! Oui, mais voilà : avec un peu d'imagination, une volonté de fer, une confiance totale en ses hommes, et grâce à l'habilité d'un pilote et de son équipage, si on ne peut pas soulever les montagnes, on peut tout au moins les protéger. Un homme au sol guide le pilote afin que la motopompe soit à notre verticale. Le brassage de l'air soulève des embruns qui nous gênent dans la manœuvre d'approche. Dès qu'elle est à portée de main, nous positionnons la pompe à l'endroit souhaité, puis le pilote lâche l'élingue. L'opération est réussie ! Nous allons pouvoir réaliser la manœuvre d'extinction dans des conditions optimales. Les tuyaux de petits diamètres sont remplacés par des plus gros et les lances sont triplées : avec ce dispositif, le feu régresse rapidement.

Un incident vient perturber la bonne marche de l'opération : l'un de mes hommes est subitement pris de coliques néphrétiques. Il se tord de douleur ; un hélicoptère médicalisé est demandé. Une fois sur place, le médecin lui administre un calmant puis l'emmène à l'hôpital de Corté. Vu l'isolement du commando, c'est une chance que nous ayons pu faire venir un médecin et faire évacuer notre compagnon.

Cette dernière journée sur le terrain se passe sans autre incident. À 17 heures, nous ramassons définitivement notre matériel. La motopompe est récupérée d'abord, le matériel ensuite, et le personnel en dernier. Les gars quittent ces lieux à regret. Avant d'embarquer, ils regardent une dernière fois ce décor qui, pendant dix jours, nous a servi de champ de bataille. La gorge est serrée, mais au fond d'eux-mêmes, ces gaillards sont fiers du travail accompli. Une fois dans l'hélicoptère, nous nous rendons compte que l'aventure s'arrête ici. Les portes sont ouvertes pour profiter encore un peu du paysage et des odeurs typiques de ce coin de l'île. Nous sommes silencieux. Le Puma, qui semble minuscule au milieu de cette immensité, se faufile dans le crépuscule au milieu des falaises qui dominent le fleuve. Son vol épouse les méandres du Tavignano. Nous nous préparons déjà à reprendre le cours habituel de notre vie. C'est cela aussi, le charme du métier. Nous sommes encore en Corse, mais dès que nous avons mis le pied dans le Puma, l'isolement dans la nature, la lutte contre le feu, l'incertitude du résultat, les frayeurs et les angoisses ont cessé de faire partie de notre vie. Pour certains, il s'agissait de la dernière mission de leur carrière ; après ce sera la retraite, bien méritée. Nous atterrissons à Corté. Notre mission est terminée. Pendant que les hommes regagnent le camp en minibus, je vais rendre compte, une dernière fois, au PC.

Il fait nuit lorsque le repas de fin de séjour, préparé par les Albertini, est servi. À table, il y a des hôtes, des officiers, des amis… Cela se termine par un gâteau et des discours. Pour ma part, je retiendrai la formule employée par M. Albertini pour nous remercier : « Il y a une île dans l'île. Elle est verte. C'est celle qui se trouve autour du camping. »

Jeudi 1er septembre

Nous devons embarquer à Bastia vers 20 heures. J'ai demandé à mes hommes d'être dans le hall du CROUS à 10 heures, afin de faire à chaud le retour d'expérience de ces dix jours passés avec le commando 13. Chacun s'exprime ; je prends des notes.

Les propos du personnel confortent mon impression. La mission fut positive, mais au-delà de l'aspect technique — dont nous approfondirons les détails une fois revenus sur le continent —, je retiens l'attitude du groupe. Dans des conditions de travail parfois extrêmes, personne ne s'est jamais soustrait à ses obligations. Je redoutais au départ que l'effet d'usure eût un impact sur le comportement des hommes et que des tensions survinssent entre eux. Il n'en a rien été : chacun a compris que le commando subissait son baptême du feu mais aussi son examen de passage. L'avenir de ce type d'intervention dépendait de l'efficacité de l'unité ; et c'est à la force du poignet que nous avons convaincu les derniers sceptiques.

À présent, nous pouvons envisager de développer nos capacités, en hommes et en matériel. Depuis, des efforts considérables ont été consentis pour doter cette unité de matériel performant. Les commandos restent cependant une entité particulière. Leur spécificité, leur composition, leur mode de fonctionnement et leurs missions leur valent à présent le respect de toute la profession. Le personnel d'un DIH se solidarise dans les épreuves, mais se retrouve aussi lors des jours meilleurs, avec la même implication. C'est cela aussi, sa force. Une famille s'est créée ainsi, au fil du séjour passé en Corse. Il a fallu de la volonté et de l'abnégation pour convaincre nos supérieurs que le commando pouvait devenir une pièce maîtresse dans l'ensemble des éléments de lutte contre les feux de forêts.

Pilou, pour le dernier jour, nous a réservé une surprise. Place à la détente ! Piscine et jeux de boules font partie des réjouissances. Ensuite, nous serons invités à déjeuner au restaurant. Malheureusement, un appel téléphonique vient perturber cette matinée. Nous sommes attendus en milieu d'après-midi à une réception au conseil général de Haute-Corse. Il y a une heure et demie de route entre Corté et Bastia : nous n'avons pas de temps à perdre. Encore une fois, il nous faut changer nos plans : nous devons assister à cette cérémonie protocolaire.

Sitôt la cérémonie terminée, nous nous rendons sur le port, où nous embarquons. À bord, rien n'est prévu pour le couchage, alors nous dégotons une place sur le pont… Je crois me retrouver quatorze ans en arrière ! Pas grand-chose ne change, finalement.

X
Philippe Noclercq

Le 31 décembre 1974, nous décidons de fêter la nouvelle année au centre de secours, en organisant le réveillon en caserne. À l'équipe de garde dont je fais partie, s'ajoutent des collègues de travail et des proches. Parmi eux, la famille Noclercq. Il y a Bernard, qui est sous-officier au centre depuis peu, Nicole son épouse, Isabelle sa fille, et le petit dernier, Philippe, qui a 5 ans. Quelques années plus tard, cette famille emménagera ici, au premier étage, dans des appartements de fonction. Cinq ou six mois plus tard, je prends possession à mon tour du logement du deuxième étage, au-dessus de chez Bernard et Nicole.

Peut-on imaginer la vie d'un gamin, qui, de l'enfance à l'adolescence, baigne dans l'ambiance d'une caserne de pompiers ? Que se passe-t-il dans la tête du fils de l'adjudant Noclercq, lorsque son père lui raconte les « faits d'armes » qu'il vient d'accomplir sur une intervention ? Nullement impressionné par l'endroit et son ambiance, il arpente librement les cours et les remises du centre de secours. Il est connu de tous, ici — d'abord comme un enfant qui regarde par la fenêtre de sa chambre les sapeurs manœuvrer ou faire du sport, puis comme un préadolescent qui se rend disponible, avec son cyclomoteur, pour faire les courses du personnel de garde. Il veut se rendre utile car il sait que son heure viendra : l'heure où il pourra, lui aussi, porter la tenue qui marque la différence entre les pompiers et les autres. Mais le temps est long avant d'avoir 16 ans, l'âge requis pour signer son premier engagement !

Le 28 mai 1985, il signe enfin son engagement comme sapeur-pompier volontaire, à l'âge de 16 ans et 14 jours. Il fait partie de la famille. Il ne se sent plus lié par procuration au personnel du centre. Son statut a changé : il est désormais sur un pied d'égalité avec les hommes qu'il a côtoyé pendant des années. Il conseille même les petits nouveaux de sa promotion, lui qui connaît la maison depuis si longtemps. Les fils des pompiers ont souvent connu la même impatience, puis le même émoi et la même fierté lorsqu'ils ont enfilé la combinaison et les bottes pour la première fois. J'ai été dans le même cas, moi aussi.

La réglementation en 1985 n'imposait pas d'avoir un certain degré de formation pour participer aux interventions. La hiérarchie du centre recommandait que les jeunes fussent encadrés, et l'apprentissage se faisait sur le tas. Disponible les mercredis et pendant les vacances, Philippe franchissait rapidement les étapes qui permettent à un jeune stagiaire un peu gauche et hésitant dans ses gestes techniques d'acquérir une relative assurance. L'officier ou le sous-officier de garde pouvait à loisir le récupérer lorsque le personnel faisait défaut ; il n'avait que deux volées d'escalier à descendre. Sa mère Nicole, que je croisais régulièrement dans l'escalier de nos appartements, me répétait sans cesse : « Je te confie

Philippe. Prends soin de lui. » Je la rassurais en lui certifiant que la première année, les jeunes n'étaient pas exposés directement sur les interventions.

La saison des feux de forêt de 1985 a commencé début juillet, avec le feu de Ventabren qui brûla une vingtaine d'hectares de pinède. Philippe participait aux relèves, une fois le feu terminé. Le noyage et la surveillance nécessitaient un dispositif assez conséquent ; c'était une bonne entrée en matière pour un novice. D'autres feux de moindre importance — sur Aubagne, Gardanne, Fuveau et quelques autres communes des Bouches-du-Rhône — lui permirent de compléter son apprentissage. Il participa aussi, le 20 août, à l'incendie de Marseille, vers Les Goudes, où 60 hectares de garrigue étaient en feu. Cette première saison finie, Philippe continua à se former à travers les différents stages qui lui étaient proposés.

La saison suivante commença de très bonne heure, avec un feu extrêmement virulent sur la commune de La Barben. Là, 1 843 hectares de forêts partirent en fumée. Philippe commençait à avoir un peu plus de responsabilités. C'était un bon équipier, qui obéissait aux ordres et mettait la main à la pâte. De nombreux incendies éclatèrent cette année-là. Au fur et à mesure que l'été avançait, les conditions météo empiraient. Philippe rentrait de ces interventions maculé de noir ; il était fier, au fond de lui, de montrer qu'il participait aux feux. Il en avait rêvé ! Fin août, la sécheresse était à son paroxysme ; nous redoutions que la forêt s'embrasât dès que le vent se mettrait de la partie.

Nous attendons avec une inquiétude particulière le week-end des 23 et 24 août. La météo nous annonce un mistral extrêmement violent. Nous déployons un important dispositif préventif. Chacun s'attend à passer deux journées difficiles. Je ne suis pas à Aubagne, mais à l'annonce de ce coup de mistral, j'avance mon retour. Lorsque j'arrive au centre de secours, j'apprends qu'un feu d'une rare violence s'est déclaré sur la barrière du Cengle, sur la commune de Châteauneuf-le-Rouge, à 17 h 57 ce dimanche 24 août. Cette barrière, qui se trouve sur les contreforts sud du massif de Sainte-Victoire, mesure environ 8 kilomètres d'est en ouest en formant un demi-cercle. C'est un endroit particulièrement exposé au mistral, qui prend le relief en écharpe en contournant la montagne chère à Cézanne. Le vent s'oriente alors ouest-est. Ce lieu touristique est sensible au plus haut point ; les randonneurs sillonnent la montagne, du pic des Mouches au château de Picasso et de La Croix-de-Provence au barrage de Bimont.

Plusieurs véhicules sont engagés sur l'incendie, qui se dirige vers le village de Puyloubier. Philippe est resté au centre ; son père est également de garde. Il fait nuit, maintenant ; les nouvelles que nous rapporte la radio ne sont pas rassurantes. L'état-major nous appelle au téléphone : un véhicule d'Aubagne, le CCFM 3, a été pris dans le feu. Les hommes sont légèrement brûlés ou commotionnés : il faut les relever. Le personnel est rassemblé : Philippe fait partie de l'équipage qui va se rendre sur l'incendie, en compagnie de Jean-Paul, André et Roger.

Il est heureux de partir en intervention sur un feu de forêt d'une si grande ampleur. Il va enfin pouvoir toucher du doigt ce que les anciens et son père lui racontent depuis tant d'années. Il pourra à son tour expliquer ses « faits d'arme » ! Il est le quatrième du véhicule, mais ne donnerait sa place pour rien au monde. Son destin est tracé, rien de l'arrêtera ! Il est minuit passé ; je décide de regagner mon appartement. Demain il y aura sûrement des relèves à effectuer : il vaut mieux passer une bonne nuit.

Je ne sais pas depuis combien de temps je suis couché lorsqu'on frappe à la porte. Je me lève et j'aperçois Martial dans le hall, la mine décomposée. Je suis surpris qu'il soit monté, car j'ai le téléphone intérieur du centre sur ma table de nuit. Il me regarde droit dans les yeux et articule à peine : « Il s'est passé quelque chose de terrible. Le camion a été pris dans le feu. Il y a au moins deux morts, dont Philippe. » Un silence s'installe entre nous. Nous restons immobiles. Martial rompt ce silence : des sanglots dans la voix, il essaie de me donner le peu de renseignements qu'il a pu glaner. J'essaie de demander des explications pour refuser la réalité, pour espérer qu'ils se soient trompés... Hélas !... Encore ! Nous voilà encore soumis à ce malheur dont nous nous relevions à peine ! Pourquoi s'acharner sur nous, pourquoi retirer la vie à des jeunes qui ne demandaient qu'à la croquer à pleines dents ? Je demande si son père est au courant, si l'on sait comment cela s'est passé. Il ne me donne aucun détail : le message est arrivé, laconique voire lapidaire, — comme si les autorités n'osaient pas fournir d'explications. Qui est l'autre sapeur qui a péri ? Martial croit qu'il s'agit d'André, mais il n'en est pas sûr. Devant la gravité de l'événement, monsieur le maire a été prévenu. Il se dirige vers le centre de secours. Comme pendant la guerre, pour les soldats morts au front, le premier magistrat aura la tâche ingrate de prévenir la famille.

Juste au-dessous de nous, Bernard et Nicole ne se doutent de rien. Ils passent les derniers instants paisibles de leur vie. Dans quelques minutes, tout va être bouleversé. Et plus rien ne sera plus comme avant cette terrible nuit du 25 août.

Je rentre et j'informe mon épouse du malheur qui nous frappe. C'est la consternation. Elle côtoyait fréquemment Philippe ; mes filles, bien qu'un peu plus jeunes que lui, avaient d'excellentes relations de voisinage. Nous descendons au pied des escaliers ; nous passons devant la porte de l'appartement des Noclercq puis nous nous asseyons sur les dernières marches, sans dire un mot. Nous sommes face à la cour où il s'amusait, tout gamin, avec ses jouets, puis plus tard avec ses cyclomoteurs. Nous sommes immobiles depuis une demi-heure. Martial revient m'informer qu'André est toujours en vie ; il est grièvement brûlé, et a été transporté au Centre des grands brûlés de Marseille.

M. Edmond Garcin, député-maire d'Aubagne, arrive avec le chef de Corps, le commandant Gaïa, pour annoncer la terrible nouvelle à la famille. Ma femme et moi sommes toujours au pied des escaliers, sous l'appartement de Bernard et Nicole. Soudain nous entendons un cri qui déchire cette nuit maudite. Le sang se glace dans nos veines. Une mère vient d'apprendre qu'elle ne reverra plus son fils. Je me remémore les instants douloureux que nous avons passés il y a trois ans, lors du décès de Philippe Pède. Nous sommes à nouveau plongés dans le désespoir. La nouvelle s'est répandue comme une traînée de poudre ; les sapeurs-pompiers affluent en caserne. Les différents véhicules du centre engagés sur les interventions sont relevés. Cet événement a eu un impact considérable sur la population d'Aubagne. L'âge et les conditions de la mort Philippe ont ému les gens, et nous recevons dès le matin d'innombrables coups de téléphone. Les télégrammes et les témoignages de sympathie abondent. Les drapeaux du centre de secours et de la ville sont mis en berne, comme lors du décès de Philippe Pède.

Le corps du gamin est amené à l'hôpital d'Aubagne. Ensuite, une chapelle ardente est dressée, au même endroit que pour l'autre Philippe, avec son casque et son portrait. Nous devons nous occuper des obsèques, qui auront lieu le 27, en présence du préfet de région. Nous commençons, hélas ! à en prendre l'habitude. La remorque utilisée il y a trois ans nous servira encore une fois. Nous prendrons la décision de nous en séparer dès la cérémonie terminée. Les chaînes de télévision font le siège du centre. Aubagne est en deuil.

Décidemment, les cieux ne sont pas avec nous. Alors que de nombreuses colonnes de sapeurs-pompiers venues de toute la France sont venues nous prêter main forte, la météo change brusquement. En fin de journée, le mistral cesse de souffler, ce qui atténue la propagation du feu. Et en début de soirée, un orage éclate sur la région. Nous sommes submergés d'appels de détresse. Chacun pense en son for intérieur que cette pluie arrive vingt-quatre heures trop tard !

Les ruisseaux sortent de leur lit, les caves sont inondées… mais l'intervention la plus périlleuse a lieu dans le vallon de La Bédoule. Un ruisseau, le Merlançon, serpente le long de la route départementale au fond du vallon. Il recueille les eaux de pluie de ce bassin versant. Sec tout au long de l'année, il peut très rapidement déborder lorsque les pluies se concentrent sur les collines qui le dominent. En cette nuit du 26 août, comme pour faire un pied de nez au destin, un autre drame va se jouer. Nous sommes appelés pour une voiture qui a disparu dans les eaux tumultueuses du Merlançon. Le ruisseau a débordé : il occupe entièrement la route départementale, qui ressemble à une rivière. Le capitaine Tarasco et moi essayons de remonter le courant avec notre véhicule tout-terrain. Il nous semble vivre une scène irréelle. Cette route que nous prenons souvent ressemble cette nuit à un torrent qui se précipite dans la vallée. Notre véhicule a de l'eau jusqu'au pare-choc ; il a du mal à avancer. Soudain, le courant lui fait faire un tour de 180 degrés : nous nous retrouvons en position devant-derrière, et le flot nous renvoie d'où l'on vient. Sans toucher le volant, sans freiner ni accélérer, nous redescendons vers de la ville. Notre 4x4 épouse la configuration de la route. Les virages sont devenus des méandres, les pentes sont devenues des rapides. Les bras croisés, nous attendons d'être revenus sur la terre ferme pour prendre un autre itinéraire.

Cette fois, nous empruntons l'autoroute qui est parallèle à la route, mais beaucoup plus haut, au niveau du vallon. Nous arrivons à proximité de l'accident. Nous récupérons la route départementale, qui n'est pas inondée à ce niveau. Une chose incroyable s'est produite devant nous. À cet endroit précis, la route descend puis remonte immédiatement, ce qui forme une cuvette au point le plus bas. Un petit lac s'est formé sur la route, d'une profondeur d'une vingtaine de mètres environ. Nous apprenons qu'une voiture se trouve au fond et qu'il y a un disparu. Je prends contact avec la rescapée, qui nous raconte son histoire.

En descendant le vallon de La Bédoule par le vallon, alors qu'il pleuvait à seaux, la voiture a été emportée par le courant. Les deux occupants ont réussi à s'extraire. La jeune fille a nagé jusqu'au remblai de l'autoroute, mais son compagnon n'a pu la rejoindre : il a été heurté par un tronc ou un autre débris charrié par les flots, et a disparu. Nous ne pouvons nous attarder car nous apprenons que le centre-ville d'Aubagne est inondé. Nous pensons à cet instant qu'en caserne, des sapeurs veillent sur le corps de Philippe. Demain matin un nombre incalculable de personnalités seront présentes, alors que nous sommes encore en train de nous débattre dans la boue.

La place Pasteur, la rue de la République, le cours du Maréchal-Foch sont inondés, sous un mètre d'eau par endroit. Dès que la pluie cesse, l'eau s'écoule rapidement par les bouches d'égout. Il reste une épaisse pellicule de boue et de déchets sur la chaussée que le convoi funèbre doit emprunter. Il est 3 heures du matin ; nous avons quatre heures pour nettoyer cet endroit. Des lances sont établies ; un long travail de nettoiement commence. À 8 heures, on ne distingue plus aucun stigmate de cette nuit. Quant à la victime du vallon, son corps sera retrouvé le lendemain matin.

Les obsèques sont poignantes. Au son des tambours de la fanfare des sapeurs-pompiers, le cortège traverse Aubagne. La ville est complètement recueillie, solidaire de son Corps de sapeurs-pompiers. Philippe est décoré de l'ordre national du Mérite et de la Médaille d'Or du courage et dévouement, à titre posthume. Dans un discours simple et émouvant, M. Garcin a retracé la courte carrière de Philippe. Il a notamment souligné la passion qu'il nourrissait pour la moto, pour son chanteur préféré (Renaud) et bien sûr pour son métier.

La reprise est dure, au centre. Certains jeunes de l'âge de Philippe refusent de partir à nouveau en intervention. Il me faut beaucoup de persuasion pour leur faire admettre que, comme dans les jeux du cirque, lorsqu'un accident survient, le spectacle doit continuer.

Son nom a été ajouté sur la stèle en dessous de celui de Philippe Pède. Tous deux sont morts dans des conditions abominables, à l'aube de leur vie professionnelle. Pour lui aussi, chaque année, le 25 août, la sonnerie aux morts retentit, dans la cour d'honneur, devant la stèle. La famille, les amis, la garde, les élus et toute la ville se souviennent que l'enfant de la caserne est mort au feu.

XI
Pour une durite

Au Corps de sapeurs-pompiers des Bouches-du-Rhône, on a de la mémoire. D'une certaine façon également, les hommes sont superstitieux. Ainsi redoutent-ils les années dont le millésime se termine par le chiffre neuf, depuis les feux de forêts de 1979, l'année terrible où plusieurs milliers d'hectares de pinède sont partis en fumée.

Nous sommes en 1989 ; et malheureusement, la tradition — que dis-je, la malédiction a frappé encore plus fort qu'il y a dix ans. Cet été, c'est la sécheresse : les réserves en eaux au sol sont au plus bas. La météo n'est pas avec nous : mistral et chaleur forment un mélange détonnant qui ne demande qu'à exploser, comme une réaction en chaîne dans une masse critique. Notre département et les départements limitrophes sont couverts par la fumée des nombreux feux qui ont éclos un peu partout. Cette fumée ressemble au couvercle d'une cocotte-minute oubliée sur le feu d'une gazinière. Un chaudron brûlant se trouve sous ce couvercle qui empêche la chaleur et la fumée de s'évacuer.

Le 1er août, le mistral souffle depuis plusieurs jours. Il déclenche chez les sapeurs-pompiers du Midi de la France ce que l'on peut appeler un réflexe conditionné. Notre taux d'adrénaline est proportionnel à la violence du vent : il monte en puissance au fur et à mesure que les rafales de vent font plier la cime des pins centenaires. Je suis de repos ce jour-là, mais je décide de passer à la caserne, car nos postes radio « pirates » signalent de multiples feux qui prennent de plus en plus d'importance. Arrivé au centre de secours, je me rends compte que l'atmosphère est celle des grands jours. Il n'y a plus d'engin feux de forêt dans les remises. Plus de véhicule, très peu de personnel : le chef de poste a raclé les fonds de tiroirs. Le téléphoniste a épluché la liste du personnel disponible. À force de persévérance, une réserve en hommes a pu être constituée, pour assurer le départ des ambulances et des véhicules urbains.

Je me dirige vers la salle opérationnelle où règne l'effervescence d'une cellule de crise. Le capitaine Tarasco, adjoint au chef de Corps, donne des ordres précis et concis. M. Vacher, secrétaire général adjoint, veille aux besoins auxquels la ville pourrait subvenir, tout en espérant que le malheur des communes sinistrées ne soit pas contagieux. Étant donnée l'évolution des différents feux, nous envisageons la suite des événements avec pessimisme. Nos prédictions, hélas, s'avéreront justes.

Vers 16 h 30, un message de l'état-major nous demande de constituer un groupe d'attaque avec des engins urbains (des FPT, fourgons pompe-tonne) et de le diriger vers le Commissariat à l'énergie atomique de Cadarache, menacé par un feu de forêt. Le CEA est un établissement qui met au point des réacteurs nucléaires civils afin de produire de l'énergie. Nous constituons ce groupe avec les centres de secours d'Aubagne, La Ciotat, Roquefort-La Bédoule et La Bouilladisse. Il est décidé que je serai le chef du groupe avec ma VLTT (voiture liaison tout-terrain). Nous quittons la caserne vers 17 heures. Lors de notre trajet vers le CEA, nous apercevons les différents panaches de fumée qui cachent le soleil et réduisent la visibilité. Mon conducteur connaît l'itinéraire ; je peux donc me consacrer à étudier, sur ma carte d'état-major, la future zone d'intervention et envisager les différentes tâches à accomplir (que nous appelons dans notre jargon les DTA !). Il s'agit là d'une intervention qui sort de l'ordinaire ; pénétrer dans des installations nucléaires n'est pas chose fréquente.

Lors d'un feu de forêt, nous avons une marche à suivre, des consignes à respecter, des méthodes à appliquer. J'essaie d'anticiper en fonction des éléments dont je dispose : le positionnement du feu, la configuration des lieux, la force et la direction du vent, la vitesse de propagation. Sur ce coup, par contre, je suis dans le flou total. Je n'arrive pas à m'imaginer l'aspect général de l'incendie. Notre métier a besoin de réactions instantanées, de réflexes, — mais pas d'improvisation. Il y a des fondamentaux à respecter, quoi qu'il arrive. Quand on part en intervention, le chef de groupe est livré à lui-même ; pendant le transit il doit étudier les paramètres que j'ai évoqués, et s'y adapter en fonction des moyens dont il dispose. Enfin, il ne doit surtout pas négliger le comportement humain : avoir une bonne connaissance de ses hommes est primordial, ne serait-ce que pour obtenir d'eux le maximum de ce qu'ils peuvent donner, en fonction de la spécialité de chacun.

Nous ne sommes plus au centre de secours, nous sommes en mission ; tous ensemble, embarqués sur le même bateau. Ce groupe va essuyer des coups de tabac ; au chef de garder le cap et de maintenir les hommes soudés. Il y a une heure encore, la plupart d'entre eux étaient dans leurs foyers, à mille lieux d'imaginer qu'ils auraient comme mission de défendre des installations très dangereuses et ultraconfidentielles. Tout en cherchant des zones d'appui sur la carte, j'essaie de repérer la fumée ; mais la superposition des feux m'empêche de me faire une idée de son évolution. Je suis étonné, par ailleurs, du peu de trafic sur les ondes. Nous arrivons à proximité ; je n'aperçois pas de gros panache aux alentours, alors que je m'attendais à l'effervescence qui prévaut en général dans ce genre de situation. Sachant que le CEA compte plusieurs milliers d'employés, il eut paru normal de croiser de multiples autobus évacuant les lieux ; mais rien de tout cela. Je donne ma position à l'état-major, qui me signifie que ma présence n'est plus nécessaire car le feu a évité le CEA. En revanche, il se dirige vers le sud ; et dans une heure environ, le village de Rians, dans le Var, sera menacé. Je prends intervention pour me mettre à disposition des sapeurs varois.

Il est fréquent que, suivant l'évolution de l'incendie, notre mission change ainsi, d'un instant à l'autre. L'approche psychologique que je me suis forgée tout au long du trajet n'est plus de mise. J'informe mes hommes du nouvel objectif. Il faut reprendre la phase de préparation mentale : je me plonge à nouveau dans l'étude de cette intervention, plus conventionnelle celle-là — avec, toutefois, le handicap d'aller sur un feu de forêt avec des engins qui ne sont pas conçus pour ça.

Le village de Rians se situe au milieu d'une plaine agricole entourée de deux massifs de plusieurs milliers d'hectares, au nord et au sud. Le feu se propage sur un axe nord-ouest, sud-est ; notre mission est d'empêcher qu'il ne traverse la plaine afin de préserver le massif se trouvant de l'autre côté. Si une telle éventualité se produisait, il y aurait ouverture d'un deuxième front. Cela provoquerait une nouvelle répartition des engins, et bien évidemment leur dilution. Dès notre arrivée, le feu est au milieu des champs. Il s'est propagé en brûlant l'herbe sèche qui se trouve en bordure des parcelles — ce que les Provençaux appellent la ribe. Il va à toute vitesse. Nous le rattrapons, et sous les ordres du lieutenant Carrer, nous nous positionnons sur le versant sud, derrière un lotissement, dans un pré d'herbe sèche coupée ras. À peine sommes-nous prêts à attaquer qu'il atteint le versant sud, sur une largeur d'une cinquantaine de mètres. Il était temps ! Nous mettons nos lances en batterie. Les flammes ne sont pas très hautes, mais à cause de la sécheresse, le feu progresse par petits bonds dans la paille qui est à nos pieds. Nous le maîtrisons facilement. Les deux FPT de La Bouilladisse et La Bédoule sont dans le champ ; les deux autres se tiennent en retrait, afin que le feu ne déborde pas sur les côtés.

J'ai le regret permanent de ne pas avoir de camions de feu de forêt. Je sais aussi que je ne pourrai pas déplacer mes engins en cours d'extinction. Le feu baisse d'intensité ; encore quelques minutes et nous aurons gagné la partie. Soudain, la lance du FPT de La Bouilladisse puis celle de La Bédoule s'arrêtent d'arroser le foyer ! D'après mes calculs, il devrait rester encore du temps avant que les citernes soient vides, mais le manomètre de pression est à zéro. Les conducteurs essaient désespérément de remettre de la pression, mais rien n'y fait. Le feu reprend vigueur et se dirige vers les véhicules. Les freins sont bloqués : impossible de les dégager. Le FPT de La Bouilladisse est le plus mal placé. Le feu l'atteint : il commence à s'embraser. Nous assistons impuissants à la destruction de notre camion. Celui de La Bédoule est touché à son tour, mais en partie seulement (il ne sera que faiblement abîmé). Nous qui, tout au long de l'année, intervenons sur ce type de feu, sommes tout à coup dépourvus, impuissants et résignés. Le feu progresse vers les premiers arbres du massif. Dire qu'avec quelques litres d'eau nous pourrions le stopper ! Trop tard : la forêt s'embrase. Nous avons perdu la partie. Beau bilan : il y a dix minutes que nous sommes sur site, nous avons laissé échapper le feu et avons brûlé deux engins. Je ne suis pas fier de moi. Je suis surtout très contrarié de ne pas comprendre pourquoi la pompe du camion s'est arrêtée bien qu'il y eût encore de l'eau. L'explication me sera donnée un peu plus tard, après avoir emmené le FPT de La Bédoule chez un garagiste.

Devant cette succession de mauvaises nouvelles, j'essaie de positiver. Je n'ai aucun dégât du côté du personnel, — si ce n'est la poussière accumulée dans les yeux rougis (pour ça, le sérum physiologique fera l'affaire). Les hommes sont prêts à continuer, mais il me faut les motiver, leur remonter le moral. Car ils culpabilisent d'avoir perdu deux engins. Qui a fait l'erreur ? Comment en est-on arrivé là ? Des interrogations sans réponse nous assaillent. Le retour d'expérience de mes hommes va être nécessaire ; mais pas ici, ou du moins pas maintenant. L'action immédiate nous fait oublier le reste ; on a autre chose à faire pour l'instant.

Le conducteur du véhicule de La Bédoule m'informe que la peinture a roussi, qu'il a débloqué les freins et que le camion peut rouler jusque chez le garagiste du village — où nous allons tout de suite. Après inspection du véhicule, celui-ci découvre rapidement l'origine de la panne. Il s'agit d'une durite d'air d'une dizaine de centimètres, qui a fondu sous l'effet de la chaleur rayonnante. L'alimentation en air a été coupée ; les organes de sécurité ont fait leur office et ont bloqué immédiatement les freins. La pompe, entraînée par le moteur et asservie par le système pneumatique, a cessé de fonctionner. Il est évident qu'avec des engins pour feux de forêt, rien de cela ne serait arrivé — et que le feu, de surcroît, aurait pu être stoppé. Cela soulage quelque peu mon ego, mais il est quand même difficile à avaler que des milliers d'hectares soient sous la menace d'un tuyau en plastique de 10 centimètres de long.

La réparation terminée, nous regagnons notre position. Le temps a défilé à une vitesse incroyable. La nuit est tombée depuis plus d'une heure. Après une brève collation (à base de melons du pays), j'effectue des reconnaissances. Je ne tarde pas à m'apercevoir que le massif est entièrement embrasé. Aucune pénétration n'est possible : nos véhicules ne sont pas faits pour. La seule action que nous pouvons engager — avant d'obtenir d'hypothétiques renforts — est de contenir le feu sur le flanc gauche en évitant qu'il ne descende dans les exploitations agricoles. Ces opérations dureront toute la nuit. Nous évoluons parallèlement au feu. En nous alimentant sur l'arrosage agricole, nous dévions le flanc gauche et repoussons les flammes en plein massif. Ces manœuvres sont épuisantes, — tirer des centaines de mètres de tuyaux, lutter contre le feu, replier, établir de nouveau les tuyaux, tout cela dans des terres boueuses… Au petit matin, les hommes sont exténués, tandis que le feu continue d'avancer de plus belle dans la forêt. Consolation : les récoltes sont intactes. C'est au moins ça de sauvé, mais c'est un bien maigre butin !

Alors que nous nous réchauffons avec une boisson chaude, le conducteur du FPT de La Bédoule vient me trouver. Il s'appelle Claude Pignol ; je le connais bien. Il me prend à part ; il fait une drôle de tête. Il est sapeur-pompier volontaire ; son métier, c'est chauffeur de bus, et il est passionné de chasse et de promenades dans la nature. Nous avons fait nos premières armes ensemble, et j'aime bien l'avoir avec moi sous mes ordres : c'est un homme de confiance, consciencieux dans son travail. Il a l'air très inquiet, ce qui me surprend de sa part : ce n'est pas le premier ni le dernier feu auquel il participe. « Tu sais, me dit-il, ce coin je le connais comme ma poche. J'ai mon cabanon pas très loin dans le massif, dans l'axe de propagation du feu. Il y a mon père et ma mère sur place. Ils sont partis de La Bédoule avant-hier pour y passer la semaine ! » Je reste interloqué. Le destin est curieux, parfois ; nous prenons mission pour le CEA de Cadarache, puis nous nous retrouvons au milieu de la forêt à des dizaines de kilomètres de l'endroit initial ; ensuite nous brûlons un véhicule, et l'un de mes hommes, qui par une coïncidence extraordinaire possède un cabanon sur les lieux de l'incendie, m'informe que ses parents risquent à tout moment d'être entourés par les flammes ! Décidément, me dis-je, cette fameuse durite m'aura posé bien des problèmes : la perte d'un fourgon, un feu hors de contrôle, et maintenant ça…

La situation est délicate. Il y a bien sûr l'envie d'en découdre et de protéger le bien — et les parents! — d'un collègue. Il y a également la sécurité de mes hommes, que je ne peux pas négliger. Je réfléchis très rapidement. J'ai une idée en tête, mais je ne prendrai une décision qu'une fois sur place. Je vais effectuer une reconnaissance là où se trouve le cabanon de Claude, bien que ce ne soit pas mon secteur de compétence — mais y a-t-il encore des secteurs? Je donne des ordres aux véhicules. Claude vient avec moi, pour me guider à travers les routes et les chemins de terre. La végétation est luxuriante, faite de chênes centenaires, de quelques carrés de vignes et d'oliviers. Claude est atterré: «Quel dommage, quel gâchis!», lâche-t-il. Je comprends son émoi et sa tristesse. C'est un si bel endroit! Nous sommes bien placés pour imaginer le tableau, une fois que le feu sera passé ici. À travers cette végétation, je devine très rapidement le danger. Nous sommes silencieux mais pensons à la même chose. J'ai hâte d'arriver sur les lieux. À la sortie d'un champ de vignes, on aperçoit le cabanon, au bout d'un chemin en cul-de-sac. Il est au milieu de la verdure, sous les arbres; il y fait même un peu frais. Les parents de Claude sont là, occupés à dégager les abords de la vieille bâtisse; un arbre a même été tronçonné. À notre vue, leurs visages s'illuminent: ils ne sont plus seuls, et seront forcément en sécurité avec «le fiston et son chef»! Ils semblent persuadés que nous allons sauver les années de labeur qu'ils ont passées ici à remettre en état et à maintenir ce bout de colline. Que de souvenirs, que de belles journées avec les amis! Les parties de cabanon sont une tradition, ici; guère de confort mais beaucoup de joie et de bonne humeur. Aujourd'hui c'est une autre histoire.

Le feu est encore assez loin. Nous apercevons la fumée et entendons son bourdonnement caractéristique ; il y en a encore pour trois bonnes heures. Je fais le tour de la propriété, repère les éventuelles zones d'appui et de repli, les réserves en eau, la structure du cabanon. On peut disposer d'une zone d'appui — un champ à l'avant gauche — et d'une zone de repli — les vignes que nous avons vues en arrivant. Il y a aussi une citerne de 5 000 litres, qu'il faudra remplir. Par contre, il faudra abandonner les véhicules si cela se passe mal.

Je dois me décider. Je sais que les Pignol vont rester coûte que coûte. Je sais aussi que ma décision ne servira qu'à les conforter dans leur choix, mais que je ne pourrai jamais les dissuader de rester ici pour défendre leur bout de terrain. Les regards se posent sur moi : je lis dans leurs yeux qu'il est impossible que je les abandonne. Pourtant, tout devrait m'inciter à renoncer. J'ai toutes les raisons pour dire « Je ne peux rien pour vous, il faut évacuer » : la sécurité du personnel, l'enjeu, la désobéissance aux ordres reçus, le type d'engin que j'ai avec moi, les conséquences... Je revois le camion brûler devant moi ; je ne veux pas revivre ce gâchis. Nous avons eu de la chance de ne subir aucune perte humaine. Quoi qu'il arrive, l'essentiel est de préserver les hommes et de ne pas tenter le diable ! J'ai pris tous ces paramètres en compte en un temps très court, comme c'est souvent le cas dans ce genre de situation. J'ai déjà ma petite idée sur la façon dont je pourrai mettre en place mon dispositif. Car, malgré tout, je pense qu'il y a quand même un bon coup à jouer.

Nous nous retrouvons devant le cabanon, au pied d'un chêne vert dont l'ombre couvre presque entièrement la terrasse. Malgré la chaleur écrasante et l'urgence de la situation, je prends quelques secondes, le temps d'apprécier ce coin de paradis qui, dans quelques heures, va être le théâtre d'un déchaînement de violence incontrôlable. D'une voix calme, de la façon la plus neutre possible, j'explique mon analyse à la famille. Il y a, comme toujours, des points positifs et négatifs. Côté positif, on a les zones de repli, la réserve d'eau, le champ comme zone d'appui et les hommes — dont je connais le courage et l'abnégation. Seul bémol à leur sujet : leur volonté d'aider un ami peut entraîner une mauvaise appréciation du danger. Côté négatif : l'isolement — nous ne pourrons compter que sur nous-mêmes —, la végétation qui entoure le cabanon et le type d'engin que j'ai à ma disposition. Après avoir fait la balance du pour et du contre (dans notre métier, on dit « peser les patates »), je décide de protéger le cabanon.

Nous redescendons. J'apprends que la relève pour l'engin d'Aubagne est arrivée (cela fait pratiquement vingt heures que les hommes sont sur le chantier). Pour ma part, il y a pénurie de cadre ; ma relève arrivera plus tard. Je prends contact avec les nouveaux arrivants : je les connais tous. Il y a là des amis que j'ai vu débuter au centre de secours, et qui ont pris de l'assurance avec l'âge. Parmi eux se trouve un jeune, Yaya, dont c'est la première grosse intervention ; il faudra faire attention à lui. Je décide de laisser un véhicule sur place pour récupérer le matériel. Il me reste le FPT d'Aubagne et celui de La Bédoule, avec Claude comme conducteur. Après un rapide briefing où j'explique les risques encourus et le temps qu'il nous reste pour nous mettre en place, je demande des volontaires. Sans surprise, il n'y a aucune défection. Le plan de bataille est lancé. D'abord, remplir la citerne du cabanon : cela fera 5 000 litres d'eau supplémentaires. Ensuite, disposer les engins de manière à éviter le plus possible la chaleur rayonnante en fonction de l'évolution du feu, afin de protéger cette fameuse durite. Désigner le rôle de chacun ; prévenir les sautes qui pourraient nous prendre à revers ; protéger les parents de Claude ; enfin, établir les lances… et attendre. Il nous faut deux bonnes heures avant d'être prêts pour le rendez-vous avec notre ennemi de toujours.

Aujourd'hui encore, je me pose la question : est-ce uniquement l'amitié qui m'a fait prendre cette décision ? N'y a-t-il pas eu aussi le besoin de se confronter à l'incendie, afin de lui prouver que, même s'il nous avait battus lors de notre premier affrontement, nous étions toujours là et que nous n'avions pas abdiqué ? Il y a eu les deux à la fois, je pense, — mais je ne l'ai réalisé que bien plus tard. Et puis, comment aurais-je pu assumer le refus de protéger les biens d'un collègue ? Claude aurait certainement quitté son véhicule pour aller aider ses parents et protéger son cabanon ; quelle aurait été la réaction de l'équipage ? Le moral d'une équipe peut rapidement se dégrader, et des tiraillements peuvent apparaître. Ainsi, la décision du chef est l'un des paramètres essentiels de toute intervention. Cela influera sur le déroulement de la mission, mais aura aussi, au fil du temps, des répercussions plus ou moins prévisibles (et plus ou moins sérieuses) sur le comportement des hommes.

Une fois mon dispositif en place, je peux effectuer une reconnaissance vers le feu. Le bruit est impressionnant. Je constate que deux langues bien distinctes se dirigent vers nous. La première est au-dessus de notre position, sur le haut du versant ; elle descend à vive allure en direction de la clairière. La deuxième n'est pas visible du cabanon : c'est le front de feu que nous avons repoussé toute la nuit à l'intérieur du massif. En remontant, l'incendie a pris de la vigueur. Les colonnes de fumée des deux langues se sont rejointes, et dans peu de temps le front de feu sera réuni à hauteur du cabanon. J'aperçois à travers les arbres les flammes qui avalent la végétation et qui progressent inexorablement vers nous. L'appétit de l'incendie est insatiable : plus il dévore, plus il a faim. J'essaie de me rassurer : « Lorsqu'il va arriver dans le champ, c'est sûr, il va ralentir. Ce sera à nous d'en profiter. Il faudra le dévier, le calmer, lui faire comprendre qu'il n'est pas seul et que nous pouvons lui faire du mal... »

Je suis isolé à mi-distance entre le feu et le cabanon. Je fais demi-tour en évaluant la distance qui sépare les engins du front de feu. Dans peu de temps, l'endroit où je me trouve ne sera plus que cendres. Je touche les feuilles des végétaux : je me dis qu'il ne leur reste plus guère de temps à vivre. C'est ainsi ; eux aussi sont impuissants et résignés. Je suis encore dans mes pensées lorsque j'arrive auprès du cabanon. Il est midi passé ; Mme Pignol nous a préparé un repas chaud — notre premier depuis plus de vingt-quatre heures. Nous nous installons sommairement à l'intérieur, autour d'une table en bois. Je fais rapidement le compte : nous sommes treize à table. Je n'en dis pas un mot. Les hommes sont silencieux et concentrés. Je pourrais comparer cette pièce au vestiaire d'un stade avant un grand match : dans le vestiaire, c'est le recueillement, et dehors, il y a la ferveur qui monte... Chacun, mentalement, répète ses gammes, les gestes à accomplir avant d'entrer dans l'arène. Le repas terminé, nous sortons. Là, nous croyons sincèrement que le ciel s'est couvert de nuages et qu'il va y avoir un orage! La joie est de courte durée. La fumée est tellement opaque qu'elle fait croire au crépuscule, ce qui rend l'atmosphère encore bien plus pesante. Nous aimerions être à des kilomètres d'ici, et pourtant nous ne donnerions notre place à personne. Là est toute l'ambiguïté! Il est temps de prendre position.

Le FPT de La Bédoule défendra directement la bâtisse; le FPT d'Aubagne sera un peu plus sur l'avant gauche afin de ralentir la propagation. Le jeune Yaya va passer directement de la théorie à la pratique. Pour sa première intervention sérieuse, il est chargé de protéger nos arrières au moyen d'une petite lance, avec ordre de ne l'ouvrir qu'en dernière extrémité pour économiser l'eau. Le but de la manœuvre est de dévier le feu afin qu'il contourne le cabanon. Je reste avec le véhicule d'Aubagne, en sachant que je n'aurai plus de contact avec celui de La Bédoule. Les consignes ont été données; je fais confiance à l'équipage. Nous nous retrouverons dans une demi-heure si tout va bien. Soudain un bruit assourdissant vient perturber notre dispositif: un hélicoptère des sapeurs-pompiers du Var est en vol stationnaire au-dessus de notre position. Au moyen de son «public adress» (haut-parleur extérieur), l'un des officiers nous ordonne de dégager le site: la situation pourrait selon lui devenir intenable. Les hommes sont perplexes; entre le bruit des rotors et les haut-parleurs qui crient à tue-tête, il nous est difficile de se faire entendre — mais notre attitude est sans équivoque: nous restons. Après tant d'efforts, il serait regrettable de quitter la position. Ce serait dangereux, aussi: l'incendie pourrait nous rattraper dans notre retraite.

Nous apercevons le front de feu qui se dirige vers nous. Comme je l'avais pressenti, il arrive en force : il est prêt pour la bataille. Il a rassemblé toutes ses forces afin d'être encore plus puissant, plus destructeur. Gare à celui qui le défie : la punition n'en sera que plus sévère. Je m'avance vers William et Joseph qui sont à la lance ; nous avons un genou à terre. Le feu génère son propre vent, tels les tourbillons qui entourent l'œil du cyclone. Les flammes sont à une cinquantaine de mètres. Nous sommes en pleine tempête chaude ; nous nous couchons pour éviter de prendre le panneau radiant de face — et en plus, paradoxalement, nous avons de l'air au niveau du sol. L'écran de fumée se trouve au-dessus de nos têtes. Le ciel nous est caché, comme si ce combat ne devait pas avoir de témoin. C'est un face à face à huis clos, chacun avec ses armes.

Je donne l'ordre à Roger d'ouvrir sur la lance : la pompe tourne à plein régime, l'eau gicle. Des brandons incandescents passent au-dessus de nous, provoquant des petits débuts d'incendie sur notre arrière. Yaya court dans le champ avec sa petite lance et maîtrise tant bien que mal la situation. Je redoute un embrasement soudain et généralisé de l'herbe sèche. Le feu continue à avancer dans notre direction : il n'est plus qu'à une dizaine de mètres. Le jet de la lance atteint la base des flammes et les empêche de nous atteindre. C'est un combat pratiquement au corps à corps. Personne ne veut céder. Je crie le plus fort possible pour couvrir le bruit de l'incendie : « À gauche, à droite, encore, vas-y, on va l'avoir ! » Tel un entraîneur sur le banc de touche qui repositionne ses joueurs, je m'évertue à indiquer à William et Joseph le meilleur endroit pour être le plus efficace, pour ne pas que le feu nous déborde et qu'il nous prenne à revers. L'un des principaux dangers, dans la position où nous sommes, est que le feu nous isole du véhicule. À cet égard, la mission de Yaya est primordiale pour notre réussite. Je demande de temps en temps de mettre la lance en jet diffusé, afin de faire baisser la température et de chasser la fumée.

La veste de cuir est brûlante. Bien que nous portions casque et cagoule, la chaleur est terrible. L'eau que nous recevons apaise pour quelques instants la sensation d'être dans une cocotte-minute. Le feu déborde sur la droite. Vite ! Nous empoignons le tuyau et courons pour stopper la propagation. Sur la gauche, les flammes ont repris de plus belle : d'un coup de jet bâton, nous calmons leur ardeur, puis nous reprenons notre position de manière à balayer le front sur toute la largeur. Je veux toucher mes hommes, pour qu'ils sentent que je suis avec eux, que nous sommes liés et que nous sommes plus forts que l'incendie. Je pense aux hommes de La Bédoule, qui sont à 50 mètres : si près et si loin ! Je pense aux parents de Claude, qui sont enfermés dans le cabanon : je leur ai demandé de rester à l'intérieur et d'attendre que ça passe. Je pense à ma famille, puis je pense que la victoire n'a pas encore choisi son camp, et que nous faisons vraiment un beau métier ! Je reste concentré sur l'évolution du feu. Nous n'avons plus guère d'eau dans la cuve et la citerne est vide : ça va se jouer à quelques minutes près. Qui va craquer le premier ? Je suis rassuré en constatant que l'herbe brûlée est juste devant nous, et je demande à l'arroser avec le diffusé ; nous pourrons nous replier dans les cendres en cas de problème — mais ce ne serait là qu'un pis-aller. Nous économisons l'eau. Enfin, le feu commence à céder. Il était temps ! Il décide de nous éviter, un peu comme une armée qui, bien que cent fois supérieure en nombre, renonce à prendre d'assaut un château fort pour ne pas de subir trop de pertes inutiles. C'était le but recherché. Il n'y a plus d'eau dans le véhicule, mais le plus dur est passé. Nous lâchons un cri qui libère notre influx et qui provoque chez les hommes un sentiment de revanche. Non, hier ce n'était qu'un incident ; il va falloir compter encore avec nous ! Je me rends immédiatement au cabanon, — qui est intact.

Je fais rapidement le tour du personnel. L'équipage de La Bédoule a lutté également pied à pied sans céder la moindre parcelle. Accolé au cabanon, il a dévié le flanc gauche du front de feu afin qu'il ne détruisît pas la maisonnette. M. et Mme Pignol sont sortis de la bâtisse ; ils sont sans voix devant ce décor. Il y a quelques arbres verts autour d'eux, et quelques mètres plus loin s'étalent des cendres et des arbres calcinés sur des dizaines de mètres — mais l'essentiel est sauvé, et dans quelques temps, la nature reprendra ses droits. Un simple regard entre Claude et moi suffit à notre bonheur. Ce genre de moment fort, dans la carrière d'un responsable, vaut mille médailles et mille discours. Je souhaite simplement que de nombreux cadres goûtent à ce plaisir, simple et intense, du travail accompli, — avec en plus une équipe si solidaire et si soudée qu'on ne peut en distinguer aucun membre plutôt qu'un autre. Tous les hommes ont été exemplaires, du plus jeune au plus ancien. Il leur a fallu se fondre dans le groupe, faire abnégation de soi au profit de la collectivité ; chacun dépend d'un autre, chacun travaille pour l'autre. Nous nous rafraîchissons, puis nous dressons l'inventaire du matériel détruit : une centaine de mètres de tuyaux sont brûlés. Nous ramassons nos affaires. Le feu n'est pas terminé ; d'autres batailles nous attendent.

Je donne rendez-vous aux véhicules sur la route. Je prends de l'avance pour me rendre au PC. Il y a très peu de monde, aucun engin de renfort ; mais le Commandant des opérations de secours (COS) attend une colonne avec du produit retardant. Si elle arrive à temps, une action pourra être engagée, sur une route goudronnée qui traverse le massif perpendiculairement à l'axe de progression du feu. Avec le COS, nous échangeons nos avis, nous évaluons différentes idées de manœuvres — en tenant compte des renforts éventuels et d'un paramètre souvent redoutable : le délai de transit. Il faut dans nos estimations intégrer la vitesse de propagation du feu et la vitesse de déplacement des engins, afin de fixer un rendez-vous qui n'a rien de galant. En fonction de ces calculs, nous pouvons envisager des actions à l'endroit qui nous paraît le plus favorable. Cette route goudronnée en est un ; la course contre la montre commence. Le COS, en attendant de mener ces actions, me charge d'une mission peu évidente. Je dois aller à la mairie du village de Ginasservis et demander au maire de faire évacuer les maisons isolées dans la forêt. Ginasservis se trouve sur l'autre versant, celui qui a été touché en premier et où le feu est en évolution libre depuis hier matin.

Je passe devant mes engins afin qu'ils soient prêts à se déployer sur le rendez-vous que nous avons fixé avec le feu : la route goudronnée. Je traverse la plaine. J'arrive à Ginasservis, puis j'entre en mairie. J'attends que monsieur le maire me reçoive. Je pénètre dans un bureau feutré ; le parquet grince sous mes bottes couvertes de cendres humides. Monsieur le maire est assis derrière un bureau en bois de style provençal. Je lui transmets les ordres du COS. J'évite de m'asseoir dans les fauteuils en tissus : ma tenue (que je porte depuis une trentaine d'heures) est noire comme du charbon. Je suis dans un autre monde : je suis passé de la réalité des choses aux explications de texte et à la théorie. Monsieur le maire m'écoute, impressionné peut-être par ma tenue — qui n'a pas grand-chose de réglementaire. Il est conscient de la situation. Il me demande des précisions sur la progression du feu, la probabilité qu'il atteigne ou non son village, les conséquences éventuelles. Je lui expose la situation actuelle et les situations envisageables : « Si les conditions météo ne changent pas, dans quatre heures le feu sera dans les faubourgs de Ginasservis. Les maisons isolées les plus à l'ouest vont être les premières touchées. Il y a un hôtel-restaurant en première ligne. Nous avons la capacité humaine et matérielle de le protéger, mais nous ne pourrons pas protéger les maisons individuelles. » Je comprends l'embarras du premier magistrat mais il est le seul habilité à prendre ce type de décision (sinon, par carence, c'est le préfet). Les sapeurs-pompiers, dans ces cas-là, sont des conseillers techniques. Pour finir, je suis obligé d'écourter la conversation car j'ai un rendez-vous avec un vieil ennemi que je ne veux surtout pas manquer…

À mesure que j'approche du point de rendez-vous, j'aperçois des véhicules rouges au bord de la route : ce sont les renforts varois. Un officier vient vers moi ; je lui explique la problématique. Le feu a 2 kilomètres de front. Il va arriver sur la route départementale : là, si nous avons les moyens nécessaires, nous pourrons faire du bon travail. Nous décidons de diviser en deux secteurs : une partie haute, traitée au produit retardant, et un secteur bas (vers la plaine), où je pourrai engager une action pour stopper le feu. J'ai récupéré mon troisième véhicule (celui qui était resté en bas du cabanon Pignol). Maintenant, avec la colonne de renfort, nous pouvons mener une attaque sur 500 mètres environ, tandis que plus haut, le reste du feu devrait s'arrêter de lui-même sur le produit retardant. De plus, nous sommes sur un relief légèrement descendant, ce qui ralentit sa propagation.

Tout est prêt. Nous allons encore essayer de stopper l'incendie. Cette fois, pas question qu'il nous contourne : nous devons, sur ce versant tout au moins, lui porter le coup de grâce. La situation n'est plus la même : bien que le front de feu soit impressionnant, nous avons des véhicules tous les 50 mètres, de l'eau et un point d'appui intéressant. Dans le secteur qui m'est attribué, j'ai bon espoir de le stopper.

Les premières flammes arrivent. Nous actionnons nos quatre petites lances. Le rideau de feu résiste un instant, mais devant les jets qui convergent sur leur base, les flammes vacillent comme un boxeur sous une avalanche de coups. Nous voulons la victoire totale : pas question de le compter dix. Il faut profiter de son K-O pour lui asséner le coup de grâce. Il ne faut pas que la bête renaisse de ses cendres chaudes : nous devons tout noyer et traiter les lisières. Combien de feux sont repartis de plus belle alors que l'on croyait l'avoir définitivement achevé ? Le noyage arrive à son terme ; nous luttons encore une bonne heure en nous assurant que chaque souche soit copieusement arrosée, et que les lisières soient noyées dans le noir (le brûlé) et dans le vert (la végétation non brûlée). Nous nous apprêtons à savourer enfin notre victoire — quand soudain, à une centaine de mètres derrière nous, nous apercevons de la fumée puis des flammes à travers les arbres. Quelqu'un crie : « Une saute ! » En quelques secondes, le feu repart et reprend de l'ampleur.

Il faut réagir immédiatement. Les tuyaux, vite ! La mésaventure d'hier peut se reproduire et le deuxième front que nous venons de stopper peut reprendre de plus belle.

Ce phénomène de reprise — cette saute, comme on dit — est fréquent. Lors de la lutte active, les brandons s'envolent au-dessus de la ligne d'appui. Certains d'entre eux retombent dans la végétation et allument la litière asséchée. Le feu végète quelques instants, puis avec l'aide du vent, il prend vigueur jusqu'à créer un deuxième foyer, à plusieurs centaines de mètres derrière notre ligne. Pas de temps à perdre : les tuyaux se déroulent ; nous courons vers la reprise et l'atteignons enfin. L'incendie a déjà avancé. Il faut coucher les premières flammes et traverser le brûlé pour atteindre l'avant du feu, tout en surveillant nos arrières. C'est une opération délicate mais nécessaire pour stopper la propagation. C'est l'une des bases de la formation en feux de forêt : il vaut mieux passer par le brûlé, pour deux excellentes raisons : le vent est dans le dos, donc la fumée ne nous arrive pas en face ; et la végétation, réduite en cendres, ne nous empêche pas de progresser et ne casse pas le jet des lances. Les hommes savent faire : ils connaissent la technique. Il suffit d'arroser là où l'on va poser les pieds pour refroidir le sol. Je sers d'aboyeur en les guidant et en priorisant les actions. Nous apercevons le front à une vingtaine de mètres, mais il n'y a plus de tuyaux. Nous devons prolonger l'établissement ; nous attendons que l'équipier qui fait la navette soit de retour. Le travail est épuisant. Les battements du cœur s'accélèrent… nous sommes au bord de la rupture. C'est terriblement injuste : l'ennemi va encore gagner. Tous ces efforts, ces calculs, ces tentatives inutiles ! Le porte-lance est impuissant : il manque au moins 10 mètres. Le feu avance, inexorablement. Le moral en prend un coup ; je suis las. Je regarde désespérément en arrière : rien ne se passe... Si : mon équipier arrive avec deux tuyaux ! C'est du pain bénit. Enfin, nous pouvons prolonger. Cette fois c'est la bonne ! Bientôt, il n'y a plus de flamme, plus de fumée. Nous nous organisons pour le noyage et la surveillance. Et au bout d'une heure, nous pouvons annoncer qu'il n'y a plus de deuxième front ! La victoire est sans discussion. Nous pouvons laisser ce secteur sans arrière-pensées : le terrain est propre.

Il y a ici trop de véhicules. Nous sommes inutiles, avec nos engins pour feux urbains. Le COS nous confie alors une tâche des plus importantes : protéger l'hôtel-restaurant qui se trouve en première ligne sur l'autre front, dans les faubourgs de Ginasservis. Cet établissement est situé en pleine pinède. Il est assez vaste et comprend plusieurs dépendances. Le cadre est exceptionnel ; l'endroit doit être formidable, en temps normal. Il y a aussi deux piscines, qui me seront très utiles. Le feu se situe à environ 800 mètres des premiers bâtiments ; il a ralenti sa progression. Nos véhicules vont enfin pouvoir être utilisés au maximum de leurs possibilités hydrauliques. Nous établissons des gros tuyaux mais n'arrivons pas à atteindre la lisière. La nuit est tombée. Le dispositif est placé à quelque 500 mètres de l'hôtel. Nous attendons le feu de pied ferme : nous avons installé deux lignes d'aspiration dans la piscine, ce qui nous a permis d'établir plusieurs lances de 30 m^3/h. J'effectue une reconnaissance sur le feu ; il avance lentement, il a moins fière allure. Le vent est tombé et la température a baissé.

Je regagne le restaurant, trouve la responsable et négocie un repas chaud pour le personnel. La patronne se met en quatre pour nous ; je suis un peu gêné. Je suis même obligé de limiter ses propositions ; un plat chaud unique qui tient l'estomac, cela suffira à notre bonheur. Il vaut mieux tenir que courir ; on ne sait pas de quoi sera fait demain — ou tout à l'heure. Les hommes ont besoin, comme les sportifs, d'une alimentation saine et équilibrée — ce qui a tendance à faire défaut, il faut le dire, sur les interventions de longue durée. Quand je le peux, j'essaie de pallier ce manque d'organisation. Ici, notre mission se situe dans un hôtel-restaurant : autant en profiter. Trop longtemps, certains sapeurs-pompiers ont culpabilisé parce qu'ils prenaient un repas chaud sur un chantier… Je pense sincèrement que sur ce type d'intervention, un instant de coupure et de réconfort est le bienvenu. Cela permet de récupérer, de se retrouver, de se faire plaisir… Nous sommes une tablée d'une vingtaine de personnes, au calme. Le feu est surveillé par deux hommes. Nous pouvons enfin nous autoriser un petit retour en arrière : impressions, souvenirs marquants, anecdotes… Ce sont des moments privilégiés. J'observe les attitudes de chacun, les visages… je les revois il y a quelques heures encore, en pleine lutte. Je suis heureux que nous soyons tous ensemble, sans incident majeur, sans que personne n'ait été blessé. Peu à peu, nous sommes plus détendus. Les visages se décrispent, les discussions s'animent, les rires fusent, les hommes se lâchent. Certains osent même expliquer leur ressenti. Ils dévoilent leur appréhension, leurs angoisses, lors de l'attente avant l'action, puis dans le combat… D'autres restent silencieux, refermés sur eux-mêmes, mais écoutent leurs camarades ; plus tard, ils y reviendront. Les groupes sont toujours les mêmes : on se place par affinité dans le combat comme dans la détente. Certains détails que je n'ai pu apercevoir lors de l'opération me viennent aux oreilles.

J'apprends qu'un sapeur a oublié d'ouvrir une vanne, qu'un autre a déchiré son pantalon… et bien d'autres choses, qui deviennent au fur et à mesure de plus en plus anecdotiques. À chaque fin d'histoire, des éclats de rire, voire de grands fous rires emplissent la salle. La patronne est assise auprès de nous ; elle aussi rit de bon cœur. Je ne sais pas ce qu'elle peut penser, tiraillée entre ce feu qui a menacé son établissement et cette équipe, devant elle, en train de refaire l'intervention ou de jouer aux anciens combattants…

Il est 2 heures : il est temps de lever le camp. Un autre jour commence déjà. Que d'événements depuis hier ! Les postes de feu et les emplacements ont été attribués. Après une dernière reconnaissance, je suis persuadé que le feu ne viendra pas jusqu'ici ; le personnel peut se reposer à tour de rôle. La nuit va être fraîche. Les hommes s'entassent dans les véhicules, enroulés dans leur veste en cuir. Un tour de garde est instauré. Il faut dormir et récupérer. Cela fait maintenant plus de trente heures que je suis sur la brèche. Il est 3 heures du matin : il faut que je dorme au moins deux ou trois heures ; cela me suffira. Je ne pense pas que je serai relevé : il va falloir que je tienne le coup. Je repère un fauteuil qui fera mon affaire. Mais à peine installé, la patronne vient me trouver. Elle est inquiète : je la comprends. Je la rassure, certain que le feu n'arrivera jusqu'à son établissement. Devant mon état, elle me propose l'une des chambres de son hôtel et de profiter d'une douche réparatrice. Ça ne se refuse pas ! C'est bien la première fois que cela m'arrive sur une intervention. Dans la chambre, je n'ose rien toucher tant mon état de crasse fait peur à voir. Je prends bien soin d'ôter mes bottes au-dessus d'une corbeille, car une partie de la colline est restée à l'intérieur. J'entasse le reste de mes vêtements à même le sol et me dirige vers la salle de bain. Quel plaisir de sentir l'eau chaude couler sur son corps, malgré les picotements des égratignures ! Quel plaisir de se laver les cheveux et de se débarrasser de l'odeur de brûlé qui imprègne la peau ! Lorsque je sors de la salle de bain, je suis un autre homme, prêt à repartir. Il me reste trois heures pour récupérer. J'ai du mal à trouver le sommeil. J'essaie d'oublier les moments intenses et cruciaux de ces dernières heures. Au petit matin, je me sens frais et dispos pour continuer l'aventure.

Je rejoins le personnel. Il fait froid : les hommes sont recroquevillés dans les fourgons. Je prends contact avec Roger, dont c'était le tour de garde. Il me confirme que le feu s'est « cassé la gueule » tout seul. Il reste cependant quelques fumeroles qui seront traitées dans la matinée. Le vent est tombé pour de bon. Nous nous rassemblons pour le café, puis je donne les instructions afin de terminer le travail correctement. Le feu est fixé ; les phases terminales seront traitées par les pompiers locaux. Puis d'un seul coup, c'est l'affluence : les renforts, les journalistes, les caméras… Les habitants qui ont évacué peuvent regagner leurs maisons. La mission touche à sa fin. Deux heures plus tard, je reçois l'ordre de regagner mon département d'origine. Nous rentrons en convoi. Au plus profond de nous-mêmes, nous regrettons que l'histoire s'arrête. Nous serons séparés dans peu de temps et voulons profiter au maximum des derniers instants passés ensemble. Sur le chemin de retour, nous croisons des groupes qui montent sur le feu ; d'autres sont sur le bord de la route. Il y a là des collègues de différents départements : ils sont frais et rutilants dans leurs uniformes et leurs véhicules. Nous faisons parents pauvres : nous et nos camions sommes couverts de cendres — il faut dire qu'ils ont subi un traitement peu orthodoxe pour des engins urbains. Il est 15 heures. Nous nous séparons et rentrons chacun dans son centre de secours. L'intervention a duré près de quarante-huit heures.

Nous sommes au mois d'octobre. La saison est terminée depuis peu. Les pluies de fin septembre ont sifflé la fin de la partie. Nous pouvons récupérer. Ce jour-là, nous attendons au centre de secours la famille Pignol. Pour l'occasion, il y a les équipages des FPT de La Bédoule et d'Aubagne, pour déguster les pieds et paquets que Mme Pignol a préparés. Nous sommes une vingtaine avec l'équipe de garde. Nous refaisons encore le match — nous refaisons notre guerre, et nous gagnons encore. Décidément, nous ne pouvions pas perdre !

Il y a quelques années, Claude Pignol m'a invité à l'occasion de son départ à la retraite du centre de secours de La Bédoule. Il a prononcé le discours d'usage devant les autorités. Monsieur le sénateur-maire était présent, ainsi que l'ensemble du personnel. Il n'a pas pu s'empêcher de faire allusion à cette aventure-là. Il n'a pas pu terminer son discours ; l'émotion s'est emparée de ce rude gaillard, et le son de sa voix est resté bloqué au fond de sa gorge.

Cette intervention, parmi toutes celles que j'ai pu effectuer, a eu la particularité de mettre en évidence la force d'une équipe à travers les épreuves, malgré les aléas et les déboires que nous avons eus à affronter. L'aventure humaine, mêlée aux dangers des missions, a créé l'amalgame magique de plusieurs personnes d'univers différents qui se sont unies dans l'adversité. Il a fallu du courage, de la volonté, et même de l'inconscience quelquefois, pour relever les défis et résoudre les problèmes posés. J'ai dit — et je répète — qu'il y avait eu des moments extraordinaires. Certains pourraient s'en offusquer, mais c'est ainsi : vivre l'instant présent d'une manière si intense est une chose que très peu de personnes ont connu.

XII
Le drame du Pélican 43

Depuis maintenant un an, je suis affecté, comme chef de centre, à la caserne de La Ciotat. L'activité est un peu moins soutenue qu'au centre de secours d'Aubagne. La différence essentielle par rapport à mon ancien poste est la spécialité maritime. Situé aux confins du département des Bouches-du-Rhône et limitrophe de celui du Var, le secteur aquatique de ce centre est important. De plus, l'été, la population augmente beaucoup.

Les postes de secours, armés par les sapeurs-pompiers, assurent la surveillance des plages pendant une partie de la saison. Ils apportent les premiers secours et les premiers soins aux touristes imprudents ou malchanceux. La *Pelagia nocticula*, appelée plus familièrement la méduse, fait un nombre incalculable de victimes parmi les vacanciers. Les eaux chaudes de la Méditerranée n'attirent pas que les touristes. Ces animaux marins semblent être attirés par les jambes des baigneurs comme des aimants par de la ferraille. Dépourvue de squelette, de cerveau, de poumon et de sang, cette étrange créature — qui fut une héroïne de Jules Verne — se défend des prédateurs au moyen de cellules urticantes placées sur ses tentacules ; la décharge immobilise le poisson. Au contact de ces tentacules garnis de mini-ventouses qui contiennent une toxine très irritante, le malheureux touriste, quant à lui, ressent une vive brûlure. Il ne lui reste plus que le réconfort des sauveteurs côtiers. Le personnel du poste de secours soulage la douleur à l'aide d'une bombe aérosol et de crème, conseille à la victime de rester à l'ombre et de patienter une paire d'heures avant de retourner se baigner.

Jusqu'alors, les CRS chargés de cette fonction ne couvraient pas la totalité de la saison ni la totalité du territoire. Il était donc nécessaire de faire surveiller les plages par les sapeurs-pompiers de La Ciotat. La création d'un nouveau poste armé par les sapeurs-pompiers avait chamboulé l'ordonnancement de la distribution des secours. Je ne comptais pas m'arrêter en si bon chemin : l'attente de la population était forte, et nous étions prêts à relever le défi.

Outre ces interventions de secours classiques, nos missions — en collaboration avec la Société nationale de sauvetage en mer (SNSM) — consistent à secourir les personnes en mer, les bateaux et planches à voile en difficulté, parmi bien d'autres interventions que génère chaque année l'afflux d'estivants.

La baie de La Ciotat, de par sa configuration, est un endroit privilégié pour les avions bombardiers d'eau amphibies — autrement dit, les Canadair — pour effectuer des exercices. D'une longueur d'environ 6 kilomètres, la baie offre aux Canadair une multitude de possibilités de manœuvres. Les collines qui entourent le site protègent le plan d'eau du mistral, ce qui améliore les conditions d'écopage. À longueur d'année, les Canadair CL 415 s'entraînent ainsi à amerrir, à écoper puis à larguer leur charge. Pour le profane, les figures qu'ils exécutent dans le ciel ciotaden et dans la baie sont de simples entraînements à l'amerrissage. La réalité est beaucoup plus technique et compliquée : chaque exercice est planifié, avec en plus des simulations de panne pour que le pilote acquière le réflexe approprié. Les dangers de ces manœuvres sont multiples, mais la principale crainte provient de la curiosité des touristes qui, avec leurs embarcations, désirent s'approcher au plus près afin de faire *la* photo des vacances. Notre réglementation est très précise à ce sujet : dès qu'un avion se présente dans la baie, un Zodiac ou un bateau du centre se dirige dans la zone d'écopage pour assurer la sécurité ; cet équipage est appelé « assistance plan d'eau ». Le pilote du Canadair et le personnel du bateau communiquent par radio. Les sapeurs informent immédiatement leurs homologues d'un danger possible lorsqu'un imprudent se trouve dans la trajectoire de décollage ou d'amerrissage. Le pilote demande à faire dégager la zone si nécessaire.

Dès mon arrivé au centre, je me suis inquiété de nos lacunes dans la gestion de ces exercices et la coordination des secours. Le 6 mars 1997, une manœuvre grandeur nature est organisée avec un Canadair, afin de nous familiariser avec les techniques d'approche, le remorquage et le cas échéant le sauvetage d'un membre de l'équipage. L'indicatif radio des CL 415 est le mot « Pélican » suivi d'un chiffre. Le choix de ce très gros oiseau comme indicatif semble logique, puisque dans sa poche jaunâtre située sous le bec, ce pelecanidé peut emporter jusqu'à 13 litres d'eau !

C'est le Pélican 36 qui servira de cobaye pour cet entraînement. Le thème choisi pour cette manœuvre est simple : un Canadair vient d'amerrir avec un blessé grave à bord ; il a subi une avarie importante, et il est prêt à sombrer. La veille, des pilotes de la base de Marignane sont venus apprendre aux intervenants les gestes à effectuer. Ils ont présenté les points d'ancrage des cordages, ils ont énuméré le matériel qui se trouve à bord de l'appareil pouvant nous servir au cas où... Ils ont mis l'accent également sur le danger représenté par les hélices pour les sauveteurs en mer. L'explication a duré plus de deux heures, afin de se familiariser avec ces machines que nous côtoyons régulièrement mais qui sont méconnues de la plupart de mes hommes. Un dialogue entre les pilotes et les sapeurs-pompiers s'engage rapidement, sur les contraintes et les obligations que cette manœuvre peut entraîner. Ce jour-là, il y a un bel engouement au sein de mon équipe. Des hommes qui travaillent ensemble depuis des années ne se connaissent que par l'intonation de la voix à la radio ou par le geste de la main qui signifie « Au revoir ». Avec cet exercice, ils peuvent enfin communiquer, mieux se connaître et s'apprécier. Ils ont la possibilité de se raconter les différentes anecdotes qu'ils ont vécues, certes ensemble, mais chacun de leur côté.

J'ai pour ma part lié depuis de nombreuses années des relations professionnelles avec différents pilotes : nous assurons ensemble la formation sur les feux de forêt. Ces relations ont évolué au fil du temps pour se transformer en amitié sincère. Cette manœuvre n'aurait pas vu le jour sans cette affinité ; c'est d'ailleurs souvent le cas lorsqu'on veut faire avancer les choses : les relations amicales sont d'un précieux secours.

Le lendemain matin, l'avion s'immobilise à quelques encablures de la plage. Comme prévu, un contact radio est établi, nous demandant de l'aide pour le pilote blessé et pour le Canadair qui, poussé par le courant, risque à tout moment de s'écraser contre les rochers. Deux Zodiac du centre et le *Bec de l'aigle*, la vedette de la SNSM, se dirigent immédiatement vers l'appareil en perdition. La manœuvre se déroule correctement : le pilote est emmené par les plongeurs secouristes à bord d'un Zodiac, puis transféré (au moyen d'un brancard Pégylem) sur la vedette de la SNSM. Le danger de cette manœuvre, pour les intervenants, est de se faire déchiqueter par les hélices. La pale se trouve à 50 centimètres du plan d'eau lorsque l'avion est posé. L'approche ne peut se faire que lorsque le moteur est coupé.

Le deuxième Zodiac se charge d'amarrer le Canadair à l'avant pour être tracté par le *Bec de l'aigle*. Il va ensuite fixer un autre cordage à l'arrière de l'avion : le Zodiac devra corriger sa dérive en faisant office de gouvernail. Le remorquage de l'appareil s'effectue normalement, en direction des chantiers navals où il pourra être remisé dans la grande darse. Les mécaniciens de la Sécurité civile pourront le réparer en toute quiétude et le rendre à nouveau opérationnel.

Cette simulation, qui a mis en œuvre des moyens lourds, est « une première du genre », pouvait-on lire dans les journaux le lendemain. Espérons que nous n'ayons jamais besoin de déclencher un tel dispositif, et que cette simulation reste une simulation ! Malheureusement ce ne sera pas le cas.

Parallèlement à cet entraînement, les pilotes et les sapeurs-pompiers embarqués dans les Canadair se familiarisent à de tels accidents, à intervalles réguliers. Par exemple, on organise des exercices de simulation d'évacuation d'une cabine de Canadair immergée dans plusieurs mètres d'eau, à l'Institut national de plongée professionnelle (INPP) de Marseille. C'est l'occasion de se tester en grandeur nature sur un événement qui pourrait se produire à tout moment. Une gloutte, c'est-à-dire la réplique du poste de pilotage d'un Canadair, est enfouie dans 5 mètres d'eau environ. Le premier exercice, en apnée, consiste à s'extraire des sièges, ceinture bouclée, à se dégager de la gloutte et à remonter à la surface. Le deuxième exercice est de se dégager dans les mêmes conditions, mais au lieu de remonter directement à la surface, il faut faire le tour de la cabine, sortir son co-équipier (supposé inconscient) et le remonter à l'air libre. Pour avoir effectué ces exercices, je peux dire que le rôle le plus difficile est celui du co-équipier qui attend que son camarade le délivre de la situation inconfortable où il se trouve, toujours en apnée et ceinture bouclée !

Le centre de secours de La Ciotat se situe en bordure de mer. De mon bureau situé au deuxième étage, je peux admirer le golfe d'Amour. Le point de vue est magnifique. À l'est, la visibilité par temps clair porte jusqu'aux îles des Embiez. À l'ouest, l'imposant rocher du Bec de l'Aigle compose un tableau majestueux avec le relief qui plonge dans la mer. Les ocres des trois mamelons — que les Ciotadens surnomment « les trois secs » — contrastent avec le vert de la végétation. La criste marine s'agrippe à la falaise aride au-dessus du bleu de la mer qui s'enfonce dans les terres par les calanques de Figuerolles et du Mugel. Au moindre souffle de vent, je peux entendre le cliquètement des drisses des mâts des bateaux amarrés au port juste au-dessous de la fenêtre. Les matins d'hiver, je distingue le soleil roux sortir de l'eau à l'horizon ; il vient réchauffer les murs des façades d'immeubles en bordure des plages. Lorsque des collègues de travail venus des « brumes du nord » contemplent le panorama, ils pensent sincèrement que je suis en vacances toute l'année. Je sais parfaitement combien cet emplacement est privilégié, mais mes amis déchantent rapidement lorsqu'ils découvrent l'état de délabrement de notre centre de secours...

Le 17 novembre vers 10 heures, je suis dans mon bureau, affairé avec des problèmes de personnel, de congés et de tours de garde. Cela fait maintenant une bonne demi-heure que l'assistance plan d'eau a quitté le centre pour assurer la sécurité des quatre Pélican qui évoluent dans la baie. Le temps est clair grâce au mistral qui souffle depuis plusieurs jours mais la température est fraîche. Les hommes sur le Zodiac ont revêtu la parka de mer ; les embruns et le vent glacial ne font pas bon ménage. Le vrombissement des moteurs des avions qui passent à très basse altitude me confirme que l'exercice a commencé. Je jette de temps en temps un œil en direction de la baie : les quatre avions effectuent leurs manœuvres, le Zodiac est sur zone et assure la sécurité.

La sonnerie du téléphone m'interrompt dans mon travail. Le standardiste m'informe que le Zodiac vient de signaler par radio un accident lors de l'écopage du Pélican 43. Aussitôt je regarde en direction de la rade : j'aperçois trois Canadair qui survolent en effectuant des cercles, tels des oiseaux voulant porter secours à l'un des leurs, un autre avion qui gît le ventre à l'air. Le quatrième Pélican agonise ; il ressemble à un énorme oiseau, inerte et résigné, qui comprend que ses compagnons ne peuvent rien pour lui. Nous alertons immédiatement la vedette de la SNSM et demandons des explications au Zodiac qui se trouve à proximité de l'avion endommagé. Le message est clair : « Un avion a effectué un tonneau avant. Il est immobilisé à l'envers sur l'eau. Je poursuis reconnaissance. »

Un deuxième Zodiac est mis à l'eau avec une équipe de plongeurs. Je monte à bord de la vedette, prends la direction des secours et demande des renforts sanitaires et des plongeurs. Le *Bec de l'aigle*, vedette de plus de 17 mètres, propulsée par 770 chevaux, peut atteindre la vitesse de 20 nœuds ; il est entièrement médicalisé et peut naviguer par tout temps. Le drame s'est déroulé à 3 milles nautiques du rivage. Nous arrivons rapidement sur les lieux. Quelques embarcations naviguent déjà autour de l'appareil ; parmi elles, *Barbe d'or*, qui appartient à Gérard Carrodano, un pêcheur bien connu à La Ciotat, et une vedette de gendarmerie qui effectuait des exercices avec des plongeurs à son bord.

Nous approchons avec d'infimes précautions de l'appareil, qui est ballotté au gré des vagues dans des mouvements désordonnés. Il semble décapité. La cabine de pilotage n'est plus reliée au fuselage que par des câbles ; elle a disparu sous la mer. L'un des membres de l'équipage a réussi à se hisser sur l'aile à moitié immergée. Il est recroquevillé : il a adopté naturellement la position du fœtus. Son visage est tuméfié. Le sang, mélangé à l'eau de mer, semble aggraver la blessure. Il nous fait signe que l'épaule lui fait horriblement mal.

Les plongeurs sont déjà à l'œuvre : ils se rapprochent délicatement de l'aile de l'appareil sur laquelle se trouve le blessé. Au moindre mouvement brusque, un effet de balancier se produit qui peut le faire glisser dans l'eau. Nous le questionnons ; il s'agit d'Éric, pilote et chef de bord. Il a l'épaule cassée et se plaint de nombreuses blessures à la figure. Son visage exprime l'incompréhension et la culpabilité d'un pilote qui vient de perdre un avion dont on lui avait confié les commandes, bien que rien ne prouve que sa responsabilité soit engagée. Il nous dit que son copilote est toujours harnaché à son siège, dans la cabine, sous 5 mètres d'eau.

Le bilan s'annonce tragique : il y a un blessé et une autre victime, restée dans l'eau glacée, manque à l'appel. Gérard Carrodano, arrivé le premier sur les lieux, nous confirme les explications des sapeurs-pompiers du Zodiac. Se trouvant très près de l'accident, il a plongé rapidement afin d'atteindre le poste de pilotage 5 mètres au-dessous du niveau de la mer. Il n'a rien pu faire pour le copilote resté coincé sur son siège. Ce marin chevronné, qui a connu des moments difficiles dans sa carrière, ne peut empêcher l'émotion de l'envahir. Il a tout tenté pour extirper le malheureux de la carlingue déchiquetée, mais gêné par les câbles et la mauvaise posture du copilote, il a été contraint d'abandonner, la mort dans l'âme. Cet échec inévitable restera gravé dans sa mémoire pendant de nombreuses années. Deux plongeurs se glissent sur l'aile qui s'enfonce de plus en plus ; deux autres restent dans l'eau. Le pilote est conditionné, hissé à bord du *Bec de l'aigle* au moyen du brancard Pégylem et examiné par le médecin des sapeurs-pompiers. Il est immobilisé immédiatement sur un matelas coquille, ce qui lui épargne des souffrances supplémentaires et prévient les complications qui pourraient survenir au niveau de la colonne vertébrale.

Pendant ce temps, les plongeurs me confirment les propos du pêcheur ; ils s'activent pour dégager le copilote, sous 5 mètres d'eau. L'affaire est compliquée ; nous ne pouvons pas utiliser les mêmes méthodes que pour un accident de la circulation, lorsque des victimes sont incarcérées. Pas de cisailles pour découper la tôle, pas d'écarteur pour dégager l'habitacle. Les hommes travaillent. Ils ont l'habitude de ce genre de situation, mais les sapeurs-pompiers, sous leur carapace de sauveteurs, sont des hommes comme les autres. L'émotion qu'ils ressentent, même si elle reste difficilement perceptible, peut entraîner des comportements différents. Ils sont réellement troublés quand la victime est l'un des leurs. La plupart des plongeurs ont participé à l'exercice du mois de mars ; ils ont peut-être rencontré le copilote, dialogué avec lui. La situation est pesante, mais qu'importe : ces hommes sont des professionnels du sauvetage.

Après plusieurs minutes d'efforts, notre camarade est à bord de la vedette. Les secouristes effectuent le massage cardiaque et la respiration artificielle sous la surveillance du médecin qui a perfusé et intubé la victime. Après plus d'une demi-heure d'efforts, le médecin nous demande d'arrêter notre action et déclare Franck décédé. Il avait 37 ans ; il était marié et avait deux enfants. Il sortait tout droit de l'aéronavale et totalisait trois mille neuf cents heures de vol. Nous sommes désemparés. Nous espérons seulement que notre camarade n'a pas souffert, ce que nous confirme le médecin : Franck a subi le coup du lapin (un choc aux cervicales) et a perdu conscience. Quelqu'un de notre famille vient de mourir dans l'exercice de son métier. Un de plus sur cette liste qui n'arrête pas de s'allonger. Qu'ils soient du ciel ou de terre, les pompiers payent chaque année un lourd tribut à la lutte contre les feux de forêt. Tous ceux qui pratiquent cette spécialité connaissent la règle du jeu. Ils ont beau lutter de leur mieux, prendre toutes les précautions possibles, personne ne peut rien contre la fatalité ou un coup du sort. Des êtres chers sont enlevés à leurs proches. Les familles redoutent toujours l'accident, mais elles sont fières qu'un époux, un père ou un fils fasse ce métier.

Soudain, un énorme vrombissement secoue la vedette. Un hélicoptère Puma, détaché de l'escadron 05.067 « Alpilles » d'Aix-les-Milles, spécialisé dans la recherche et le sauvetage, se place au-dessus de notre position. Les pales du Puma créent des vagues autour de nous. Le souffle des rotors est impressionnant : il secoue la vedette comme une coquille de noix. Malgré les remous, le copilote du Canadair ne souffre pas trop de sa blessure ; le matelas coquille fait son office. Un homme descend tant bien que mal de l'appareil par hélitreuillage et atteint difficilement le bateau. Il s'agit d'un médecin militaire, envoyé par on ne sait qui. Une demi-heure après notre toubib, il vient déclarer le décès de Franck et la blessure du pilote. Une fois ce diagnostic effectué, il repart comme il est venu. Je me demande pourquoi on a dirigé un hélicoptère médicalisé spécialisé dans les recherches alors que la position de l'accident est connue et que le *Bec de l'aigle*, déjà sur place, est médicalisé. La réponse me sera donnée plus tard.

Les plongeurs m'informent que le Canadair prend l'eau, et que si rien n'est fait, il coulera dans moins d'une heure. J'ai plusieurs actions à mener : premièrement, ramener à terre le blessé et le corps de Franck. Deuxièmement, récupérer la boîte noire de l'avion. Troisièmement, éviter que l'avion ne coule afin que les enquêteurs puissent examiner l'appareil pour déterminer les causes de l'accident.

Nous faisons route vers le port de plaisance où nous attendent les ambulances et l'hélicoptère qui transportera le pilote à l'hôpital. Le Zodiac des plongeurs est resté sur place. Des parachutes vont être placés sur et dans l'avion pour le maintenir à la surface. Ces parachutes ressemblent à des ballons que l'on gonfle d'air à l'intérieur de la carlingue, sur les ailes et aux endroits où le Canadair s'enfonce dans l'eau. Il suffit de compenser le poids de l'appareil avec l'air que nous injectons dans les ballons afin de le maintenir à la surface. Le principe est simple mais nous manquons de temps. Plus l'avion s'enfonce, plus il devient lourd et plus il nous faudra de parachutes. Et de fait, comme me l'explique le chef plongeur, les quelques ballons que nous avons dans le Zodiac ne seront pas suffisants. Il va falloir en récupérer le triple, et vite, le temps presse !

Arrivé à terre, une grande effervescence règne sur le port. Les télévisions, les journalistes et pas mal de curieux s'entassent par là. Nous devons faire respecter un certain ordre. Je décide que le pilote et le corps de Franck ne seront débarqués de la vedette que lorsqu'on aura de la place. La police et la gendarmerie font dégager le quai ; nous transférons le blessé dans une ambulance et le corps de Franck dans l'hélicoptère.

Je profite d'être à terre pour faire le point sur le matériel manquant. La SEMIDEP (l'organisme qui gère les chantiers navals) et la société Techni Off-Shore nous donnent plusieurs ballons. Nous récupérons des bouteilles de plongée et des combinaisons que nous chargeons à bord du *Bec de l'aigle*. Tout ce matériel est dirigé sur les lieux du crash. Les plongeurs ont déjà installé les parachutes qu'ils avaient — mais à notre arrivée sur les lieux, il ne reste que l'empennage de l'avion hors de l'eau : tout le reste a coulé ! Il faut tout de suite mettre en place les nouveaux ballons, beaucoup plus gros. Pendant ce temps, une équipe se charge de récupérer la boîte noire qui se trouve à l'arrière. Je suis en communication avec la base aéronautique, qui m'indique la marche à suivre. Ils me disent de conserver le précieux objet dans un seau d'eau, car si par malheur la boîte sortait de l'eau pendant plus de dix minutes, les éléments qu'elle contient seraient irrémédiablement détruits. Ils m'informent aussi de ne pas s'étonner en apercevant la boîte noire, — qui est orange ! Au bout d'un quart d'heure d'efforts, la boîte est récupérée et placée dans un seau d'eau de mer.

Il ne reste plus qu'à tracter le Canadair vers la darse de la SEMIDEP. J'ai reçu l'assurance de son directeur que les grutiers, les chefs de service et les ouvriers nous attendront le temps qu'il faudra. Pour moi il n'y a pas d'équivoque : le Pélican 43 sera soulagé dans une demi-heure. Nous attachons les cordages aux points d'ancrage du *Bec de l'aigle*, et attendons le feu vert des plongeurs pour commencer à remorquer l'avion.

La darse dans laquelle va être entreposé temporairement le Canadair est l'une des plus importantes de toute la Méditerranée. Elle mesure 357 mètres de long, 62 mètres de large et 9 mètres de profondeur ; elle contient 220 000 m^3 ! Elle peut être vidée au moyen de pompes débitant 2 000 m^3. C'est celle-la même qui avait accueilli le pétrolier *Alsace*.

Je ne pensais pas que le remorquage de l'appareil nous poserait autant de problèmes. D'emblée, l'opération s'avère délicate. Nous ne pourrons dépasser un nœud de vitesse de navigation. Les plongeurs, juchés sur la queue du Canadair, nous préviennent qu'une vitesse supérieure endommagerait la carlingue et que les parachutes pourraient se détacher. Le feu vert est donné : le convoi se met en marche. D'après mes calculs nous en avons pour deux bonnes heures, si rien ne vient perturber notre progression…

Il y a plus de trois heures que notre organisation a été mise en place, et voilà que des éléments extérieurs viennent y mettre leur nez. Je reçois un message radio du CROSSMED m'informant que la Marine nationale se charge de récupérer l'avion avec l'un de ses bateaux. Je dois donc arrêter l'opération en cours et attendre qu'un navire vienne prendre notre place ! Je suis surpris : cela fait un quart d'heure que nous remorquons « l'épave », comme ils disent. Il n'y a aucune raison de s'arrêter en si bon chemin. En plus, le navire de la Royale n'est pas en vue. Je pourrai difficilement faire admettre à mon personnel, qui a bataillé pendant un long moment, qu'il faille abandonner la partie. Attendre le bon vouloir d'une autorité pour que nous passions la main et que d'autres prennent le relais est une chose compréhensible si la manœuvre est vouée à l'échec. Tel n'est pas le cas. Je prends contact avec mon état-major, qui n'a pas eu connaissance de ce commandement. La situation est délicate. Dans la mesure où j'ai à faire à une autorité militaire, je dois réagir d'une manière cadrée et sans état d'âme. J'appartiens pour ma part à une unité qui dépend du Service départemental d'incendie sous l'autorité d'un directeur départemental, le colonel Jorda, lui-même sous les ordres, en quelque sorte, du préfet des Bouches-du-Rhône. Nous sommes donc des civils dépendant du ministère de l'Intérieur.

Le commandant du *Bec de l'aigle* ne l'entend pas de cette oreille. Bien qu'il comprenne que cette décision soit une aberration, son autorité de tutelle est le CROSSMED. Il dépend directement de la Marine nationale. À moi de le convaincre de continuer. Je suis le commandant des opérations et le directeur des secours, mais je n'ai pas toutes les cartes en mains. Nous décidons d'un commun accord de poursuivre la mission qui m'a été confiée, en espérant que la Royale ne revienne pas à la charge.

Cela fait un peu plus d'une heure que nous naviguons. Nous sommes pratiquement à mi-parcours. Le commandant reçoit alors directement du CROSSMED l'ordre de couper les machines et d'attendre le remorqueur de la Marine, qui sera là dans quelques minutes. L'affaire se complique ! Nous sommes à mi-chemin du but : encore une heure d'effort et la mission sera accomplie. À quoi bon attendre ? Et de quel droit la Marine se permet-elle de nous imposer ce diktat ? Je rapporte ces réflexions au commandant de bord, qui marque un temps d'hésitation. Il est face à un dilemme. Je lui donne tous les arguments pour continuer. En contrepartie, son autorité lui ordonne de s'arrêter. Quelles seraient les conséquences de cette désobéissance ? Jusqu'à présent mon raisonnement a prévalu, mais je sais très bien que sa décision peut basculer d'un instant à l'autre. Il n'en est rien : les 770 chevaux de la vedette rugissent à nouveau. Le commandant de bord n'hésite plus et repart en direction de la darse. Soudain, une puissante sirène retentit : il s'agit d'un énorme remorqueur qui se trouve à 200 mètres environ derrière nous. Son ombre recouvre entièrement notre vedette.

Le *Mérou* — c'est le nom du bateau qui nous pourchasse — a d'autres caractéristiques à faire valoir : 59,35 mètres de long, 7,15 mètres de large et la hauteur d'un immeuble de dix étages. Nous ne faisons pas le poids ! Nous apercevons sur la passerelle les officiers, jumelles en mains, qui s'impatientent. Nous voilà acteurs d'un film d'action... La bataille navale va s'engager. D'un côté le « petit » qui défie le « gros », et de l'autre, l'autorité qui ne veut pas s'en laisser compter. Je fais comme si je ne les avais pas vus. Le remorqueur nous double à vive allure en actionnant encore une fois, pour nous impressionner, son énorme corne de brume. Je crains que sa vague déséquilibre les plongeurs assis à califourchon sur l'empennage de l'avion. Il vient se placer 200 mètres à l'avant afin de nous barrer la route.

Je contacte l'état-major et l'informe de la situation. Devant ce cas de figure, l'officier de garde est quelque peu désemparé. Il prend contact avec la préfecture, qui lui indique que le directeur de cabinet de préfet est sur le quai, où il attend que nous accostions. Je suis rassuré : si le directeur de cabinet du préfet a fait le déplacement, c'est qu'il tient à ce que l'avion — qui appartient au ministère de l'Intérieur — soit ramené dans la darse. Cette fois, je n'ai plus d'état d'âme — mais encore aurait-il fallu que j'en aie eu... Nous continuons quoi qu'il arrive. La Marine n'abdique pas aussi facilement ; alors que nous sommes tout proches du *Mérou* une voix de stentor retentit à travers des haut-parleurs surpuissants : « Dernière sommation. Je vous donne l'ordre de vous arrêter immédiatement. »

C'est bien comme dans un film. Un film d'action où il faut déjouer les pièges les uns après les autres. Dès que la situation devient favorable, d'autres pièges apparaissent pour faire échouer la manœuvre. Le commandant du *Bec de l'aigle* ne peut ignorer un tel ordre. La mort dans l'âme, il coupe les moteurs. Malgré mes arguments, et bien que nous apercevions la foule sur les quais, la vedette s'immobilise à quelques encablures de sa destination. Je suis déçu. J'ai du mal à admettre une telle décision. Mes hommes sont interloqués. Les plongeurs, qui sont dans l'eau froide depuis plus de quatre heures, m'interrogent du regard. Ils veulent comprendre ce qui se passe, pourquoi on n'entre pas dans le bassin. Maintenant, je suis curieux de voir de quelle façon les militaires vont s'y prendre pour prendre la suite de l'opération.

Je n'aurai pas à attendre longtemps. Cela ne fait pas cinq minutes que nous sommes arrêtés que le chef des plongeurs m'indique que le Canadair s'enfonce inexorablement dans l'eau. Les parachutes, au fil du temps, se sont remplis à moitié ; et seule notre force d'inertie, avec l'air qu'il reste dans les parachutes, maintient encore l'avion à la surface. Mais ça ne durera pas.

Plus le temps de tergiverser ! Je pose le problème au commandant du *Bec de l'aigle* : soit nous restons arrêtés et le Canadair coule pour de bon, soit il passe outre les ordres et nous pouvons ramener l'avion dans la darse. Il remet les gaz. Les moteurs de la vedette grondent à nouveau. La détermination succède à la déception. La situation devient de plus en plus pesante. Pour détendre l'atmosphère, je rassure le pilote en lui assurant qu'ils n'oseront jamais nous envoyer une torpille, même si nous passons devant eux !

Arrivé à leur hauteur, notre bateau ressemble à une coquille de noix. Nous restons humbles. Vu notre vitesse, il nous faut une éternité pour les dépasser puis pour arriver dans la darse. J'ai toujours peur qu'un nouveau message nous ordonne de stopper l'opération.

Nous y sommes. Nous entrons dans la grande darse — là même où, vingt-cinq ans auparavant, le pétrolier *Alsace* nous avait donnés du fil à retordre. Il y a énormément de monde sur le quai. Nous prenons contact avec les gens de la SEMIDEP qui gèrent les installations, afin de nous positionner le mieux possible sous le portique géant. Nous sommes minuscules sous cette énorme grue. Du haut de ses 96 mètres, elle avait (à l'époque de la pleine activité des chantiers) la possibilité de soulever 650 tonnes, soit des tronçons entiers de navires. Une fois arrêté, les grutiers se chargent avec d'infinies précautions de transférer l'avion sur un berceau qui se trouve à terre, à proximité des quais. Cette manœuvre va durer plus de deux heures. La structure de l'appareil, faite de matériaux composites, se déchire comme du papier. Les câbles pénètrent dans la carlingue comme un couteau dans une motte de beurre. À la place, on amène des sangles beaucoup plus larges. Ensuite on vidange les réservoirs de kérosène, en présence d'un véhicule d'incendie du centre de secours.

Après avoir rendu compte, je profite de ces instants de calme pour prendre contact avec les autorités, à savoir madame le maire, l'adjoint à la sécurité, et le directeur de cabinet du préfet. Les journalistes sont éloignés, je ne sais trop pourquoi. Nous conversons sur les péripéties de cette intervention. Une question me brûle les lèvres ; j'ose la poser au directeur de cabinet du préfet : « Pourquoi la Marine voulait-elle récupérer l'avion alors qu'il appartient à la Sécurité civile ? » « Pour la photo », me répond-il : « il est toujours intéressant de voir le lendemain sur le journal, en première page, un navire de la Marine ou de tout autre organisme tracter un Canadair qui vient de se crasher ! » La réponse a le mérite d'être claire, mais je constate encore une fois que le travail des hommes n'est pas pris en considération. Pendant ce temps, l'opération de transfert s'avère plus délicate que prévue. Les grutiers sont sur des œufs : la carlingue risque à tout moment de se disloquer. Heureusement que le personnel, les installations et le matériel mis à notre disposition sont d'une grande technicité. Cela me conforte dans mon raisonnement : c'est bien ici qu'il fallait remorquer l'avion.

Il commence à faire nuit. Le Pélican 43 repose maintenant sur son berceau. Il a été recouvert par une bâche, — une sorte de linceul. À cet instant je réalise vraiment que l'oiseau est mort. Il ne pourra plus voler et apporter le soutien et le réconfort que procurent les pompiers du ciel à leurs collègues de terre. Il restera là plus de deux ans. Après qu'il fut expertisé, des propositions furent soumises à la population sur sa future destination ; celle qui recueillit l'assentiment des Ciotadens fut de le dépolluer et de l'immerger au large des côtes, afin que les plongeurs sous-marins puissent assouvir leur passion de la découverte.

Il me restera de ce cruel après-midi le souvenir de la disparition de l'un de nos camarades de lutte, tué sur un banal exercice d'écopage. Il a risqué de se crasher à d'innombrables reprises, dans des conditions beaucoup plus défavorables, par le passé, lorsqu'il servait dans l'aéronavale. Dans notre métier, la moindre faute, le moindre problème technique peut entraîner des conséquences tragiques. Le reste, le remorquage, les bavardages, les polémiques ne sont qu'une suite de péripéties sans aucune mesure avec la tragédie que nous avons vécue.

XIV
Si près de la chapelle…

Je suis de garde depuis le matin, sur l'hélicoptère *Morane Aubagne*, ce mercredi 24 juillet 2002, à l'hélistation d'Agora. À tour de rôle, les officiers spécialisés dans les secours aériens prennent leur tour de garde, à bord d'un hélicoptère bombardier d'eau. Ils passent alors la journée entière sur le qui-vive, prêts à bondir dans l'hélico à la moindre fumée suspecte. La machine volante remplace en quelque sorte la voiture rouge, son gyrophare et sa corne à feu. Bien qu'aujourd'hui le vent soit assez violent, les interventions se sont limitées à quelques largages sur des feux naissants pour soulager les collègues au sol. Des reconnaissances aériennes ont été également effectuées suite aux appels pour des fumées suspectes, mais rien de bien méchant. La journée a été relativement calme ; il faut dire que le dispositif préventif mis en place dans le département a été efficace. Il y a eu de nombreux départs de feux, qui ont tous été maîtrisés rapidement. Il est plus de 18 heures : l'heure critique des débuts d'incendie est passée. Nous restons vigilants : nous avons vu des départs tardifs produire des dégâts considérables en fin de journée et pendant la nuit. Pour faire passer l'attente, je discute à bâtons rompus avec le pilote ; chacun veut connaître un peu mieux le métier de l'autre. L'heure du coucher du soleil, ce jour-là, a lieu assez tard dans la soirée. Cette heure change tous les jours ; pour l'aéronautique, elle indique la fin d'autorisation de décoller pour les appareils et pilotes qui n'ont pas d'accréditation.

Au poste de garde, le téléphone sonne. L'officier de groupement me demande de prendre intervention, avec ma voiture de commandement, pour un feu de forêt dans les Alpes-de-Haute-Provence. Je suis surpris : aujourd'hui, ma fonction est uniquement sur l'hélicoptère. L'officier me rassure : je serai remplacé à ce poste par un officier qui est déjà en route pour l'hélistation. Cela me tranquillise et me réjouit à la fois, car il est bien plus intéressant de batailler sur le terrain que de rester enfermé entre quatre murs !

À l'arrivée de mon remplaçant, je lui passe les consignes et je vais au centre de secours pour récupérer un conducteur. Ensuite je fais le point avec l'état-major des véhicules dont je dispose, car je suppose qu'il s'agit de diriger une colonne de renfort chez nos amis bas-alpins. Je suis informé qu'un violent feu de forêt s'est déclaré aux alentours de la commune de Sainte-Tulle, au sud de Manosque. Deux groupes d'intervention des Bouches-du-Rhône, composés en tout de huit véhicules, se dirigent vers ce chantier. Un peu plus tard, quatre autres véhicules de type urbain, ceux-là, seront envoyés sur place, car des habitations sont menacées. Je dois donc les rejoindre, les regrouper et en prendre le commandement.

Ce genre de mission arrive quelquefois pendant la saison estivale. Nous dirigeons des colonnes de renfort sur des départements limitrophes. La réciproque est vraie aussi. Cela étant dit, je ne suis jamais intervenu dans le département des Alpes-de-Haute-Provence, mais je ne peux m'empêcher de faire un parallèle entre les collines bas-alpines de Giono et celles que je parcours en tous sens à longueur d'années.

Les histoires communes entre l'illustre écrivain et l'académicien cinéaste sont légion. Lorsque Pagnol décide de construire au pied du Garlaban une ferme pour illustrer son film *Angèle*, il adapte le roman de Giono *Un de Beaumugnes*. Cette ferme, je l'ai maintes et maintes fois défendue : elle se trouve à un verrou, un passage obligé, un couloir de feu. En fonction de la tactique employée à cet endroit, on risque d'hypothéquer les chances de conserver intactes les habitations du piémont du Garlaban. Le commandant des opérations aura le choix : soit il déviera le feu sur le rocher où la végétation est rase, soit il misera sur une ligne d'appui bien aléatoire, devant les zones urbanisées vers la plaine d'Aubagne.

À un peu plus de 100 mètres de la ferme d'Angèle, sur un éperon rocheux, se trouve le village d'Aubignane, créé de toute pièce par l'académicien pour adapter au cinéma le roman de Jean Giono, *Regain*. Il ne reste que quelques ruines du village abandonné, mais si l'on prête bien l'oreille, il nous parvient encore les sons de la voix de Panturle et de la Mamèche qui refusèrent la désertification des campagnes pendant la révolution industrielle. Chose curieuse, ce coin de colline arpenté par des milliers de touristes et d'écoliers est aussi un thème de manœuvre lors de la formation des cadres dans la lutte contre les feux de forêt.

Mon conducteur connaît l'itinéraire ; je peux me consacrer à étudier le secteur sur la carte d'état-major. À la sortie d'Aix-en-Provence, on peut apercevoir un énorme champignon de fumée en direction du nord-est. Je reviens à la réalité : c'est une grosse affaire. Nous avons deux heures environ à travailler de jour ; le reste de la mission se déroulera de nuit, sans avion ni reconnaissance aérienne. La sortie de l'autoroute se trouve en amont de la zone intéressée par le feu, ce qui nous permet de dépasser l'incendie. J'en profite pour observer l'évolution du front et le matérialiser sur ma carte. L'axe de propagation de l'incendie est du nord vers le sud, la lisière ouest étant parallèle à l'autoroute et à la route nationale. Le secteur intéressé est périurbain. Un village est directement sous la menace de l'avant gauche : il va falloir rapidement y mener des actions. À l'approche du chantier, je prends contact avec l'un des chefs de groupes, qui me fixe un point de rendez-vous.

C'est le village de Corbière qui est menacé ; de nombreuses maisons sont à proximité de la lisière du feu. Sur la carte, j'avais repéré des maisons isolées à flanc de colline et des chemins en cul-de-sac. Je constate cet état de fait de visu, à cette différence près qu'il y a encore plus d'habitations que sur les plans. La population est dans la rue. Le feu n'a pas encore dépassé la crête en contrebas de laquelle se trouvent les premières villas. Deux Groupes d'interventions feux de forêt (GIFF) sont là : celui d'Aix et celui d'Aubagne ; le chef du GIFF Aubagne a pris le commandement en attendant mon arrivée. Je réunis les deux chefs de groupe qui me brossent un tableau de la situation. Ce n'est pas très reluisant. Ils ont déjà procédé à une attaque et paré au plus pressé : protection de la population et des points sensibles. La sectorisation n'a pas encore été mise en place, ce qui gêne la coordination des actions. J'effectue une reconnaissance rapide en empruntant une piste qui me mène sur la crête : là, une attaque peut être tentée pour stopper le feu.

Cette piste parcourt la ligne de crête et termine en cul-de-sac à la chapelle Saint-Brice. Celle-ci est entourée d'arbres plus que trentenaires. C'est un lieu de recueillement pour les croyants ainsi qu'un havre de fraîcheur pour les promeneurs après la montée. De là, la vue est magnifique. Vers le levant, au départ de la piste, on voit la plaine de la Durance qui traverse des pommeraies et des olivaies ; au fond, on aperçoit les contreforts du plateau de Valensole. La rivière s'écoule lentement au milieu des gravières. Son eau limpide, presque turquoise, descend vers le pont de Mirabeau en dessinant quelques méandres. Des îlots apparaissent çà et là dans son lit. En cette saison, le niveau de l'eau est modeste, et son débit paisible fait oublier son habituelle impétuosité de torrent de montagne. En effet, il est fréquent qu'en automne ou au printemps, ses flots déchaînés arrachent sur leur passage les berges et divers aménagements. Le pont de Mirabeau n'a d'ailleurs pas résisté aux crues centennales, malgré les nombreux barrages édifiés le long du parcours. Enfin, si l'on se tourne vers le couchant, les dernières collines du Luberon apparaissent comme des remparts au mistral. Leur orientation change la direction du vent qui abandonne l'axe nord pour un axe nord-ouest. En l'occurrence, cela pousse le front de feu vers les premières habitations. Le soleil a disparu derrière ces collines. L'ombre recouvre entièrement notre position : le feu est maintenant pour nous. Il n'y a plus d'avion dans le ciel ; rendez-vous a été pris demain matin aux aurores avec les pilotes.

Les premiers véhicules arrivent. Il n'y a pas de temps à perdre : le feu monte sur le versant. Les engins d'Aix-en-Provence se placent devant la chapelle, et ceux d'Aubagne en réserve tactique à une cinquantaine de mètres de leurs camarades. Une attaque est rapidement menée. Les deux groupes parviennent à stopper la propagation. Ensuite, avec l'aide des sapeurs-pompiers varois, des établissements de tuyaux sont effectués dans le vallon afin de sécuriser le secteur. Je fais le point avec mes chefs de groupe. Une équipe de télévision vient nous rejoindre qui me demande de réaliser quelques images pour son journal. J'accepte, mais je ne suis pas tranquille. Je ne peux pas tout voir et je ne sais pas ce que nous réserve la suite. De notre position nous apercevons de la fumée en direction de l'est ; je ne sais pas où se trouve le feu. J'informe le chef de groupe que je vais effectuer une reconnaissance afin de déterminer si notre position n'est pas dangereuse. En fait, je redoute d'être pris à revers. Mon but est de poster des hommes dans le vallon et de faire jonction avec les équipes qui se trouvent sur la crête : ainsi le secteur serait bouclé, et il n'y aurait plus de trou dans notre dispositif.

Je laisse le commandement du secteur au chef GIFF, et avec un officier, je me dirige vers le sud. J'essaye de trouver, avant qu'il fasse nuit noire, des chemins pour engager le dispositif. Cinq minutes après mon départ, le chef GIFF me contacte et m'informe que le feu se dirige brusquement vers sa position. Je fais tout de suite demi-tour. À mon arrivée sur la crête, c'est l'embrasement général. Le groupe d'Aix est coincé contre la chapelle ; un mur de flammes nous sépare d'eux. Par radio j'ai contact avec le responsable : la situation qu'il me décrit est plus qu'alarmante. Les hommes sont au milieu du brasier à une cinquantaine de mètres de l'endroit où je me trouve. Un climat de panique s'instaure à cause de la soudaineté de cet embrasement. Isolés, les hommes n'ont plus aucun repère ; ils sont livrés à eux-mêmes. Un message de détresse est lancé par le chef GIFF sur le canal radio prévu à cet effet. Il sera entendu, je l'apprendrai plus tard, par notre état-major à Marseille qui s'inquiète de la tournure des événements.

Le chef GIFF annonce qu'il abandonne la lutte et donne l'ordre à ses hommes de se réfugier dans les véhicules, où l'eau commence à faire défaut. Nous sommes de l'autre côté du mur de flammes : nous entendons les moteurs des camions qui s'emballent. La contre-attaque s'organise. Les lances sont établies. Je me place derrière les porte-lances ; accroupis, nous progressons dès que c'est possible. La chaleur intense nous empêche de faire le moindre mouvement en direction des camarades pris au piège. Dès que les circonstances le permettent, je pousse mes gars, je crie, j'encourage, j'insulte et même, je blasphème. Je suis avec les hommes, du moins je le crois, puisqu'à un moment, dans la chaleur et la fumée, je constate qu'un des porte-lances que j'encourageais en l'invectivant abondamment était Marie, une fille de mon unité. Que voulez-vous ? Une veste, un casque et une cagoule : c'est la panoplie du sapeur-pompier… Après coup, je me suis remémoré mon vocabulaire de charretier, et je suis venu m'excuser de mon excès de verve.

La lutte est au corps à corps. Il faut dégager nos amis. Dans quel état vais-je les retrouver ? Je n'ai plus de nouvelles d'eux. Les flammes forment des volutes sous lesquelles nous nous engageons pour progresser. Mon conducteur nous sécurise sur notre arrière pour ne pas être pris entre deux feux. De ma position, je peux prioriser les actions. Avec l'habitude, j'arrive à déterminer le geste qu'il faut faire dans la seconde ; un coup de lance à gauche pour ne pas que le feu nous déborde, puis face à nous pour casser le bouclier thermique[1], et à droite pour ne pas qu'il nous échappe. Pendant un bon quart d'heure, les porte-lances, face aux flammes, aveuglés par la fumée et gênés par la chaleur, obéissent efficacement. Ils sentent ma présence à proximité : soit ma voix les oriente, soit je les touche pour les guider dans leur action. Une excellente condition physique est primordiale pour réagir immédiatement au danger. Être réceptif et réactif : c'est l'une des principales qualités dans notre profession.

De la position accroupie, les hommes se lèvent d'un bond, serrés les uns contre les autres pour attaquer une pointe de feu, puis reprennent leur position initiale, en attendant de porter la prochaine attaque. Ce mode d'action est répété une dizaine de fois. Le feu est étouffé par la rapidité de la manœuvre. Où qu'il aille, il prend une giclée. Il n'a pas le temps de récupérer, de monter en puissance, et de la sorte il ne peut embraser la végétation devant lui — qui pourtant lui tend les bras. Nous l'empêchons de s'alimenter. Certes, tôt ou tard, de son festin il ne restera que des miettes, mais je ne compte pas le laisser terminer ses agapes sans le tourmenter. À la première occasion, nous avançons sur son terrain, nous le bombardons de mètres cubes d'eau afin qu'il recule, qu'il se couche et qu'enfin il abdique. Cette façon d'agir est efficace lorsque nous avançons, mais au moindre retrait, le tuyau nous gêne dans notre marche arrière, et parfois nous

1. Autre terme pour désigner le panneau radiant.

fait tomber. Les attaques doivent être effectuées à coup sûr. L'équilibre est fragile : soit nous prenons le dessus et rejoignons nos camarades, soit l'incendie nous déborde et dans ce cas-là, nous serons pris au milieu du brasier — et nous aurons sans doute de la casse à la fin de la mission. L'un ou l'autre doit céder. Il n'est pas question de repli. Des hommes sont pris au piège et ils comptent sur nous pour les tirer de ce mauvais pas.

Soudain, je sens un filet d'air frais. Ça y est, c'est bon : le feu est en régression. Il abandonne petit à petit le terrain. Nous nous engouffrons dans la brèche ; nous noyons en avançant. Maintenant les flammes n'ont plus fière allure ; elles se rabougrissent sur notre passage comme pour nous indiquer qu'elles capitulent. La fumée est encore opaque mais la lueur s'estompe. Je distingue, à quelques mètres, les véhicules pris au piège. Le chef GIFF vient à ma rencontre. Les retrouvailles sont émouvantes, dans un décor d'arbres calcinés et de souches incandescentes. Il y a peu de paroles ; les regards suffisent. Les équipes se rejoignent, tels des tunneliers qui viennent de percer la dernière pierre qui les empêchait de se toucher. Il n'y a pas de blessé mais le matériel a souffert : des tuyaux ont brûlé, les plastiques des véhicules ont fondu. Des soins ponctuels sont prodigués aux combattants ; le collyre, notamment, coule à flot.

Avant d'évacuer, j'organise un débriefing pour me rendre compte de l'état mental des troupes : aucun problème à signaler. J'aperçois une lumière vive à l'arrière de ma position : il s'agit de l'équipe de télévision qui s'était réfugiée derrière les véhicules, en retrait de la bataille. Je ne pensais plus à eux. Ils n'ont pas pu prendre d'images : la chaleur et la fumée les en ont empêchés.

Je descends au PC pour rendre compte de l'événement et récupérer les rations pour le personnel. Il faut maintenant récupérer un peu : une heure de repos pendant la pause du dîner sera la bienvenue. Quant à moi, je vais essayer de récupérer les quatre véhicules de type urbain qu'on avait envoyés au début de l'intervention, il y a plus de trois heures, pour protéger les maisons de Corbière (situé dans les faubourgs de Sainte-Tulle).

Là, des véhicules du secteur sont en train de traiter les lisières. Ils ont lutté pendant plusieurs heures contre l'incendie qui avait atteint les jardins des villas. Ils ont mené des actions de guérilla urbaine, passant d'une maison à l'autre dans le village abandonné. À peine la situation se calme-t-elle qu'une langue du front de feu se dirige vers une autre zone urbanisée. Une école EDF, un collège et des maisons sont directement menacés. Une fois le village sécurisé, je dois prendre la direction du collège et des villas qui risquent à tout moment de tomber sous l'emprise des flammes. Le vent ne s'est pas calmé ; il accélère l'avance du feu. Les brandons incandescents illuminent le ciel, et les retombées de ces myriades de lumières orangées propagent l'incendie dans les endroits les plus incongrus. Bien que la nuit soit entièrement tombée et les lumières coupées, nous pouvons travailler dans la clarté. Le collège est de plus en plus menacé : sa toiture faite de matériaux extrêmement combustibles reçoit des brandons ressemblant aux chandelles des feux d'artifices, qui s'écrasent et disparaissent en glissant sur les pentes du toit. Je passe un message au PC et demande que l'on achemine sur ma position un véhicule échelle afin d'inspecter le collège et de noyer les débuts d'incendie que les brandons auraient pu provoquer. En plus de trente ans de carrière, c'est la première fois que je demande une grande échelle pour combattre un feu de forêt !

Nous protégeons les infrastructures pendant une bonne partie de la nuit. Vers 2 heures, le danger est écarté. Le PC me demande : j'apprends que le colonel Jorda est sur place. Il vient prendre de nos nouvelles suite au message de détresse envoyé quelques heures plus tôt. Bien que ce feu ne soit pas sur son secteur de compétence, il a tenu à nous retrouver. Je le rassure en l'informant de nos différentes actions ; je lui explique la situation délicate que nous avons subie. Je le guide sur le théâtre des opérations. Là, je me rends compte que la chapelle est maintenant dégagée de toute végétation. Les pins plus que trentenaires qui l'environnaient ont brûlé entièrement. Il reste du noir, des cendres et des murs salis. Nous nous approchons de l'entrée de la chapelle. Il n'y a pas de narthex ; une large baie vitrée permet d'entrevoir l'intérieur de style baroque. Une peinture murale fait face à l'entrée ; la statue de saint Brice trône au-dessus de l'autel. La clarté des peintures et leur parfait état de conservation contrastent avec le noir qui nous entoure.

Nous observons pendant quelques minutes le chœur de la chapelle. Sortant de sa méditation, le colonel Jorda me dit en rigolant : « Tu te rends compte Jean-Pierre, toi le mécréant, tu aurais pu mourir sur le parvis de cette chapelle ! » Lorsque nous nous retournons, les stigmates de l'incendie sont partout présents. Des tuyaux brûlés, des restes du matériel laissé sur place, et un paysage lunaire s'offrent à notre vue. Un frisson me parcourt le corps entier : qu'aurions-nous découvert si la contre-attaque avait failli ?

Il est 3 heures du matin : nous nous séparons. Il reste une partie de la nuit à passer avant d'entreprendre, au petit matin, le long travail de sécurisation des lisières. Des engins de chantier nous ont tracé des pistes ; à nous de finir ce qui a été entrepris. Le personnel, après s'être restauré, reprend ce travail de fourmi. Il faut noyer pour éviter les mauvaises surprises.

J'apprends que ma relève se présentera au PC vers 10 heures. Le jour se lève. De mon point haut, il me reste quelques minutes pour observer les paysages de la haute Provence. Ils ont inspiré de fabuleux auteurs, à commencer par Giono — qui a lui-même inspiré Pagnol pour certains de ses films. Je me rends compte que j'ai défendu avec autant d'énergie et de passion les collines de Giono que celles de Pagnol. À mon niveau, un jumelage s'est en quelque sorte opéré entre mon pays aubagnais et ce lieu magique de haute Provence, tout comme un lien très fort s'est noué entre les œuvres de ces deux grands auteurs. J'ai encore en tête un extrait de *Colline* de Jean Giono : « Il est un pays où l'aube aux mains molles jongle avec les pigeons et où tombent dans le champ des olivaies parcourues par le fleuve du vent des flocons de bruit. » Tout y est, en ce matin de juillet. Je profite encore un peu du silence. Dans quelques instants le bruit de la civilisation viendra troubler cet endroit féerique. Je préfère garder en moi le doux bruit des flocons et la vision de l'aube aux mains molles. Le mistral se lève. Il est temps de rentrer. On m'attend au PC.

Chez le même éditeur

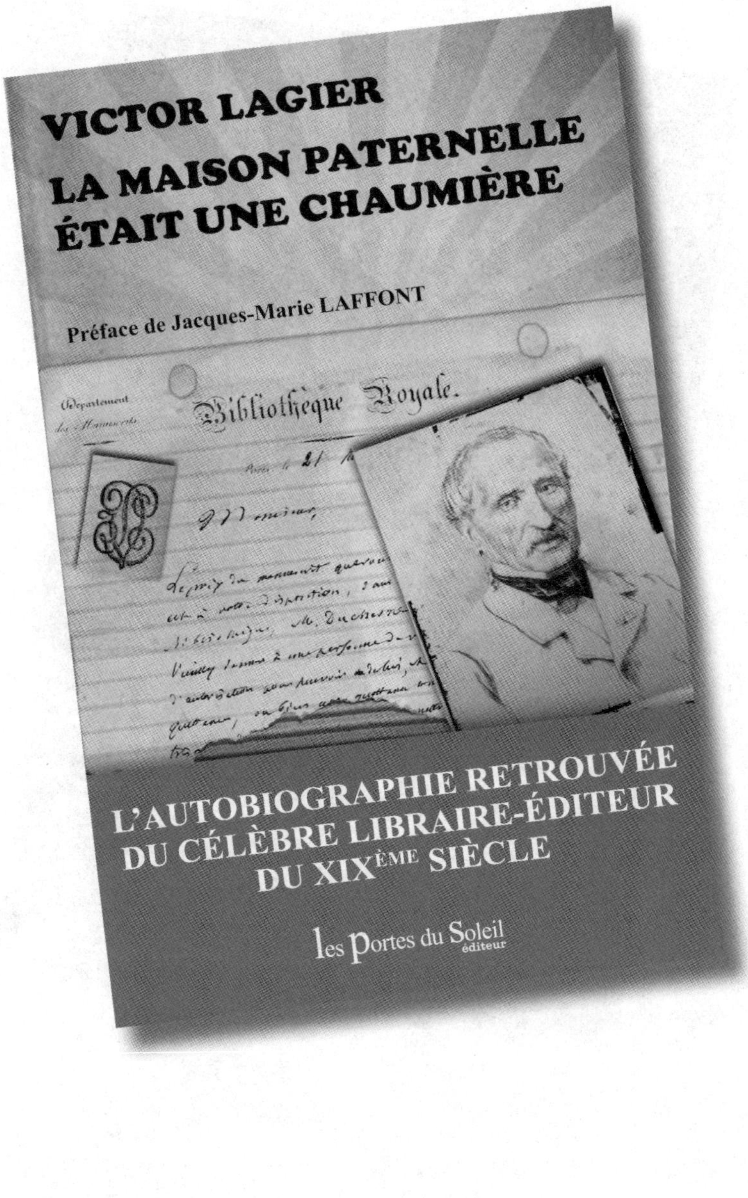

Chez le même éditeur

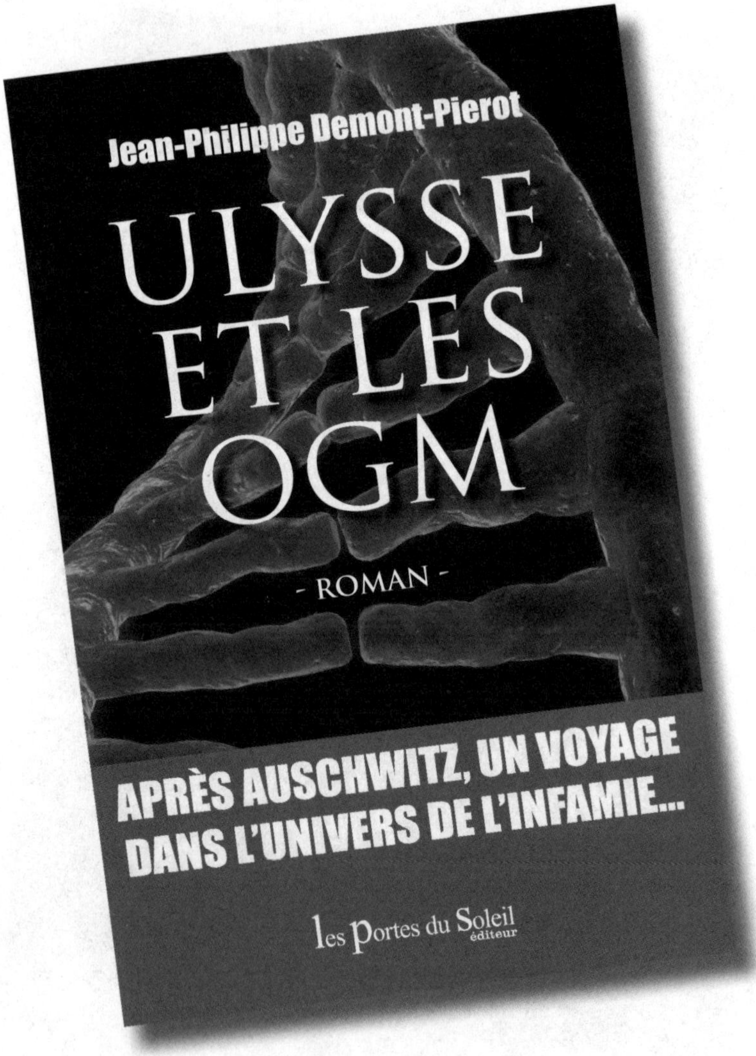

Chez le même éditeur

CHEZ LE MÊME ÉDITEUR

CHEZ LE MÊME ÉDITEUR

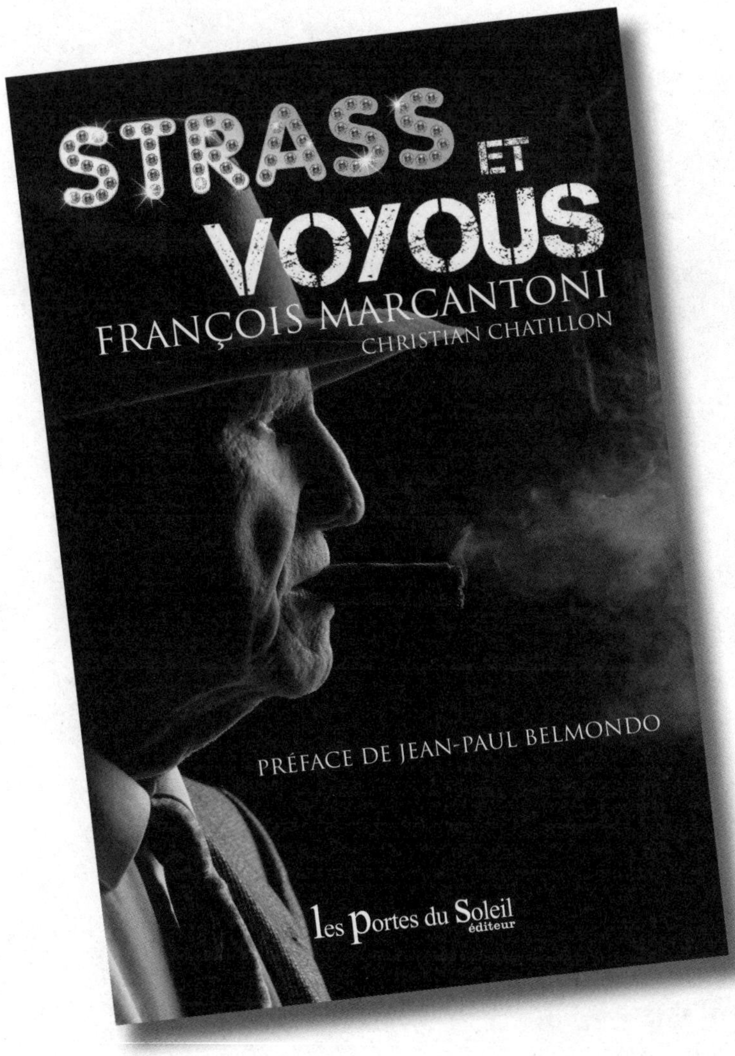

Achevé d'imprimer en février 2010
sur les presses du
Groupe HORIZON
Parc d'activités de la plaine de Jouques
200, avenue de Coulin
13420 Gémenos

N° d'imprimeur : 0912-068

Imprimé en France

Dépôt légal : février 2010